岩 波 文 庫

33-323-5

浄 土 系 思 想 論

鈴木大拙著

岩 波 書 店

目　次

凡　例

一　本書は、『浄土系思想論』(一九四二年十二月、法藏館)から、五篇の論文を収録したものである。底本には、『鈴木大拙全集　第六巻』(二〇〇〇年六月、岩波書店)を用いた。

一　旧仮名遣いは現代仮名遣いに改めた。ただし、日本語の古典からの引用は旧仮名遣いとした。難読の語には適宜振り仮名を付した。

一　漢字で表記された「此」「其」は、適宜「この」「その」の平仮名に改めた。

一　本文中に引用された経典等の漢文のうち、大拙による返り点、送り仮名のある文は、書き下し文とした。

一　本文中に、今日からすると不適切な記述が見られるが、文章の歴史性に鑑み、原文通りとした。

極楽と娑婆

極楽と娑婆の問題は宗教生活の根基を形成するものと云ってよい。即ち宗教生活の起りは、吾等人類が生死して行く環境に対して反省するところに在るのである。この環境は一面人間自身の産み出したところのものではあるが、尚《な》お他面には人間以上のものがあるのを感ぜずにはいられぬのである。それでまた極楽世界というものを考えずにはいられぬということになる。

娑婆と極楽とはどうしても離れられぬものである。穢《え》土《ど》と浄土と云ってもよく、人間世界或《あるい》は地獄と天国と云ってもよく、地上と天界と云ってもよいが、この二つの相反した世界はどうしても分離して考えることのできぬものである。苟《いやし》くも宗教的人間の居る処には、この二つがある。この二つの世界を持たぬ人間があるとすれば、その人間にはまだ宗教的意識が発展していないと云ってもよいし、また或る意味では、そんな人間はまだ本当に人間生活の意義について考えたことのない人間と云ってよい。こんな人間には、真の悩みがない、深さがない、感覚的・知的なものだけがあって、霊性的なものの閃めきが見えぬと云ってもよいのである。こんな人間はもう一遍生れ出て来ないといけない。

ところで、この両世界の関係又は連絡とも云うべきものをどう定むべきかというのが、宗教者の関心の中核になるのである。今この問題を仏教的に見て、極楽は各個人の死後にあるものか、娑婆にも何かの因縁で実現できるものか、或は両界の懸絶は各自の主観にあるものか、即ち各自の世界観に何かの調子で主観的転回があると、娑婆即寂光土という如きものになるとすべきか。或は娑婆というものは、罪業深重《ざいごうじんじゅう》の人間が生きているべき処で、極楽はどうしても死後でないと行けない処か。それなら人は死ねば皆誰でも極楽に往くものか。往くには何か条件があるか。

とにかく、死んでから往くとすれば、極楽はどこにあるか、その方向は如何、その広袤《こうぼう》は如何、住民の容態は如何云云など、それからそれへと問題は群生するであろう。死んだ者がどういうふうにまた生れ出てこの世に還って来るかわからぬので、極楽そのものの消息はわからない。畢竟《ひっきょう》は此土《しど》から推測するということになるであろう。

娑婆で使う論理や想像では届きかねるところがあるので、極楽に対する一種の不安は、いつも宗教的人間の心の中から消え去らぬ。それで、それは信仰の世界、希望の世界、方便又は政策の世界などと、色々の臆測の対象となった。極楽について本式に細かに説き出すか、或はその概念を論理的に分析するか何かするということは、実際甚《はなは》だ容易ならぬことなのである。それで、今自分は極めて常識的にこの問題について一言しようと思う。而してこの一言は或る意味で浄土真宗の立場からせられるものということにしておきたい。

結論の主なるものを先《ま》ず列挙すると左の如くになる。

一、極楽は霊性の世界で、娑婆は感覚と知性の世界である。ここに霊性と云うのは感覚や知性よりも次元を異にする主体なのである。感覚は物の世界の働きを、知性は分別をその性格としている、普通には感覚面に向って働きかけているが、また一面には霊性界に向うところがある。それで、知性は外に向いつつも何だか物足らぬ思いがあって暗中摸索をやる。これは霊性から来る刺戟だとも云える。霊性は知性を通して感覚界に動き出るのであって、これら三者は連貫性を持っている。霊性の世界は法界《ほっかい》と云ってもよい。

一、極楽と娑婆とは、時間的にも空間的にも、隔絶しているものでない。霊性と知性と感覚とは相連貫して一系統をなし、渾然として分割不可能な形態を有すると同様に、各部の対象となっている世界も亦《また》一体系をなして不可分であるから、娑婆即寂光土とは云えぬ。一にして二、二にして一であるから、これを渾融化するわけにはいかない。これを一如性と云ってよい。

一、指方立相は、知性と感覚の立場から見た教説である。極楽の本当の見方は霊性からでなければならぬ。霊性への通路は、真宗では、「南無阿弥陀仏」である、また「聞其名号《みょうごう》」である。弥陀の呼びかけを聞く主体は霊性でなくてはならぬ。知性や感覚の上の「聞名《もんみょう》」は分別性を帯びているから、その拘束を受けるのは当然である。それでは信心決定《けつじょう》の心境に入られぬ。この心境は絶対的だから決定性を持っている。「正定聚《しょうじょうじゅ》」はここから出て来る。

一、極楽を知性と感覚の方面より見る限り、物質的なもの、即ち時間的・空間的となる。それではどうしても本当の安心が得られぬ。安心は霊性に属するものである。

これから、経文によって前掲の断定を裏付ける。『無量寿経《むりょうじゅきょう》』に左の一節がある。

〔四四〕 仏、阿難につげたまわく、汝起ちて、更に衣服を整え、合掌恭敬して、無量寿仏を礼せよ。十方国土の諸仏如来、常に共に彼の仏の無着無礙《むじゃくむげ》なるを称揚し讃歎す。是《ここ》に阿難起ちて衣服を整え、身を正しくし、面《おもて》を西にして、恭敬《くぎょう》合掌し、五体を地に投げて、無量寿仏を礼したてまつりて白《もう》さく、世尊、願わくは、彼《か》の仏の安楽国土及び諸《もろもろ》の菩薩・声聞・大衆を見たてまつらんと。是《こ》の語を説き已《お》わるに即時に、無量寿仏、大光明を放ちて、遍《あまね》く一切諸仏世界を照らしたまう。金剛囲山・須弥山《しゅみせん》王・大小の諸山、一切所有、皆同一色なり。譬えば、劫水《こうすい》の世界に弥満《みまん》するに、その中の万物沈没して現ぜず、滉瀁浩汗《こうようこうかん》として、唯《ただ》大水をのみ見るが如し。彼の仏の光明、亦復是《またまたかく》の如し。声聞・菩薩の一切の光明、皆悉《ことごと》く隠蔽《おんぺい》して、唯《ただ》仏光の明耀顕赫《けんかく》なるを見たてまつる。その時に、阿難即ち無量寿仏を見たてまつれば、威徳巍巍《ぎぎ》として、須弥山王の高くして、一切の諸世界の上に出でたるが如し。相好光明、照曜せざることなし。この会《え》の四衆、一時に悉く見る。彼《かしこ》に此土《しど》を見ること、亦復是《またまたかく》の如し。

参考のために次に梵文和訳（荻原雲来訳）を載す。

〔第三十九章〕　又阿難陀、汝西に面して起立せよ。華を散じ合掌して、〔五体を地に〕投ぜよ。此《こ》の方は彼《か》の世尊無量光如来応供正等覚者の離塵清浄にして住し、持し、及び法を説きたまう所なり。一、一の方に於て恒伽河の沙に等しき諸仏世尊は、常恒に、無礙《むげ》無対なる言説を以て、広く十方世界に於て、称讃せられたる、彼の名号を称揚するなり。是の如く語られし時、具寿阿難陀は世尊に白して曰く、世尊、我は彼無量光、彼無量寿如来、応供、正等覚者、及び百千倶胝尼由他《にゆた》の仏所に於て、諸善根を植えたる、彼等の菩薩摩訶薩を拝見せむと欲す。

具寿阿難陀のこの語を説きし時、即時に、彼無量光如来応供正等覚者は自らの手掌より是の如き光明を放ちたまいて、第百千倶胝尼由他の仏国もその大光明に由りて照されたり。又同時に百千倶胝の仏国に在る所の諸〻の黒山・宝山・妙高・大妙高・目真隣陀《もくしんりんだ》・大目真隣陀・輪囲・大輪囲・〔諸山〕、或は人天の諸建築・諸柱・樹・林・園・宮殿の一切は、その如来の光明によりて、照破し照耀せられたり。譬えば人ありて日の昇りたる時に唯一尋の距離に於て、第二の人を見るが如く、この仏国に於ける苾蒭《びっしゅ》・苾蒭尼・優婆索迦《うばさっか》、優婆史迦《うばしか》、及び天・龍・薬叉・洛叉娑・乾《けん》闥婆《だつば》・阿修羅・伽楼荼・緊那羅・摩睺羅伽《まごらか》・人・非人は、その時に於て、仏の威神によりて、その光の清浄なるがために、高く一切の国土に超出せる妙高山王の如く、一切諸方を映蔽して光り、灼《あきら》かに、照し、輝きたまえる彼無量光如来応供正等覚者、及び彼菩薩の大衆と、彼苾蒭衆とを見たり。譬えばこの大地に洪水あらば、大地は一色の大海となりたる時、此処に樹も山も島も草も灌木も薬草も林も何も坑坎も険峻も知らざる如く、彼仏国に於て、一尋の光明ある諸声聞、及び百千倶胝由旬の光明ある諸菩薩の外、何の標相記号もあることなし。而して彼世尊無量光如来応供正等覚者は、彼声聞衆、及び彼菩薩衆を隠蔽して、一切諸方を照したまうを見る。又その時彼楽有世界の一切の菩薩及び声聞・天・人は、この娑婆世界及び阿羅漢・苾蒭衆に囲繞せられて法を説きたまえる釈迦牟尼如来応供正等覚者を見たりき。

この引文で注意すべき事項は、「是の語を説き已わるに即時に」ということ、如来の大光明は極楽にある一切の人と物を一色に照らして、これを沈没し隠蔽せしめたこと、次に娑婆の会衆——即ち釈尊を中心とし、阿難等の諸弟子に囲繞せられた会衆——が、彼土《ひど》の会衆によりてまた見られたということ。これらの三項を比べ、注意したいと思う。

「即時」とは、時間的に隔てのないことである。「この会の四衆、一時に悉《ことごと》く見る。彼《かしこ》に此土《しど》を見ること、亦復是《またまたかく》の如し」とは、空間的に彼土と此土と隔てのないことである。娑婆から浄土が見え、而して浄土から娑婆が見えるということは、両つの明鏡が同時にお互を映ずることである。この相互映発には甚大な意味がなくてはならぬ。浄土と娑婆との連貫性或は一如性を示唆するものと云わなくてはならぬ。示唆だけでない、事実そのものの素直な描写ではなかろうか。知性と感覚の世界からのみ考えただけでは、この間の消息は窺われぬ。どうしてもこの次元を超越しなければならぬ。

次に、如来の光明が一切諸方を映蔽しているということが、極楽の実景なのである。

菩薩とか云う四衆の区別、及び諸〻の山・林・宮殿など云う物質的差別界の諸相も、そのままにありながら、如来の光明はそれらを一様に蔽い隠しているということ、――これは知性や感覚では説破すべき事実ではないのである。十方の諸仏が「無礙《むげ》無対なる言説を以て……彼の名号を称揚する」(梵文和訳)と云うが如く、浄土の光景は「無礙無対」の文字でないと描写できぬ。即ち霊性から直接に流れ出る言語でなくてはならぬ。而してこの種の言語文字を、読み得、解し得る力は、分別的知性にはない。この知性のみで捌《さば》きをつけようとすると矛盾百出して手がつけられぬ。どうしても一歩さきへ出た霊性の閃めきを借りなくてはならぬ。

お経を読んでみると、極楽を構成している材料は大体七宝であると云ってよい、而してそれが「栄色光耀。勝《あげ》て視るべからず」ということになっている。或は「無量光燄。照耀極まり無し」ともある。それから音響であるが、それは「清揚哀亮。微妙和雅」などと形容されてある。これはどんな意味であるかと云うに、極楽は娑婆に対して何かの繋がりがなくてはならぬので、その繋がりを感覚的に記述すると、――そうすると、――併しその実はそうしなければならぬようになっているのであるが、――金銀とか宝石類を持って来て荘厳《しょうごん》せねばならぬのである。譬えようのない超感覚性の世界を知性や感覚に訴えようとすれば、どうしてもこの世で一番結構だと思われている品々を取り出さねばなるまい。別にこれで霊性の世界を象徴すると云うのでない。感覚の世界から見ると、そういうふうに考えられもしようが、その実は霊性の方面から見れば、こんなふうにでも記さぬとしようがないと云うべきであろう。スエデンボルグに相応説《コレスポンデンス》というものがあるが、経文中の極楽の描写を領解する助けになると信ずる。

音の方面でも「微妙宮商。自然相和《ス》」ということ、極楽ではそうなくてはならぬのである。霊性の世界即ち法界には如何なる意味に於ても矛盾や衝突はないのであるから、音響の上でも諧調の外何ものもあり得ぬのである。

その他の感覚面、即ち触覚や嗅覚などの方面にありても、前述と同じことが云われるのである。

次に極楽の住民の身体であるが、これが「容色微妙にして、天に非ず人に非ず。皆自《じ》然虚《ねんこ》無《む》の身《しん》、無極《むごく》の体《たい》を受く」と記してある。これはどんな身体であろうか。「虚無」・「無極」と云うは何の義か、限りなき空虚の如きものと云うのではあるまい。それなら「顔貌端正。超世希有」とは云うべきであるまい。感覚の世界、知性の分別から見れば、この上もない矛盾と云うより外あるまい。単なる知性上の立場では、一途に極楽を否定するのが当然のことであろう。ただの指方立相論では収まりがつくまい。

これに反して、知性や感覚よりも一次元高い面に立って、これらの記述・描写というものを見ると、何の事もなしに領解ができる。前記の如く、霊性は単なる超絶性のものでなく、知性や感覚に即して而もこれに囚えられぬものである。「即」するが故に、感覚的・知性的文字を用いるが、その文字に拘束せられてはならぬというのは、これからはいいると、「虚無」と云い、「無極」と云うようなことがわからなくなる。霊性の本質は、「虚無」で、「無極」である。併しこれだけではまた意味をなさぬ、吾等はやはり知性の面にもその立場を持っている。それで「身」と云い、「体」と云うものを加えておかなくてはならぬ。「身体」と云うと、感覚的になる。「虚無」・「無極」と云うと、知性の領域を出る。これほど矛盾なことはない。が、霊性自体から見ると、この矛盾がそのまま不思議に同一性を持つ。これは実に「不思議」である。

それ故、身体が身体でありながら、身体でないということになる。これが所謂《いわゆ》る「即非」の論理である。法界に在りては、こんな論理でないと、筋が通らぬことになる。色身が直ちに法身ではない、また法身をそのままに色身と見るわけにもいかぬ。それなら表裏の関係かと云うに、必ずしもそうでもない。表裏と云ってもよいと思われる点もあるにはあるが、表裏と云えば、依然として知性的で二元性を帯びる患がある。また法身が色身を一口に吸い尽したかと云うに、そうも云えぬ、そんな「即」ではない。色と法とは分明に対立して、而もその対立のままに、色即法・法即色である。霊性の世界に立つと爾《し》か云わざるを得ないのだ。こういうのを一如性と云ってよい。一如は、自己同一性でない、一即多・多即一である。自己同一にして同一ならざるところを一如と云うのである。「自然《じねん》虚無《こむ》の身《しん》、無極《むごく》の体《たい》」――如何にもよく這裡《しゃり》の消息を通じている。「自然」の文字また妙なりと云うべきだ。畢竟ずるに、矛盾は人為で、人智のわざである、霊性面ではそれが直ちに「自然」なのである。この「自然」の姿は、「虚無」で「身」があり、「無極」で「体」があるところに拝まれるのである。般若ではこれを「色即是空、空即是色」と云うのである。空は空、色は色で、知的分別面ではこれを一と見るわけにいかぬが、何れもそのままで、空と色、色と空、これが同一性を有つと云うところに、一如性を見るのである。而してそれが「自然」なのである。知性面では、自然という言葉は意味をもち得ぬ。

親鸞聖人の「自然法爾《じねんほうに》」もこの角度から受け取るべきであろう。『大無量寿経《だいむりょうじゅきょう》』の「極楽記」中には「自然」の二字が到る処に見られる。

親鸞聖人の消息中に「身は此土に在れども心は浄土に遊ぶなり」と云う文句がある。これは頗《すこぶ》る意味深い。浄土に遊ぶ親鸞の「心」は、普通に身心とか物心とかいう対象性の心ではなくて、この対比を超えた霊性を云うのである。普通に考えられるような心は、前述の知性であって、分別性をその性格とする。この心では浄土に遊ぶわけにいかぬ。

いつも感覚面に向いている。もし浄土面に向くことがあっても、それと同時に感覚面を引っぱって行く。それ故、浄土にも感覚界の色彩を漂わす。知性は感覚界を離れるわけにいかぬが、霊性に照らされると、その感覚面も自ら別の趣を生ずる。即ち、「心は浄土に遊ぶなり」ということになる。光は霊性から出て来なければならぬ。

霊性の世界、即ち法界であるが、この法界を極楽浄土と云ってよい。法界と云えば形而上学的な響きがあり、極楽と云えば感覚的である。浄土系に属する心理は自ら後者に傾くわけであるが、『華厳経《けごんきょう》』の「入法界品《にゅうほっかいぼん》」などを読むと、どうも極楽浄土と法界とを一つに見たい気がする。自分は一つと見るのである。『無量寿経』を読むと、これも亦《また》『華厳経』の一断面であるとしか考えられぬ。何れも霊性の立場からの観察であるからだ。

霊性と云うのは、末那識《マナス》の上において生じたる転回後の働きである。今までは知性の分別面ばかりを見ていて、内には我執を養い、外には煩悩増進の機会のみを作った。それで、地獄や極楽の夢を見て、悩みの種を蒔いていた。ところが、ここに百八十度の大転回が行われた。それからは今まで見ていた感覚の世界がもとのものでなくなった。なるほど、旧に依りて烏は黒く鷺は白いが、その白黒が白黒でなくなった。併しそれは一味平等の無差別になったと云うのではない。そう云えば、それは知性上の分別を出ないであろう。転回後の末那識《まなしき》はもはや六識の繋縛《けばく》を受けぬ、却ってこれを頤使《いし》するのである。自由創造の世界が進展して来た。これが法界である。これが極楽である。法界と云うと形而上学的に無色のように見られ、極楽と云うと濃厚な極彩色が伴う。本質的には同じものである。

極楽と娑婆と互に相映出して、而も、娑婆は娑婆、極楽は極楽で、各〻その分を守っているということは、華厳の法界観である。これは知性が自分だけで感覚界を見ている時と、後《うしろ》に霊性をおいて、それを立場として見る時と、云わば知性に両面の作用があるので、彼土《ひど》・此土《しど》の相互映発があるものと考えてよい。この見方は四十八願中に二度までも出ている、少し文字の置き方は違うが、原理は一つである。事事無礙《じじむげ》の法界観である。

第三十一願に曰わく、

「設《たと》い我れ仏を得たらんに、国土清浄にして、皆悉《ことごと》く、十方一切の無量無数不可思議の諸仏世界を照見せんこと、猶し明鏡にその面像を観《み》るが如くならん。若し爾らずば正覚《しょうがく》を取らじ。」

第四十願に曰わく、

「設い我れ仏を得たらんに、国中の菩薩、意《こころ》に随いて、十方無量の厳浄の仏土を見んと欲せば、時に応じて、願いの如く、宝樹の中にして、皆悉《ことごと》く照見せん。猶し明鏡にその面像を観るが如くならん。若し爾らずば正覚を取らじ。」

前願には「十方一切の……諸仏世界」と云い、次には「十方無量の厳浄の仏土」と云って、その表現の文字は違っている。諸仏の世界――一切無量無数不可思議の諸仏の世界――と、厳浄の仏土と、何の相違ありとせんか。両者共に厳浄の仏土なのである。それらの仏世界が、一つは菩薩の願によりて宝樹の間に見られ、一つは正覚の世界に於ける自然として照らし出される。既に弥陀の仏土にこれら他方の世界が一、一映出せられるからには、これら他方の世界が亦一、一弥陀の浄土を映出せぬという道理はあるまい。「明鏡にその面像を観るが如し」という思想のうらには、華厳の法界観が潜んでいると見なくてはなるまい。

浄土が浄土をうつすということと、浄土が穢土をうつすということとは違うとも云われよう。これは一応表面の理窟で、浄土成立の本来の事由を考えてみると、浄土と穢土とは単なる経文の記述の如何に拘わらず、相映すべきものなのである。相映すというのは相対立するの義である。両者の矛盾を昂《たか》むれば昂むるほど、相互映出の法界観又は一如観が成立するのである。絶対矛盾の故に、却って映出即ち同一性が成り立つのである。

これが霊性の論理である。

第四十一願から第四十八願に至る八願中、第四十六願を除いて、他は悉く「他方国土の諸菩薩衆」に関したものである。これによりて見れば、弥陀の浄土の完成はそれだけの仕事ではなくて、直ちに他方の国土にも甚大な連関があることがわかる。而してこれら「他方の国土」は必ずしも悉く厳浄の仏土ではない。却って吾等凡夫の居住処たる穢土或は娑婆と云うべきものなのである。これらの国土に対して弥陀の願力がどんな性質のものであるかは、弥陀が「かくあれかし」と願う各項を考察すれば直ちに首肯《しゅこう》できる。即ち「かくあれかし」と希《ねが》うことのうらには、現実はその然らざることを証拠するものと云わなければならぬ。例えば「諸根闕陋《けつろう》して具足せずば」と云うのは、現実には諸根闕陋して不具足の菩薩のあることを示し、また「寿終の後尊貴の家に生れん」と希うは、現実には貧窶《ひんる》の生活に困っている菩薩のあることを指示するものでなければならぬ。而して諸根闕陋や貧窶困憊など云うは、凡夫の居処たる娑婆の実情ではないか。「他方の国土の諸菩薩衆」には、明らかに吾等もはいっているものと推定してよかろう。即ち弥陀の浄土には娑婆の影が映るのである。浄土と娑婆とは、絶対に「非」の立場に在りながら、そのままに「即」の立場を肯定しているではないか。前掲の言葉で云うと、「非」は知性の論理で、「即」は霊性の論理である。

極楽と娑婆との関係を納得するに、よい方法の一つは、知性と感覚、知性と霊性との関係、即ちお互の間の働きかけを知ることであろう。感覚というのは、云うまでもなく五官のことだが、これは差別の世界である。目は目で色を視、耳は耳で声を聞く「見聞覚知」の見聞である。而してこの二つで他の三——香・味・触——を含めさせておく。見聞即ち感覚の世界は、千差万別の世界で、とりまとめられぬ。紛然として感覚を通して入り来るものは、何等の組織を持たぬ、随って何等の意味を持たぬ。これを分類し、これに秩序を与え、法則を見出し、その価値を評騭《ひょうしつ》するのは「覚知」の作用である。「覚知」が知性の世界を構成する。人間実際の生活は、この知性で大抵始末をつけられると云ってよい。而して多数の人達はこれ以上に踏み込もうとしないのが常である。彼等は所謂《いわゆ》る道徳や法律や経済や政治なるもので満足している。人生はそれが一切であって、その外に何かの世界を見んとするのは余計なことだと考える。ところが、この「余計」と云われる方面に出てみなければ、どうしても承知のできぬ人がまた決して少からぬのである。これらの人々にとりては、「余計」が余計でなくて、そこに人生の真意義を認識せんとするのである。それ故、彼等はこの「余計」な世界に進出できぬ人々を以て、浅薄で無意味の生活をなしている、寧ろ憐れむべきものと考えるのである。

知性の圏外に在る生活を「余計」なものと思う人々は、実は知性そのものの性質に対して真実の認識を持たぬ人々、或は持ち能わぬ人々だと云い得る。それは何故かと云うに、感覚でも知性でも、その働きには二重性があるのである。感覚は外に向うとのみ考えられぬ、感覚は外に向って、色を見、声を聞くと同時に、内に向って、その色の色であること、その声の声であることを認定してもらおうとする。それに対して、知性の方でも感覚に対して、一、一の差別をつけ、関係をたどりて整理するが、それと同時に、その整理の意味に対して何等かの決定をしてもらうものを要求するのである。人によりてはこの要求に気づかぬのもある。知性の分別で万事が整うて、それで別に何事もないと心得ているのである。反省の度が足りぬか、内からの力が弱いかである。とにかく、そのような事情で、知性にも二重性のあることがわからぬ。知性は外に向って、感覚の内に向うものに応ずる外、知性自身も亦自らの内に向うものであることがわからぬ。如何なる働きでも、働きである以上は、必ず、前後というか、往還というか、内外というか、行きつ戻りつするものである。日の照り返しの如く、音のこだまに響く如くである。また両鏡の相対する如くである。

　知性の内に向う働き、これを知性の内面的論理と云っておけば、この論理は情意的に一つの要請として感ぜられる。多くの場合では、精神の悩みとして一般の人々に知られている。知性の外向的働きの目覚ましさに眩惑されて、その外に何等の要請を感ぜぬ人、即ち哲学せぬ人、こんな人々に向って如何に哲学を説いても、河童に水である。また所謂《いわゆ》る精神の悩みを覚えぬ人々、即ち宗教意識の持ち上らぬ人々に向って、罪悪だの、地獄・極楽だの、永遠の生命だの、解脱だの、証覚だのと云ったとて、これまた馬耳に東風だ。何等の交渉のきっかけがない。縁なき衆生には外から救いの手のつけようがない。知性に内向的なもののあることは、或は知性自身からではわからぬものなのであろうか。ここに霊性なるものの働きが出なければならぬのである。霊性に刺戟せられて、知性は始めて自らを反省して、内に向う力を働かすと云わなければならぬのだろうか。

　何れにしても、知性の奥に、知性を包んで、知性のために、本有の働きを完からしめるところの霊性なるものを認得しなければならぬのである。この霊性に到達することによりて、知性は哲学的にも宗教的にも円満な働きをすることができる。このできるという意味は、吾等はここに到りて始めて落ち着くところへ落ち着いたという感じがするということなのである。

　霊性は分別せぬ。もしするとすれば、それは無分別の分別である。それ故、霊性には内外がない、その働きには内向的・外向的などと云うべきものがない。一つの方向に走る無限の直線ではない。何等の方向を持たぬ、また周辺のない円環であると云ってもよい。これは無論譬喩にすぎぬが、霊性の概念を得さすには、こんなことでも云わなければならぬのである。霊性に周辺なしと云えば、中心点は到る処に在りと云ってよい。また、内が外で、外が内であると云ってよい。知性の内向的働き、外向的働きというものも、実にこの霊性のうちに在って始めて可能と云えるのである。知性だけでは何等の働きもできない、内外・往還・前後などいうことは、勿論云われぬのである。感覚は知性に包まれ、知性は霊性に包まれて、各〻その本有の性能を発揮するのであるから、感覚の世界も或る意味では直ちに霊性の世界であると云える。知性も固《もと》より爾《し》か云える。但し知性も感覚も、霊性を離れて独立の行動をとらんとする時、ここに始めて止めどなき矛盾と混雑が生じて、心理的には治まりのつかぬ悶えが起る。人間はどうしてもこの霊性に目覚めて来て始めて本当の人間になる。それで、霊性の人は然らざる人々を見て夢裡に彷徨していると云う。衆生済度の大誓願はここから涌き出ずるのである。

霊性の統一性又は同一性を享《う》けていない知性は、自己の分別性を最後のものと心得て、自分と感覚の世界とを対立させるのが常である。対立の結果は、自分を無上の実在と信じて、外界に向ってあらゆる横暴を擅《ほしいまま》にする。「我」と「物」との対立・抗争・抑圧などという事象は、何れもこの不自然な対立から出て来るのである。「心」が「物」を器械視し、道具視し、所有視すると、「物」はまた「心」に対して同様の態度を示して来る。両者間の統摂協和が欠けると、その結果はいつも『無量寿経』が描写しているような「五悪段」の光景を現出せざるを得ぬのである。近時世界の情勢を一瞥すれば、この所述を直下《じきげ》に首肯し得られるであろう。

霊性から分離した知性の分別性は、また他の一面に於《お》いて、感覚の世界の真実相に徹し得なくなる。即ち「これを見ること夢の如く」になるのである。また親鸞聖人のように、この世のすべての事が「虚仮《こけ》」になるのである。これは、この世がそのままで虚仮であり夢であるのでなくて、知性だけで見る人の眼に映る世界がそれなのである。霊性の光の通らぬところでは、知性そのものも既に「夢」性を帯びて来るから、まして感覚の世界においてをやと云うことにならざるを得ないのである。知性の分別を究竟と認める人々には、一方に於ては、感覚の世界も本来霊性的であることがわからぬので、それを「夢」の如くにしか見ない、また他の一方に於ては、これを自己の所有物となし、器械化し了《お》わらんとするのである。これは感覚の世界が、それ自体に於て、「夢」であり、「虚仮」であるというのではなく、霊性を離れた知性の眼で見るものが即ちそうだという意味なのである。すべての物事は、霊性の洗礼を受けることによりて、本来の性に還元するものなのである。本来の性に還ることが真実なのである。

昔、唐朝の南泉が陸亘《りくこう》大夫のために庭前の一株花《いっちゅうか》を指して「時の人、此の一株花を見ること夢の如くに相似たり」と云ったのは、禅林で有名な話題となっている。少し余談のように見えるかも知れぬが、霊性の月の照り渡らぬ限り、すべてが夢の如くで虚仮であるという意味を禅はどんなふうに取り扱うか、一わたり見ておくのも興味ありと信ずる。

雪竇《せっちょう》はこの話を頌して左の如く云う。

聞見覚知非一一　　聞見覚知　一一に非《あら》ず
山河不在鏡中観　　山河《せんが》は　鏡中に在りて観《み》ず
霜天月落夜将半　　霜天月落ちて　夜将《なか》に半ばならんとす
誰共澄潭照影寒　　誰と共にか　澄潭《ちょうたん》影を照して寒き（碧巌録、第四十則）

見聞覚知の世界は、さきにも云う如く、感覚と知性の世界である、千差万別をその性格としている。それで、これを知性の鏡の上に映し出してみると、映るものと映すものとが分別せられて、「山河」はすべて知性的二元性を帯びて来る。吾等の経験はすべて所謂《いわゆる》対象的論理で処理せられて行く、而してそこに「物」と「我」とが出来て、その間には乗り越え難い塹壕が掘られてしまう。これは禅の嫌うところ。故に、「鏡中に在りて観ず」とか、「心」を澄まして外境を照らすなどいうことは禅でない。それで、圜《えん》悟《ご》の評唱《ひょうしょう》に左の文句がある。

「若し鏡中に在りて観て、然る後、方《まさ》に暁《さと》り了わると道《い》うときには、それは鏡処を離れぬことになる。山河《せんが》・大地・草木・叢林などを、鏡で鑑《かん》することをするな。もし鏡をもって鑑することになると、便ち両段になる。但〻只〻山は是れ山で、水は是れ水でよい。「是の法は法位に住し、世間相は常住なり」である。それで、「山河は鏡中に在りて観《み》ず」という。が、そんなら什麽《なん》の処に向って観るとせんか。わかるか。どうじゃ。「霜天月落ちて夜将に半《なか》ばならんとす」というが、ここで這辺《このほう》は汝等のために片附《かたづけ》をおえた。那辺《それからさき》は汝等自身で体験すべきだ。ところが、雪竇に禅の真面目を露わし出して人のためにせんとするところがあるが、それを知りたいというのか。「誰と共にか澄潭《ちょうたん》影を照らして寒き」とあるが、これは自ら照らすのか、他と共に照らすのか。〔これがわかるには、〕須らく是れ機を絶し解を絶して、方《まさ》に這《こ》の境界に到るべきである。即今のところでは、澄潭も要らねば、また霜天月落つるを待たなくてよい。そんならこの即今というは作麽生《どうだ》。」(碧巌録、第四十則)

これが雪竇の頌に対する圜悟の評唱である。「霜天月落ちて夜将に半ばならんとす」など云えば、ただ清浄の心境、閑寂の至りと想われうも知れぬ。それで、圜悟はここに著《じゃく》語《ご》して、「切に忌む鬼窟裡に向って坐することを」と云う。併《しか》し霊性の光を認得せんとするには、一たびは分別の境地を超脱せんことを要する。これは単なるエクスタシイではない。エクスタシイは一種の心理的変態型と見てよい。超脱の端的は、機を絶し、解を絶し、分別と没交渉である。ただここに一つの転処がある、この転処に霊性の光が閃めく、無分別の分別がある。「自照」でもない、「共人照」でもない、二にして一、一にして二である。而してこれが「即今」である。知性の分別を包んで、霊性が見聞覚知の世界に働く。霊性の光は見と同時に作用である。静態的でまた動態的である。またこれを照用《しょうゆう》同時とも云うのである。南泉庭前の一株花はこの無角の角度から見ねばならぬ、それで始めて「夢」ならざるを得るのである。知性の分別でなく、霊性の無分別の分別で見る時、一株花は実に美しい。花は「我」に対する「物」でなくなる。対立を越えた処より対立が見られるので、その美しさは、イデアの美しさであると云ってよい。「見聞覚知」のみで見られる花ではあるが、知性はその分別を捨てはせぬのであるが、何だかここに一つ加わったものがある、即ち霊性の無分別である。ただの無分別と云えば、それは尚《な》お知性の領域を出ていない。霊性の無分別は絶対である、それで、無分別の分別である。「加えられた」ということのできぬものが加えられて来たので、知性や感覚だけの分別の世界は、全くその根柢に於て覆《くつがえ》されたと云える。南泉の「一株花」は、もはや「夢」の世界のものでなくなった。法界一如の絶対境から、直下に、無媒介に出て来た「一株花」には、云いつくされぬ趣がある、意味がある。圜悟は「誰共澄潭照レ影寒」に著語して云う、「有麼《あリヤ》、有麼《リヤ》」と。余り短いので何とでも解釈できるが、こう云ってもよい、——花と花を見るものとは、二つで二つでない、一つで一つでない、無分別の分別で、分別即無分別の境地である。ここに知性上の何かが「有りや、有りや」である。而してこの境地は、また圜悟の下語《あぎょ》する如く、「若し同床に睡るにあらざれば、焉《いずく》んぞ被底の穿たれたるを知らんや」(碧巌録、第四十則)である。また「愁人、愁人に向って説くこと莫《なか》れ、愁人に説向すれば人を愁殺す」(碧巌録、第四十則)で、「向上の一路、千聖不伝」の伝であろう。知る人ぞ知るである。知性の世界にのみ没頭する「学者は形を労するもの、猿の影を捉うるが如き」である。

如上の意味で、知性を基礎として見られた娑婆は虚仮と云ってよい。「虚仮」とは、「影」の義、「夢」の義、極楽浄土の真実に対立すると云ってよい。霊性を帯びた知性上の分別の立場から見ると、ただの知性的分別から見るとの相違は、実に真実と夢との相違である。

真宗に真仏土と化身土とを分つ真意は自分の知悉するところでないが、真実の報土と云うは、或は霊性のイデアの世界ということではないかしらん。それが化身土を経て娑婆に遷るに及んで「虚仮」となるの意を示したものではなかろうか。固《もと》より改めて検討を要するところであろう。

とにかく、霊性の拠坐は真実の仏土である、何となれば、霊性は、無量光の仏、無量寿の仏そのものであるからである。霊性は知性の対象でない、知性は分別を宗とする。分別を宗とするものは、いつも対立の世界を見る。対立の世界は、有限で、生死輪廻の業の働く処である、ここに踞坐《こざ》している限りは、無量寿ではない、無量光ではない。知性は辺土を生む、霊性に包摂せられぬうちは辺土を出過し能わぬ。知性の世界は「煩悩具足の凡夫の世界、火宅無常の世界」であるが故に、ここでは、「万《よろず》のこと、皆以てそらごと、たわごと」である、「まことあることなし」である。

極楽が霊性の世界であるということについて、尚《な》お一言する。

霊性は無分別の分別の主体であると見てよい。併し別に霊性と称すべき特殊の個体或は実体があると云えば、それは知性上の分別に陥るので、ただ仮りに言説を建てて言説を遣ると云うことなのである。不立文字でも、その不立というところの文字を立するので、これは人間意識ののがれられぬ約束だ。霊性は既に無分別の分別故、仏教文字を使えば、仏智不思議と云うことに外ならぬ。「とかくの御はからいあるべからず候」とあるのが、それである。はからいは、知性の分際である、可思議である。霊性はこの分際にて喰い止められぬ。止めらるれば霊性ではなくなって、知性に戻る。故に不可思議なのが霊性である。知性上の論理では裁きがつかぬ、わりきれぬ、浄土の業因はここでは出来上らぬ。「義なきを義とす」とは、無分別の分別である。普通にはこれを般若の智慧と云う。

『末灯鈔《まっとうしょう》』に、「さては御法門の御不審に、一念発起のとき無礙の心光に摂護《しょうご》せられまいらせ候ゆへに、つねに浄土の業因決定すとおほせられ候」とあるが、これにて霊性の世界は浄土の世界であることが愈〻分明である。一念発起の信心は、知性の分別を超える一刹那の心機である。「一超直入如来地《いっちょうじきにゅうにょらいち》」と云うと同じい。一念は、信である、一超直入である、前業を際断した「即今」である、「南無」と名号を称うるその一声である。この一声は臨済の一喝に比してよい、一喝の用をなさざる一喝——知性上のすべてのはからいを捨てた無分別の一喝——である。この一喝、この一声、この一念で、無礙の光に摂取せられる。摂取不捨の故に往生の業因決定せざるを得ぬのである。この決定は不退の位であり、また正定聚《しょうじょうじゅ》の位であり、等正覚に到るものであり、従って諸仏と等しきものであり、また兼ねて、十方恒沙の諸仏に護念せられるところである。信心決定の人は「その心すでにつねに浄土に居す」と云う。親鸞聖人はこれを釈して、「居すといふは、浄土に、信心の人の心、つねにゐたりといふ心なり、これは弥勒とおなじといふことをまふすなり、これは等正覚を弥勒とおなじとまふすによりて、信心の人は如来とひとしとまふす心なり」と云っている。「如来と等し」と云って、「如来である」と云わぬところに、無分別の分別を認得すべきであろう。「娑婆即寂光土」ではない、娑婆は娑婆である、寂光土は寂光土であって、而も同一性即ち一如性の上に立っている。それと同様に、如来は如来である、凡夫は信心決定しても、その位に於て如来と等しい。が、両者の間には分別をつけなければならぬ。つけなければ、知性は湮滅《いんめつ》せられ、従って霊性も自らを表現する契機を亡くする。それで「等し」と云う、また「心は浄土に遊ぶ」と云う。浄土と娑婆との不即不離の関係、両者の間に於ける相互の映出、――実に仏智の不思議を見るべきであろう。親鸞聖人は「自力の心にて、わが身は如来とひとしとさふらはんは、まことにあしう候べし」と云う。知るべし、これは知性の上ではいけないのである、霊性が知性を摂取した上で始めて云い得るところであるから、知性上の分別と間違えてはならぬのである。知性上の分別を自力と云い、霊性に照らされた知性、即ち無分別の分別を他力と云うのである。

『末灯鈔』にまた云う、「浄土の真実信心の人は、この身こそあさましき不浄造悪の身なれども、心はすでに如来とひとしければ、如来とひとしとまふすこともあるべしとしらせたまへ、云云」。真実信心の処は霊性の世界なり、信心は分別性の所摂ではない。

分別性であれば、それは論理の知識であって、信心ではない。信心は、不思議である、他力である、はからいを超越している、因果業報にかかわらぬ、有念・無念の限界にはいらぬ。故に、「信心を一心といふ」、絶対の一心である、知性の分別心ではない。故にまた「信心のさだまるとき、往生また定まるなり」と云う。「往生さだまる」とは、「その心すでに浄土に居る」ことである。知性の分別を撥転して、霊性の無分別の分別に帰する時、真実の信心が獲得せられて、ここに浄土の真風光を見る。阿難等が「相好光明照曜せざることなき」(無量寿経)無量寿仏の一会四衆を見ることを得たる所以は実にこの故である。極楽浄土とは霊性の世界に外ならぬのである。而して分別性——これを煩悩熾盛《しじょう》とも云う——のこの世界に在りながら、「真実の信心」即ち絶対の一心を発起し、発得することの可能なるは、実に感覚の世界と知性の世界と併せて霊性の中に包摂せられているからである。娑婆と浄土との相互映発性をこの意味で了解すべきであろう。

(昭和十六年春稿成)

上来の所述を了わりて、また『真宗聖典』を引っくり返して見ていると、「親鸞八十八歳御筆」とありて、末尾に左の文句を見る。これで、親鸞が或《あるい》は「義なきを義とす」と云い、或は「自然とはまふすぞ」と云い、或は「仏智の不思議にてあるなり」と云い、或は「よしあしの文字をも知らぬ」と云うのは、何れも霊性の無分別智の座にその身を据えてのことであるということがわかる。知性的分別智の上に卓《た》っている限りは、他力の真実性を解するわけにいかぬ、従って浄土と娑婆との関係は一如性という言葉で最もよく云い詮《の》べられるということがわからぬ。一如性と云うのは、一が一でなく、二が二でなく、不一不二、又は不即不離ということを云い現わさんとするのである。浄土と娑婆とは二つで一つで一つでない。が、この二つは個個独立して対峙するものでなく、その間に不一不二の連貫がある。相離れてはその一も立つことが不可能である。それだからと云って、二は即一であるかと云うに、そうでない。この超分別性を一如と云うのである。仏教が「如」という文字を発見して、その宗義の基礎的観念としたのは、思想界に於ける絶大の飛躍、深甚の貢献である。「如」は、自然の義、ありのままの義、「あしからんとも、よからんとも思はぬ」義である。分別論理の言葉ではない。霊性的直観をそのままに叙したものである。娑婆と浄土とを二つに分けて話しするのが、知性の習いであるところから、ただ「如」と云わずに、一如性という言葉を、今は使用したのである。一如は、単なる自己同一を意味するのではなく、必ず矛盾・相殺・対立など云うものを、その上に見ているのである。今の場合では、娑婆と浄土と矛盾・相殺を前提として、そこに両者のそのままの一如性を見るということになるのである。娑婆・浄土と云うも、分別と無分別と云うも、霊性と知性と云うも、自力・他力と云うも、計いと計いなしと云うも、義ありと義なしと云うも、煩悩熾盛《しじょう》と無上涅槃《ねはん》と云うも、凡夫と弥陀と云うも、具足色身と即非具足色身と云うも、何れも同じことである。「一処透れば千処万処一時に透る」と云うのはこの義である。一たび一如の世界に這入った者は、親鸞の所述に対して、何等の疑なきを得るのである。曰わく、

「自然といふは、もとよりしからしむるといふことばなり。弥陀仏の御ちかひの、もとより行者のはからひにあらずして、南無阿弥陀仏とたのませたまひて、むかへんとはからはせたまひたるによりて、行者のよからんともあしからんともおもはぬを、自然とはまふすぞと、きゝてさふらふ。ちかひのやうは、無上仏にならしめんとちかひたまへるなり。無上仏とまふすはかたちもなくまします。かたちもましまさぬゆへに自然とはまふすなり。かたちましますとしめすときは、無上涅槃とはまふさず。かたちもましまさぬやうを、しらせんとて、はじめに弥陀仏とぞきゝならひてさふらふ。弥陀仏は自然のやうをしらせんれうなり。この道理をこゝろゑつるのちには、この自然のことは、つねにさたすべきにはあらざるなり。つねに自然をさたせば、義なきを義とすといふことは、なを義のあるべし。これは仏智の不思議にてあるなり。

よしあしの文字をもしらぬひとはみな
まことのこゝろなりけるを、
善悪の字しりがほは
おほそらごとのかたちなり。」（正像末浄土和讃、親鸞八十八歳御筆）

（因みに善悪を知るとは、知的分別上のことなり、必ずしも道徳的善悪の義に解すべからず、禅宗の六祖慧能の言葉として伝えられる「不思善、不思悪、正与麼時、如何是汝本来面目」と云う時の善悪と同義であると見てよい。何れも思量分別の境地、即ち自力の沙汰なのである。）（昭和十六年十二月）

浄土観・名号・禅

上篇

一

　印度仏教の亡滅は、外部の圧迫と云うよりも、内部崩壊と云った方がよいのである。教団そのものの衰頽はとにかくとして、その指導原理となるべき教理の展開が、余りに非実際的、余りに超現実的となったからである。龍樹の『中論』の如き、無着・世親の『唯識』の如き、高遠幽妙の哲学は、生そのものとの接触を有たなくなって来た。論理のための論理としては如何にもその極限に達したものと考えられるが、さてこれを日日の人生行事の上に応用して、どの位の功徳があるかと云うと、それは甚《はなは》だ怪しい。宗教としてはもっと実地的でなくてはならぬ、「平常心是道」でなければならぬ。般若は哲学だけの方向に進まないで、もっと事実的・経験的方面にも転進してほしかった。それで、たとえば『中論』の如きものだけになっては、仏教はもはや世間との交渉を断念しなくてはならぬ。このままでは龍樹以上の哲学も出来ず、さればとて、云わば、後退して原始に還ることもできぬ。印度に存在する限り、仏教は無と等しくなるのが自然の数であったと思う。

幸いに仏教は中央亜細亜と南方諸国を経てシナへ入り込んで来た。而してそこで一大進転の機会が成就した。漢民族は主として北方的であるから、その考え方は自ら即事的・実質的で、印度人のように高度抽象的で、空想的でない。そこへ空想に充ちた仏教が入って来たのだから、シナ民族の心理に、並々ならぬ波紋を生ずるようになった。而してこの波紋の行きづまりが、浄土系的仏教と禅的仏教というものになって、シナに仏教が取り上げられ、自分に似つかわしいものが出来上った。シナ民族はこの二形態の仏教によりて、その性格にふさわしきものを発展させることになった。仏教はシナで更生したと云ってよいのである。三論とか、天台とか、華厳とか、法相とかいうものが、或る点では見事な発展をして、誠にシナ人の頭脳の並大抵でない深遠さを証拠立てた。ここに、シナ人のこの方面に於ける今後の活躍の如何なるものであるべきかの予感の根拠がある。併《しか》し今までのところでは、宋儒の理学に於て、シナ的思惟の頂点を見せるにすぎなかった。但し宗教の方面に在りては、禅と浄土とがシナ仏教として、仏教を特性づけている。仏教のこの二形態は実にシナでなければ出来なかったものと、予は信ずるのである。

それで、ここに禅と浄土教との交渉の一角を説かんとする意味があるように思われる。

二

浄土系の人がその教義の根本としている三部の経典がある。今煩を避けるため、単にこれらの三経によりて、浄土思想を論じてみたいと思う。これは元よりの一小論文であるので、論旨は大綱に止めておく。三経とは、周知の如く、『無量寿経《むりょうじゅきょう》』・『観無量寿経《かんむりょうじゅきょう》』・『阿弥陀経《あみだきょう》』である。この中に説いてある浄土と往生の方便である名号《みょうごう》について、愚見を開陳し、而してそれが禅思想とどんな塩梅に関係づいて来るかを述べるのが本篇の大意である。

(ここに不図《ふと》心に浮び出る一事を記しておく。『無量寿経』は、康僧鎧《こうそうがい》の訳で、西暦二五二年頃に出来、『観無量寿経』は、畺良耶舎《きょうりょうやしゃ》の訳で、四二四年から四五三年の間に出来、『阿弥陀経』は、鳩摩羅什《くまらじゅう》訳で、四〇二年のものである。即ち三経は第三世紀の中頃から第五世紀の半頃までにシナ訳が完成した。この間には他の重要な大乗諸経典も漢訳せられて、印度思想が洪水の如くシナに押し寄せて来た。シナの人達は固より翻訳につれて直ちにその思想を会得し能わなかった。併し会得の機会はこれで出来上った。今から考えてみると、印度思想、これはとうの昔に――即ち仏教経典漢訳以前少くとも一百年に――出来ていたものと考えなければならぬが、それは日本で云うと、応神天皇五十年頃から允恭天皇四十年頃までで、『古事記』や『日本書紀』の編成せられる前ざっと三百年である。この間には記紀に伝えられるところの思想が次第に形成せられていたものであろうか。記紀に書き上げられるまでに、それは既に大分の修正を経たであろうが、大体の傾向に於ては大差なかったものと見てよかろうか。浄土三経に描かれているような浄土観と、記紀に見える高天原観又は黄泉《よみ》観とを比較する時、印度民族と日本民族との間に、その思想――殊にその宗教思想――に於て、非常な隔たりのあることが感じられる。この間に在りて、第七世紀の始め頃、既に聖徳太子が大乗教中の三経(『法華』・『維摩《ゆいま》』・『勝鬘《しょうまん》』)につきて義疏を書かれたということは、吾等の祖先の頭脳が、如何に、弾力性に富み、包摂力に豊かに、同化力に旺盛であったかという事実の一端を証拠立てる。而してこれがまた聖武天皇の頃になって東大寺に盧舎那《るしゃな》大仏の建立となったということは、ただ思想だけでなく、行為の方面に於ても、吾等の祖先が、如何に、敢為の精神、組織的計劃の心力、理想の雄大性に秀でていたかということを物語る。大和民族の将来につきて大いに意を強うするものがある。）

三

まず浄土教の大意をざっと述べると、それは死んでから極楽即ち浄土へ生れるような生活を教えてやるということなのである。外に、本願とか、称名とか、三心・四修などいうこともあるが、それは後から述べることにして、まず浄土につきて少し考えてみる。浄土自体についてよりも、寧ろ浄土の思想の成り立つまでの諸条件についてである。

浄土は死後に往生する処であるから、ここに第一に問題になるのは死後の生活ということである。そんなものが果してあるのか、ないのか、如何。死後の生活の有無を定めるのは、併し、容易ならぬことである。死ぬというのは、自分の身と考えているところに生ずる事件であるから、而して一遍死んだものは、そのままでまた生れ還るということがないから、自分自身で確かめられる問題でない。田舎に居て、東京があるかないか、シナや印度の国があるかないかということは、自分で実地にその国土を踏まなくても、信用すべき理由があれば、即ち傍人の証拠などで、十分にその存在を認めることができる。併し死後の問題になるとそうはいかぬ。証拠に立ってくれてがない。何れも死んで行くのであって、還りてがない。直接の知識は云うまでもなく、間接の知識でさえも獲られぬ。

隣りの人が死んで、而してその人と共に住んでいたと思う世界がまだそのままに在るようだから、それで、自分の死んだ後でも同一の世界が残っているだろう。こんなことは考えられぬでもないが、それは自分の死後の世界でなく、残っている人々の世界である。自分はそこにはもはや居ないのである。自分の死後の世界というのは、自分で経験し能う世界である。而してその自分が既に死んでいるとすれば、死後の世界というのは自家矛盾でなくてはならぬ。浄土であろうと、地獄であろうと、その矛盾たることは同一である。そんな矛盾なものがあるだろうか。

死ぬるのは色身で、霊魂は別にある。これは死なないで、後に残るから、浄土なり地獄なりに行くのはこの霊魂であると云うこともできよう。これが普通の考えである。問題は今や霊魂の上に移る。霊魂というものは果して存在するものか。色身の外に、霊魂とか、心霊とか、何とか云う、そんなものがあるなら、それは一体どんなものか。或は云う、心霊は色身でないから、どんなもの、こんなものと取り出して話しするわけにいかぬ。が、その実在は疑われぬ。色身だけだというと、人間は物質以外の何ものでもないということになって、甚だおかしい。頗《すこぶ》る人間の威厳を損する。それのみならず、人間に霊がなければ、この色身をどうしてこんなに自由に働かせたり、また色々の事を思索したり、経験したりすることが可能かなどというような説が出る。

実際、霊魂又は心霊又は単に心という問題は、心理学でも、哲学でも、宗教でも、中々の問題であって、今日でもそれは一般には解決せられたと云えぬのである。『楞厳《りょうごん》経《きょう》』には「阿難心を七処に徴す」ということがある。併しこの問題が各自に或は普遍的に解けていないと、死後の生活は誰がするのか、何処でするのか、甚だとりとめのない話にならざるを得ぬ。浄土往生など、始めから思慮の対象にはならぬのである。

霊魂があると見ても、それが色身の死後に生きているかということになると、これまた問題である。原始民族は夢とか幻想とかなどいうものから霊魂の生存を信ずるということになっているが、今日の吾等ではそう単純なわけにはいかぬ。霊魂が色身の外にあっても、それが色身分散後にも尚《な》お存在するか否かは、容易に決せられぬ。唯物論の所説にも考えてみるべき節々がないでもなかろう。

印度には昔から霊魂輪廻説があった。これなどはまず霊魂の存在を確かめ、それから死後の生活の有無に移り、最後に輪廻そのものを証拠立てなくてはならぬ。これら三段の論歩がしっかりと踏み出されて、ここに始めて印度流の輪廻が定立するわけである。

浄土往生は架空の幻想か、如何。上述のような次第で浄土思想の根拠が破れると、浄土系の仏教は始めから成立せぬのである。尚お進んで考えてみる。

四

生死という観念にはどんな事実的・論理的根拠があるか。これも一つ調べておかぬと、色身がどうの、霊魂がどうのと云うこともできぬ。浄土成立の条件は、始めから完備せぬことになる。関山《かんざん》国師は「我が這裡《しゃり》に生死無し」と云って、雲水を逐いかえされたというが、生死とは果して何のことか。生死は自然界で見る変化の又の名である。特にこれを生死と云って騒ぐのは人間だけである。人間以外のものには、変遷はある、推移はある、転化はある、が、生死はない。生死は人間が或る意識の状態を一つの立場として、それから下した名前である。それ故、生死のうらには人間の意識がある。生死そのものは客観的には元来ないのである。果して然りとすれば、人間が生死と云う時、既に何かの仮定をもっていることになる。そうすると、浄土往生を説く前にこの仮定を詮索するのが先決問題であろう。この仮定が成り立つ時、浄土往生がまた成り立つと云われもしよう。この仮定とは何か。

仮定と云ってはよくないかも知れぬ。根本的信仰――と云うも大いに中《あた》らないが、まず仮りにそれとしておくべきであろうか。とにかく、こんなものがないと、生死の問題もないのである。転変だけしか見られないところへ、生死が出て来るには、何かそう考えさせるものがなくてはならぬ。それは何かと云うに、色身とか、霊魂とかいうものが、各々それ自身独立の実在として抽象的に考え出されたからであると、予は信ずる。一般の生物又は幼児の場合、或は少し年とった者でも、自分の存在というものを、色身又は霊魂の上に認めることをしない。猫は児が生れるのを見ても、死ぬるのを見ても、風が吹くのと、火の燃えるのと、水の流れるのと、何も変らない。母猫も子猫も、淡淡として、生に処し、死に処して行く。幼児の場合でもその通りである。彼等には、自分の身体、自分の霊魂などいうものがない。少し年とった者でも、この抽象的思索が具足せぬ限り、すっと死んで行く。年とった者でも、少しの考えもない者は、「生死は天なり」などと云って、わかったような言葉で、自分だけごまかして死んで行く。また所謂《いわゆ》る唯物論者の如きは、大分考えているようだが、その実、偏窟な抽象論に捉えられていて、本当の生死の意味を知らぬ。それ故、固より死後などを云わぬ。ただ生《せい》だけである。生だけであるから、その生死観は徹底していない。身体だけを考えて、霊魂を云わぬわけにはいかぬ。これがあれば、屹度《きっと》あれがなくてはならぬ。両者は分離できぬ、それを唯物論者は分離して話を早く片づけたがるくせがある。彼等の生死観は、幼児のより進んでいるようで、その実、生そのものの真実に徹せぬ。併し、彼等——猫と、幼児と、考えない人と、考えのある人と——は、何れも皆生死観を持たぬと云ってよい。

生死観は、畢竟《ひっきょう》ずるに、身心を二つに分けて、各自の独立的実在を抽象した結果であるが、既にそんな抽象が出来上って、また相応に役に立ったとすれば、今俄《にわ》かに、それを無用として一擲《いってき》するわけにはいかぬ。何とかして、合理的に、而して人間的に、納得すべき方法で、その始末をつけなくてはならぬ。猫又は幼児の生死観に還るにしても、ただは還れぬ。それで、どんな宗教でも身体と心霊とを問題にする。これを問題にするのは、即ちそれが生死観と極めて密接な関係を持っているからである。

浄土存在の問題は人間生死観の上に成り立つと云ったが、窮極のところを推して行くと、こんな種類の問題は何れも相互に連関していて、あれからこれという、時間的順序も、論理的連繫もなしに、一時に同一処で相連関していると云ってよい。それ故、一つがわかると他が相率いてわかって来るという仕組のものである。物理的に、自然力的に転変しかなかった世界に生死観が出たということは、取りも直さず、此土《しど》に対する浄土——日が出て月がはいるということの外に、この身はここで死んでも、魂はあの土へ往く——という考えと一つなのである。

人間が生死と云う時、早く既に浄土が出来、魂が出来たと云ってよいのである。併《しか》しその生死というのは何だろうか。これが禅匠だと、「貴様まず死んでこい、くだらぬ詮索するな」ということになるが、ここではそういうふうに片づけられもせぬ。

五

生死に連貫して、人間はまた、因果ということ、業ということを説く。この考えも浄土観と密接な関係をもつ。仏者は、物理界・自然界の原因・結果だけでなく、道徳行為の方面でも因果を云う。善因善果・悪因悪果である。而して今まではこの因果観を個体的にのみ考えたようである。物質世界で、個個の物体があって、それらが相互に働き合って、而してその力の関係が、因果法で支配されると見られる如く、道徳行為の世界でも、個人があって、それが行為の主体となって、その善悪から、それぞれの結果即ち業報が出て、それがさきの主体の上に加わると云う、――これが従来一般に考えられた仏教の因果観であった。併しこれは甚だ不徹底である。何となれば、吾等の存在は単なる物質であっても、原子的に別れているものとは考えられぬからである。考えられるとしても、その原子的なるものは、所謂《いわゆ》る重重無尽に、交差し、連絡し、貫通しているもので、一個の原子体に起った出来事即ち行為は、その行為の主体の上にのみ出来上るものではないのである。行為は他物に加わることによりて始めて行為になるのである。それ故、一個物がそれに対して全責任をもつわけにいかない。その個物の位置をきめた周囲全体が、その行為に対して責任をもたなくてはならぬ。そうすると、一行為の善悪は全体のものとならなくてはならぬ。善因善果とすれば、その善果は、たといその善因たりし行為の発生が一個物からであっても、その物だけに加わるべきではなかろう。元来、善とか、悪とか云って価値づけたものは、その個物ではなくて、それがおいて在るところの場処の関係から出たのではないか。その個物自体にかえってみても、それが善だと認めたというその意識そのものがまた、そのおいて在る場処を顧みた結果なのである。して見ると、善因善果は、個物の専有ではなくて、全体とそれに包まれている個物との相互の連関に帰すべきものであろう。この理を推すと、一人成仏して一切が成仏するのである。弥陀の成正覚は、彼が本願の成就を意味し、やがて衆生の浄土往生を意味するのである。

この結論は少し早いが、とにかく、因果説や業報説を今までのように解していては、浄土へ往く者は誰もないことになる。浄土そのものも成立が危ぶまれるのである。仏は衆生のために病むと云われるが、吾等衆生も又衆生のために病むと云わなければならぬ。極楽へ行くのも、地獄へ行くのも、この色身をもち、この霊魂をもつという吾等自身が個個にそうなるのではなくて、吾等と衆生と共に相率いてそうなるのである。現に今日の世間を見てもそうである。何れも地獄の苦しみを現世に味わっているが、それは吾等だけの前世の業《ごう》ではない、また関係している人々だけのものでもない。人類と云うよりも、寧ろ「人間」そのものに内在している業因の現実化であるとしか考えられぬ。人間苦はやがて世界苦である。物とか、力とかいうものしかなかった自然界に「人間」が出現してからは、生死が出来、因果が出来、業報が出来、地獄が出来た、而して吾等は今その真只中に居るのである。もとのもとを云えば、人間が居ると考えられる世界そのものに、本来この「苦」が内包せられているのだ。基督《キリスト》教の原罪観は、エデンの住人が生死を味わった時、即時に感ぜられたのであるが、仏教では無明の一念が忽然として頭をもたげた時、世界は、人間は、生死の淵に沈むことになった。それから今日の苦しみが出るのであるから、善因善果・悪因悪果の個人観は成立せぬ。

因果も業報も個人の上にのみ見るべきでなくて、個人とそれを容れていると考えられる全体との関係の上に説くべきものとすると、「罪の深い吾等」と云うこともできず、「この穢《きたな》い世界」と云うわけにもいかぬ。随って、極楽も浄土も地獄も、個人の上に落ちて来るものでなくて、他と我とすべてに経験すべきものではなかろうか。こうなると、浄土往生は畢竟どこへ行くことになるか。

業報論と関係して考うべきことのうちに、自由意志の問題がある。自由意志のないものに業報はない、道徳的因果も論ぜられぬ。すべてが器械力・物理力・背理力《ブルータル》の支配の下に置かれる。何のかのと価値批判などできるものではない。まして浄土往生もないものである。併し自由意志と云う時には、その意志の主体となるものが考えられる。霊魂とか、心とか、精神とか云う何か一物があって、それが所謂る身体の拘束を受けないで、自分自身の理由で行為すると考えねばならぬ、もしそんなものがあると、それはどんなふうに考えてよかろうか。今までの論理ではどうしても二元的になる。そうすると、身と心と二つになり、前者は不自由で、後者は自由であるが、その自由なるものは色身を離れてどんな存在をするか、即ちそれには生死があるかどうかということにならなくてはならぬ。また、その物の生れぬさきがあるか、死んでどこに往くか、腐って行く肉身とどう関係がつくか。即ち、生前の善悪の業は肉身を通じてなされたが、肉身崩壊後は、魂は無媒介になる、孤立になる。孤立になってからは、色身生存中の業を、どうして受け継ぐか。二元論的論理になると、こんな問題は引き切りなしに出て来る。自由意志はこれでは解けぬようだ。而してこれが解けぬと、善悪業の責任をどこへ持って行くか。善悪はどうも個体の上に於て論ぜられぬのである。併しこれを云わぬと業報論は成立せぬ、従って浄土往生などを教えるべき余地がない。

六

上述の所説は何れも連関的或は循環的であるとも考えられる。或は浄土往生が成り立つと、これらすべての疑惑も解けるとも云える。即ちこれらの疑惑と浄土往生説とは相表裏している、疑惑そのものの間にのみ連関があってから、それがまず片づくと、浄土往生がまた片づくというわけでないとも云える。併し、自然の順序とすれば、吾等はまだ此世に居るのであるから、論はここから進めなければならぬと見てもよい。ところが、吾等は此《こ》の世での問題が解けるや否やに拘《かか》わらず、浄土論を担ぎ出さねばならぬようなのである。どの宗教でも、次の世のことを教える。此《こ》の世のことがわかるのは、まだ行っても見ない処のことがまずわかってからとのように考えられる。現世が現世でわからずに、当来でわかるということは、甚だ矛盾している。わからせ得ると思うものが、とてもわからぬと考えなければならぬものにぶっつからぬとわからぬということは、如何にも頓珍漢《とんちんかん》の論理ではあるまいか。ところが、事実はどうもこの頓珍漢の論理の方を本物のようにするかの如く見られる。二元的論理では、困難百出するにも拘わらず、吾等は浄土荘厳を信じ、そこへの往生を祈願しなければならぬように仕向けられているのである。これはどんなわけなのであろうか。

七

この疑問に答える前に、吾等は浄土をどんなふうに見ているか。それを少し調べてみよう。まず感覚的・物理的方面から云うと、浄土はその名の示す如く清浄であると云う。併しこの清浄性は、物理的のみでなく、また霊的でもある。それは、浄土というのは単なる物理的存在だけでないからである。或はこう云ってもよい、浄土では物心という区分けができないと。清浄解脱三昧の世界であるから、ここでは何もかも徹底して清浄であるわけだ。水晶宮にでもはいったようなものであろう。第三十一願に、

「設《たと》い我れ仏を得たらんに、国土清浄にして、皆悉《ことごと》く十方一切無量無数不可思議の諸仏世界を照見すること、猶明鏡にその面像を観るが如くならん。若《も》し爾らずば正覚を取らじ。」(無量寿経)

清浄の意味は明鏡の如くであるということにも解せられるのである。浄土にすべての仏世界が映るということには、大なる意味が含まれているが、後にこのことに説き及ぶであろう。ここでは清浄性の喩《たとえ》であると云うに止めておく。

この清浄性は八功徳池の水の如くに澄みわたって美しいということでない。浄土ではすべてのものが金色微妙の光明に満ちている。これが実に彼土の最も大事な特性である。

第二十七願に、

「設い我れ仏を得たらんに、国の中の人天一切万物、厳浄光麗にして、形色殊特窮微極妙にして、能く称量すること無からん。云云。」（無量寿経）

七宝荘厳の浄土であるから、光赫焜耀《こうかくこんよう》にして微妙綺麗なることは、固よりさもあるべきである。特に彼土の主宰者たる無量寿仏の無辺の大光明に至りては、人間の言語を以て記述すべからざるものがある。浄土経の記者が如何にその記述に苦心したかは『観無量寿経』の左の引文にてわかる。

「無量寿仏の身は百千万億の夜摩天の閻浮檀金色《えんぶだんごくしき》の如し。仏身の高さ、六十万億那《な》由《ゆ》他《た》恒河沙由旬なり。眉間の白毫は右に旋りて婉転して、五須弥山《しゅみせん》の如し。仏眼は四大海水の如し。青白分明なり。身の諸々の毛孔より光明を演出す、須弥山の如し。彼の仏の円光は百億の三千大千世界の如し。円光の中に於て、百万億那由他恒河沙の化仏まします。一、一の化仏に亦《また》衆多無数の化菩薩有りて以て侍者たり。無量寿仏は八万四千の相まします。一、一の相に各々八万四千の随形好《ずいぎょうごう》有り。一、一の好に復た八万四千の光明有り。一、一の光明遍く十方世界を照らす、念仏の衆生を摂取して捨てたまはず。その光明相好及び化仏、具に説くべからず。云云。」

極限的数字で弥陀の光明量を記述するのは印度人的である。こんな形容は、印度人的想像力によらないと不可能であろう。

『無量寿経』は更にこの光のはたらきを述べて曰わく、

「無量寿仏、大光明を放ちて、遍《あまね》く一切諸仏世界を照らしたまう。金剛囲山・須弥《しゅみ》山《せん》王・大小の諸山、一切所有、皆同一色なり。譬えば、劫水《こうすい》の世界に弥満《みまん》するに、その中の万物沈没して現ぜず、滉瀁浩汗《こうようこうかん》として、唯《ただ》大水をのみ見るが如し。彼の仏の光明、亦復是《またまたかく》の如し。声聞・菩薩の一切の光明、皆 悉《ことごと》く隠蔽《おんぺい》して、唯《ただ》仏光の明耀顕赫《けんかく》なるを見たてまつる。その時に、阿難即ち無量寿仏を見たてまつれば、威徳巍巍《ぎぎ》として、須弥山王の高くして、一切の諸世界の上に出でたるが如し。云云。」

浄土に於ける一切所有は、悉く弥陀の光明で一色に照らされ、一色に耀くということを見ても、浄土にはどんな性格があるかが窺い知られるのである。即ち浄土には陰影というものが微塵もないのである。

浄土の記述をここで微細にする考えはない、この篇の論旨に必要なだけにしておくが、聴覚の世界では迦陵頻伽《かりょうびんが》などいう鳥があって、昼夜六時に和雅の声を出し、清風時に起りて七宝所成の樹枝の間をわたれば、五つの音声を出して微妙の宮商《きゅうしょう》自然に相和すということである。而してこれらの声音を聞く者は、ただ楽しいというだけでなく、耳根清徹にして苦患を知らず、無量の妙法がそこから伝わるのを聞いて、深法忍を得、不退転に住するのである。また音響忍・柔順忍・無生法忍などいう三種の体認を得るということである。

尚《な》お嗅覚・味覚・触覚の世界に於ても、清浄香潔とか、香気普薫とか、甘露の味とか、冷暖の調適とか、開神悦体とかいうような形容詞の連ねられているのを見ると、浄土が、これらの感性に対しても、「清浄安穏、微妙快楽」を供給するものであることがわかる。

上述の如き国土の住者はどんなものかと云うに、その相好から見ると、「顔貌端正にして超世希有なり。容色微妙にして、天に非ず人に非ず。皆自然虚無の身、無極の体を受けたり」(無量寿経)と記してある。ここに問題となるのは、「自然虚無の身、無極の体」とは、どんなものを意味するかである。顔貌・容色などと云えば、形色の世界を想わしめるより外ないのであるが、それにも拘わらず、「虚無」とはいかん、「無極」とはいかん、而してそれが「自然」とはいかん。浄土の住人は、自らにして然るところの「無」を体とし、身としているのであるか。もしそうとすれば、「自然に徳風あり、徐かに起り、微かに動く。その風調和して、寒からず、暑からず、温涼柔軟にして、遅からず、疾からず」(無量寿経)というのは、誰の「身」に感ずるのか。容色微妙・顔貌端正の身体に感ずるものと定めなければならぬが、さてその身、その体が「無」であるとすると、浄土の住民をどんな存在と推論すべきであろうか。此土では明らかに矛盾で、どうしても一つにならぬ観念だが、浄土ではそんなことがないのか。浄土の記述も、此土の文字、此土の観念を使わなければならぬ故、自らこの矛盾はあるが、一旦浄土へ往けば、此土の想像は自然解消ということになるか。併《しか》し此土に居て此土で話しする限りは、此土でも何とか通用のできる観念で、彼方の浄土とその住民とを取り扱いたいものである。これはまた後で説き及ぶつもりだから、次に浄土住人の精神的境地を調べてみよう。

八

浄土の住人には無量寿仏を始めとして菩薩も声聞も天人も居るようである。大衆と云うのも、衆生と云うのもある。大衆と衆生と同一であるか如何かはわからぬが、とにかく菩薩・声聞の外に一般の居住者も居るらしい。仏は固より無量寿で無量光であるが、その外のものも、無量光はわからぬが、無量寿であるだろうと信ぜられる。経典には彼土所住の菩薩の諸徳を詳述するが、その外のものに関しては欠如している。或は、彼土では何れも本質的には菩薩であって、その外の名は単に此土の区分に映じたものとも見られる。厳格に浄土住民の生活情態及び心理的・道徳的・宗教的境地を調査しようとしても、此土の尺度がどうしても充当せず、記述も組織だっていないから、どうもはっきりと科学的な書き方が不可能である。余りに精《くわ》しき詮索をせずに、弥陀の願中に現われているところと、その外三部経典中処々に見える入浄土者の資格を規定せるところとを併せ考えて、居住者の精神生活に一瞥を与えるに止めておく。

四十八願中に現われたところでは、浄土には地獄・餓鬼・畜生が居ないわけだから、彼土の居住者は何れもこの三悪道を性格づけている諸〻の心行及び所作の所有者でないことになる。彼等は六神通を具えている、「身」を実計せぬ、不善の名さえも聞かぬ、何れも無生法忍を体得している。もし「衆生」と「菩薩」との区別がとれるものとすれば、浄土の住人の宗教的生活はこの上もなく充実せられたものとなるのである。

浄土往生者の資格は、第一に弥陀の本願を信じ、その名号を称うることであるが、この信じ方・称え方に至るべき心理的諸準備については、中々の議論があるので、その方面に触れることをせぬ。但〻浄土へ行ったほどの者は、何れも弥陀の信者であること、その名を称え、その徳を讃美するものであることは、言を俟たぬ。無上の菩薩に対して甚深の信心を有っているだけでなく、この菩薩を既に証得してもいることと想定せられる。またすべての戒行の実践家でもある。大乗の経典についても篤と会得している。

一口に云うと、在浄土の人々は、知的には、大乗の妙理を悟って、無上道を了得し、無生法を体忍している、行的には、各種の波羅蜜を成就して、慈悲・忍辱などの実修者である、それから、身体的には、男性で、真金色を放ち、肢体すべて欠けたることなく、三十二相を完備している。

九

浄土とその住人に関する三部経中の所述を十分に整理することは容易ならぬ。相互に、抵触し、衝突する如き叙述が到る処に見られる。これを会通させることは此土所住の人間の論理では不可能かも知れぬ。が、一応この小論文に必要なと考えられただけの部分を取り立てて、上来大略の記述を了えた。これから浄土につきての愚見を開陳し、浄土教がどの点で禅と関係するかを見ることにする。

浄土観が、諸種の論理的矛盾のあるにも関せず、何かの形で各民族の間に信ぜられているという事実は、決して軽軽に看過すべき問題ではないのである。ざっと考える人は、「そんな迷信が」と云うでもあろうが、どうもそうでない。「迷信」として浄土を斥《しりぞ》ける人の方が、「迷信」者であるかとも思われる。深く考えないで、自分の浅見に迷わされているからである。浄土系の人自身にも、その信仰はあるが、さてその信仰を理論的に基礎づけられぬという悩みを感じているものもあるに相違ない。指方立相《しほうりっそう》などいう論の建て方もあるが、それは畢竟じて民衆相手の方便説と見たいのである。

愚見によると、多くの矛盾を孕んだ記述にも拘わらず、浄土を此土と相表裏した存在としておきたいのである。表裏という云い現わしは、甚だ面白くない。却って誤解を生ずるであろうが、一寸よい文字が心に浮ばぬ。此土が彼土であり、彼土が此土であると云うと、娑婆即寂光土とか、唯心の浄土、己身の弥陀ということに解されよう、愚見はそうではないのである。表裏というは、彼は彼、此は此でありながら、彼此《ひし》相《あい》離れることができぬというのである。彼と此とは相背反している、矛盾し、衝突する存在である。彼あれば此あるを得ず、此あれば彼あるを得ずということである。この矛盾の故に、従来の仏者は、これを時間的に排列して、彼を死後におき、また空間的に並べて西方十万億土と説く。併しこう云うと、却って前述の如く、とても収拾できぬ論理の乱脈が出る。仏教哲学者の真意——即ち事実に即して説かんと欲するところ——は、浄土と穢土とは相互矛盾で、それが即ち自己同一の存在であるということでなくてはならぬのである。

相互矛盾即自己同一と云うのは、娑婆即浄土・浄土即娑婆という意味に取るのではない。娑婆はどこまでも娑婆であって浄土でない。浄土はまたどこまでも浄土であって娑婆でない。両者はいつも対峙しているが、彼なくして此なく、此なくして彼がないのである。この矛盾の対立の可能なのは、実にその矛盾の故なのである。それでまた自己同一と云い得られるのである。実際、浄土を考えないではこの娑婆自身が成立せず、またこの娑婆の故に浄土がなくてはならぬのである。矛盾が矛盾ですまない、——或はすまされないと云う方がよいが、そこに自己同一ということが云われるのである。娑婆は浄土を否定し、浄土は娑婆を否定する。その相互に否定しなくてはならぬところに、娑婆即浄土・浄土即娑婆があり能うのである。併しこの自己同一性は、矛盾を無視した、ただの同一ではないのだから、この点に最も留意しなくてはならぬ。仏教の浄土観は、どうしてもこの論理で見ないと成立せぬ。指方立相ではいけない、またただの相即論でもいけない。浄土系の人々が娑婆即寂光土に反対するのは、もっともな次第である。花は紅《くれない》ならざるが故に紅であり、柳は緑ならざるが故に緑であると、こう見なくてはならぬ。肯定はまず否定を通らなければならぬ。否定なしの己身の弥陀では、どうしても承知できぬところがある。

十

浄土諸経に説くところの浄土及びその所住者は、すべての点で、娑婆とその所住者とに対立している。浄土に在るものは悉く娑婆にないところである。浄土は光明の世界で、すべての物が明徹性を帯びている。弥陀の大光明がすべてを隠蔽する、浄土は弥陀一色で塗り潰される。併《しか》し、弥陀だけがあるのではない。弥陀は弥陀で光り、自余のものは彼の光明下に在りて、而も自己の光を没却し去ったわけではない。ただ一色に塗られてしまえば、弥陀の外に何ものもないことになる。浄土はそんな存在でない。

娑婆は、浄土と反対に暗い、陰《かげ》と闇《やみ》とに充ちている。浄土の如くどこの隅までも光明であるということでなく、娑婆は黒暗の世界である。ここでは一物はその暗さで存在している。浄土では全くその逆である。物々悉くその光の故に存在が可能となっている。浄土経は、浄土を説くに当りて、その光明性を飽くまで主張している。いくら説いても説き尽されぬというほどである。而してその光明が単なる一色の光明でなくて、千種万様の光明である。それがお互に映発し合うのであるから、浄土の光景は此土では全然考えられない。彼と此とは全く反対な存立である。

それからその居住者であるが、彼等が此土で有っているものは一つも彼土にはない、また彼土にあるものは何物も此土にはない、物理的方面でも精神的方面でも。前者はしばらく措くとして、後者の一例を挙ぐれば、彼土の菩薩即ち居住者は、

「その国土の所有《あらゆる》万物に於て、我所の心無く、染着の心無し。去来進止、情係る所無く、意に随いて自在なり。適莫する所無し。彼無く、我無く、競無く、訟無し。諸〻の衆生に於て大慈悲・饒益《にょうやく》の心を得たり。柔軟調伏、忿恨《ふんこん》の心無し。云云。」

（無量寿経）

こんな形容は次から次へと続いて記載されるが、何れも此土の人々によりて体験せらる

るところのものでないのである。浄土の住人は此土のものとは全く別個の概念で生きて行く人々である。彼等はどうしても此土で役に立つ思想・範疇で取り押えられないのである。即ち彼等の存在は吾等と正反対のものである。浄土が此土と対峙する如く、彼等も吾等と対立する。即ち、浄土は此土を否定し、彼等は吾等を否定する。此方から見るとまたその逆の事が云われる。

それで、仏教の浄土は此土を辞してから往く処ではないのである。従って、空間的に西方十万億土を隔てた向うに在る国土ではないのである。浄土は此土と対立して、而も此土に映っているものなのである。両者の論理的関係は、相互に否定して、而して相即するのである。ただの相即ではなくて、否定を媒介とする相即である。これをまさに表裏という文字で云い現わさんとしたのである。浄土の面が此土に映り、此土の面が浄土に映るのである。両者相《あい》映発するのである。この映発の故に、経中にはよく鏡の喩が用いられる。浄土では、他方の一切の世界が明鏡にその面像を観るが如くに照見せられるというのはこの故である。それから『無量寿経』の終りの方に、阿難等が此土に居て浄土を見、浄土のものがまた此土を見るという記事がある。浄土経中にこれほど示唆に富んだ書入れはないのである。予が云わんと欲する浄土と此土との相互映発観は、実にこの示唆を取り入れたのである。その文に曰わく、

「この会の四衆、一時に悉《ことごと》く見る。彼《かしこ》に此土《しど》を見ること、亦復是《またまたかく》の如し。」と。この会の四衆とは、阿難等の会衆である、それが今釈尊の神力で浄土を見せられたが、その時、彼土の一切の菩薩・声聞《しょうもん》・天人《てんにん》も亦《また》此土の人々を見たのである。即ち、こちらが向うに映り、向うがこちらに映ったのである。この相互映発の論理が否定即肯定・肯定即否定である。浄土は時間的に死後に往くべきでなく、また空間的に西方に遠くを隔てて旅すべきでないのである。自分がこの筆を動かし、この文を草する、この時ここで、浄土に往還しているのである。この筆はこの薄暗き手中に握られているのではなく、浄土から直接の光明に照らし出されて、その光の跡をつけているのである。これは娑婆即寂光土ではない。

仏教の浄土はどうもこんな塩梅に見なければならぬと、自分は信ずる。今どこからか木魚の音がする、読経の声も微《かす》かにする。一日中の雨も今は小止みらしい。外は少しずつ薄暗くなる。窓外の緑も多少か夕靄に包まれている。これを「清揚哀亮にして、微妙和雅」(無量寿経)な浄土の自然の伎楽《ぎがく》に比べ、各種の妙宝で出来た「茎茎相望み、枝枝相準い、葉葉相向い、華華相順い、実実相当る」(無量寿経)浄土の道場に比べると、如何にも好個明暗の対照である。が、自分の見処からすれば、浄土に於ける「自然に相和している微妙《みみょう》の宮商」(無量寿経)が、やがて今隣りの樹の間から洩れて来るつくづくし蟬の声ではなかろうか。而して、これは今予が強いて概念の上から浄土をここへ持って来ての話ではないのである。話に出すから、こんなふうに概念的に聞きとれるのである。予のつもりでは、論理を離れて云っているのである。「心は浄土に遊ぶなり」の意味がこうでないとわからぬと、予は信ずる。

十一

一般に見ている浄土観ではわからぬ文句が経中に出ることがある。『観無量寿経』に、「仏身を観ずるを以ての故に、亦仏心を見る。云云。」「汝等心に仏を想う時、是の心即ち是れ三十二相・八十随形好なり。是の心作仏す、是の心是れ仏なり。云云。」

この引文では、心と身とは二つのものでない。身是れ心、心是れ身ということになる。死んでから往く極楽が、「無極の体」又は「虚無の身」であるとすると、どうやら色身のない幽霊のようなものが居るやに考えられるが、「顔貌端正、容色微妙」と云えば、またもとの色身である如くである。然るに、心と身、身と心とが二つでないとすると、どちらから話を進めてもよいことになる。三十二相の面からすれば、妙衣珍膳も要るが、自然虚無の面からすれば、数量・形質は問題にならぬのである。浄土観が一見大いに矛盾して始末におえぬようなのは、この二様の見方が始中終錯綜しているからである。即ち浄土と娑婆とが否定即肯定・肯定即否定の論理で成立しているから、こんな錯綜が許されるのである。従って、不可解の混雑、不可説の矛盾が経中に見られるのである。それは実に彼土と此土とが、この瞬間に、この場処で、相即映徹しているからである。指方立相ではこの種の矛盾に十分の解決がつけられぬ。吾等は娑婆に居て、また浄土に居るから、浄土を叙述するにつけても、絶えず彼此と出入することになるのである。此土に居て浄土の叙述が可能になるのも、実にこの理でなくてはならぬ。吾等が、如何に二元的論理の矛盾を重ねても、尚お浄土の存在に大なる関心を有するのは、そんな二元的な論理を超えた論理が別にあるからでなくてはならぬ。この超論理を、「信」又は「決定心」又は「不退転」の地とも云うのである。浄土観は実に此土に建立せられたと云って可《よ》い。

十二

相互矛盾即自己同一で出来ているのは、仏教の浄土に限るのである。基督教の天国にはこんな論理はない。基督教は二元論を離れ得ぬ。それ故、その所謂る天国なるものは死後の往生場処となっている。天国と此土とは連続している。両者の間に続きがある。

此の世の生活は直ちに彼土の生活に続く。基督教者は此の世の生活を終えても、彼等は同一の生活状態を天国へ行ってもやらなければならぬ。罪業を神寵で洗い浄められない限り、彼等の魂は永遠の亡滅である。彼の世は此の世の続きだから、どうしてもそうならざるを得ぬ。それから、スエデンボルグによると、天国でも霊的生活の進展がある。それは、天国は此土《しど》の継続にすぎないからである。天国と此土との間は何等不可超の間隔がない、地続きであるから、死後の生活は彼処で送る。つまり、死そのものもないのである。これを彼は不生不死と云う。近頃に至りて始めて、天国と此の世との間に絶対の非連続があるというような神学が唱道せられているということであるが、それでも、基督教者一般の所信は、天国は死後のもので、此の世から続くものなのである。

これに反して、仏教者の浄土は此土の連続ではない。彼土と此土とは絶対の矛盾であるから、その間に連絡性は認められぬ。而してこの矛盾懸絶の故に両者の自己同一を説き得るのであるから、彼より此、此より彼へのわたりは、「横超《おうちょう》」でないと可能でない。「横超」とは、非連続の連続である。「横」というは、彼此の直線的連結を否定する言葉である。「超」というは、連絡なきところに見られる連絡を云い現わさんとする努力の言葉である。「横超」の二字、頗《すこぶ》る意味深長であると云ってよい。指方立相的に浄土を十万億土に見んとする時は、この「横超」を否定せねばならぬ。死後の浄土往生でもやはり「横超」は不可能になる。「横超」は、どうしても、否定即肯定・肯定即否定の論理を意味するものと考えなくてはならぬ。娑婆と浄土との関係は、かくして、相互映発である、両鏡相照である、非連続の連続である、それ故、「横超」である。

両者のこんな関係を、『大慧法語《だいえ》』巻下中「空相道人に示す」の文句で、仮りに次の如くに云い得ると信ずる。

「仏は是れ凡夫の鏡子。凡夫は却て是れ仏の鏡子。凡夫迷う時、生死垢染の影像全体仏の鏡子中に現わる。忽然《こつぜん》として悟る時、真浄妙明。不生不滅。仏の影像却て凡夫の鏡子中に現わる。然るに仏には本と生滅無し。亦《また》迷悟無し。亦鏡子無し。亦影像の現ず可き無し。凡夫若干有るに由るが故に。凡夫に随いて発明する耳《のみ》。而今凡夫の病を除きて仏祖と異る無きを欲せば、請う鏡を打破し来れ。你の為に箇の註脚を下さん。」

この引文中、「仏」を「浄土」に、「凡夫」を「此土」に入れ替えてみると、両土の関係及び「横超」の事上的論理も解し得られる。「鏡を打破し来れ！」が読破せられる時、横超を事上に体認することができる。二元的論理の進み方はさもあらばあれである。

十三

横超について尚お一つ云っておくべきことがある。それは、この運動の、直線的でなく、連続的でないということは、回帰的で、円環的であるとの意味をも含んでいるのである。浄土系の信者は、此土から彼土へ往ったきり還らぬのではない。往けば必ず還るのである。往相《おうそう》は必ず還相《げんそう》である。廻向《えこう》は、此土からだけでなく彼土からもある。また彼土からだけでなく此土からもある。本願のはたらきは弥陀から出て衆生に及び、それからまた弥陀に還る。弥陀に還る時は、本願と云わずして、至誠心とも、深心《じんしん》とも、廻向発願心とも、信心とも云う。これら四心は一つものである。此土から話をすると、これら四つの心、或は一つの心と云ってもよいが、それが衆生から発足して弥陀に達すると、弥陀の方からは本願となって、また衆生の方へ還って来る。この回帰的・相互往還的運動が宗教意識のはたらきの特性であり、やがてまたこの種の仏教論理の性格である。自分はこれを即非の論理と云って、それですべての仏教思想、——その中に浄土教も禅思想も入れておくが、——それを説明する役に立たせるのである。

基督教のように、二元的論理で、而して直線的運動を説く宗教では、死んでしまえばそれ切りになる。天国へ行ってからも固《もと》より個人的精神上の進展はあるが、此土との連絡はなくなる。それは、ただ神を通して行われるに止まる。これに反して、仏教の浄土は絶えず此土と非連続的に接触している。浄土へ行ききりの仏教徒はない、何れも浄土着は即ち浄土発である。浄土は寸時も停留すべきステーションではないのである。これが横超運動であるが、もしこれを直線的・二元的・連続的に解せんとすると、仏教の浄土ほど下らぬものはなくなる。経中所説のような生活を永劫に送らねばならぬとすると、浄土には何人も往きたがらなくなる、それのみならず、そこに幾時か居着いたものは、無聊《アンニュイ》のために死んでしまう、融けてなくなってしまう。浄土には絶対に動きがない、働きがない、行為がない、進歩がない。一切は停頓状態に膠着している。こんな浄土は化石である。娑婆の向う岸にそんなものを据えつけて、「そこへ往け、そこへ往け」と云うのは、衆生を殺すものである。七宝の牢獄へは誰も行きたくない。「往き易くして人なし」と云うは、固より然るべきところである。併し、浄土観を直線的・二元的論理の上に建立すると、その結果は必ずこうならざるを得ぬ。浄土観に一進転機を劃しようと思えば、仏教者はどうしても今までの論理を捨てなければならぬ。この一大転回の機が見つけられることによりてまた看経《かんきん》の眼《まなこ》が開けることになるのである。

これだけの準備が出来ると、吾等はこれから浄土教と禅との関係につきて何か云い得べき時節が来たことに気づくのである。

下篇

一

浄土三部経などを読んでから、禅録を見ると、浄土教と禅との間には何等の交渉もないように感ぜられる。例えば次の問答を見よ。

虔州[註一]の智蔵というのは、唐代の南嶽懐譲《なんがくえじょう》の弟子であった。或る時、俗人の求道者が来て、尋ねた。

「天堂・地獄というものがありますか？」

「有る。」

「仏・法・僧の三宝というものがありますか？」

「有る。」

それから、俗士は色々の質問を出して、その有無を聞いたが、智蔵禅師は何れに対しても一様に「有る、有る」と肯定した。そこで俗士曰わく、

「和尚さんは何でも「有る」とおっしゃりますが、どこか間違ったところが有りはしませんか？」

「あなたは今までに誰かその道の人に聞いたことがあるか。」

と、和尚は尋ね返した。

「自分は曽て径山《きんざん》和尚に道を聞いたことがあります。」

「そうか。径山和尚は何と云ったか？」

「あの和尚さんは何を尋ねても皆「無い、無い」と云われました。」

「そうか。それではあなたに尋ねるが、あなたは御家内がありますか？」

「有ります。」

「径山和尚にはありますか？」

「無い。」

「径山和尚が「無い、無い」と云うのはそれでだ。」

質問者の俗士は御辞儀をして下るより外なかった。

こんな問答を読むと禅僧は人を馬鹿にしているように思われる。

趙州[註二]の従諗《じゅうしん》も唐代の名匠である。崔《さい》郎中というお役人が尋ねて来て問うた。

「あなたのような大善知識は地獄へ堕ちる気遣いはないでしょうな。」

「なかなか、わしらは今でも堕ちる。」

「お知識さまのあなたにどうしてそんなことが有りましょうか?」

「わしが地獄に堕ちなかったら、あなたなどにお目に懸る機会などありやすまい。」

これも相手を馬鹿にしたような答えぶりだ。一寸見ると果してそうか。


註一　「師(虔州西堂智蔵禅師)、住西堂、後有二一俗士問一、「有《リヤ》二天堂地獄一否《ヤ》」。

師曰、「有」。

曰、「有《リヤ》二仏法僧宝一否《ヤ》」。

師曰、「有」。

更有レ問、尽答言、「有」。

俗士曰、「和尚恁麼道《ニフ》、莫《キヤ》レ錯否《ヤ》」。

師曰、「汝曾見二尊宿《ヲ》一来《ルヤ》耶」。

曰、「某甲曾参《ジ》二径山和尚《ニ》一来《ル》」。

師曰、「径山向レ汝《ニ》作麼生道《トフ》」。

曰、「他道、一切総《ニ》無《シト》」。

師曰、「汝有《リヤ》レ妻否《ヤ》」。

曰、「有《リ》」。

師曰、「径山和尚有《リヤ》レ妻否《ヤ》」。

曰、「無」。

師曰、「径山和尚道《フハ》レ無《ト》即得《タリ》」。
俗士礼謝而去。」(伝灯録、巻七)

註二 「崔郎中問、「大善知識還入二地獄一也無」。
師云、「老僧末上《ニ》入」。
崔云、「既是大善知識、争二什麼一入二地獄一」。
師云、「老僧若不レ入、争得レ見二郎中一」。」(趙州録)

二

浄土と娑婆との対峙を、二元的又は直線的に見ないで、「二は一に由りて有り。一も亦守ること莫れ。一心生ぜざれば、万法咎無し」(僧璨『信心銘』)という論理で定めて行くと、浄土教と禅とは、こういうふうに考えられる。浄土教は、身を、彼土と此土との矛盾的対立の上に置いて、此から彼を見る。禅は彼にも此にもあらざるところから、彼と此とを見るということにしたい。浄土教にはいつも此と彼との二がくっついて見える。禅では、時には彼、時には此と、円転滑脱して押えどころがない。禅は「一亦莫守」のところに居るから、二でも一でも構わぬ。矛盾をそのままに受け入れて、或る時は「有」と云い、或る時は「無」と云う。浄土教ではいつも「有」であるから、一見したところ自由がきかぬ。併《しか》しこの「有」は、元来有無の自己同一的「有」でなくてはならぬから、普通の見解による有無の「有」ではないのである。浄土教が後者のように誤られやすいのは、その「有」を高唱するところから来る。禅の場合でも、その「無」が、有無の「無」に解せられることが中々に多い。否定即肯定と云えば「有」であり、肯定即否定と云えば「無」である。が、ただその「有」という文字、「無」という文字に捉えられてはならぬ。これらの文字の出処を仔細に点検しなくてはならぬ。

またこうも云える。浄土教は生もあり死もありと道《い》い得るところに立っている、禅は生とも死とも道われぬところに立っていると。浄土教は、生死の矛盾をそのままに肯定して、そこから娑婆と浄土とを説く、或る点では普通人の見方に妥協した教理の建て方であると云える。禅は矛盾の自己同一性を強調するから、一般の見方からは手がつけられず、甚《はなは》だ便りなく思われる。禅はそれ故、頗《すこぶ》る高度に知的である。浄土教はこれに反して、通俗的・素朴的・原始的なところがあると云ってよい。浄土教はそれだけ俗耳に入り易く、却って一知半解の漢に歓迎せられぬのである。彼土からの大声は俚耳に入らぬのである。

これから問題は、矛盾の自己同一性を如何にして体認するかにうつる。出発点はどこにあろうと、結局は、自己同一性を何かの形式で手に入れなくてはならぬ。一度はここへ落ち着かないと、人間は、いつも不安を脱することができぬ。吾等はそんなふうに元来が出来ているので、何ともしようがない。それで、浄土教は此土から彼土への橋渡しをどんな方便でやるか。禅は本来自らそこに居るという、その自己同一の場処をどうして見つけるか。これが見つからなければ、それから矛盾の二元界へ出られないのである。二元界の矛盾に坐っている浄土教も、一度は矛盾即自己同一の場処に乗り出さぬと、彼地へ渡ることはできぬのである。それで、浄土教も禅も同一様の方便を頼ることになる。表面から見れば、甚だ同一様でないようだが、その底に潜んでいるものを探ると、同じ処から出ることがわかるから、畢竟《ひっきょう》じて一つものであらねばならぬ。

三

否定即肯定・肯定即否定を体認する浄土系の方法は、念仏称名——南無阿弥陀仏である。禅では、看話《かんな》である(或は坐禅である。ここに「坐禅」と云うは、ただ結跏趺坐《けっかふざ》の形ではない、この形を裏付けているとも云うべき「当体即是」の義であるが、これは少しわかりにくいから後廻しにしておく)。看話はまた公案と云う。即ち、禅の公案は浄土教の念仏称名である。禅の公案は千種万様であるが、称名(念仏も称名も一つと見ておく)は「南無阿弥陀仏」だけで外にない。そこに禅の自由さがあるが、浄土教としては名号を幾種にも替えられぬ理由がある。両者はこの点で相対照すると云える。併し、名号で「横超《おうちょう》」が可能になることは公案の場合と同じである。名号が直ちに公案であるという意味ではない。禅からはそう見てもよいが、浄土思想ではそういかぬ。名号はどこまでも名号でなくてはならぬ。名号が弥陀から離れてはならぬ。本願に裏付けられた名号でなくてはならぬ。但〻矛盾の自己同一という論理から見ると、名号は名号として、そのままに公案のはたらきをするものと云うことができるのである。

浄土系の教説は、此土から出発する。生死の世界をそのままに受け入れて、それを直ちに基礎工事にする。生死の世界は不安である。此土は「猶如火宅」である。どうしてもじっとして居れぬ処である。何かこの外になくてはならぬ。此土に対する彼土がなくてはならぬ。矛盾をそのままに見ていられないというところに、矛盾がそれだけですまぬという理由がある。人間に対するもの、生死に対するもの、娑婆に対するものがほしい。ただほしいと云っても、それだけですむものもある。食べものがない、食べものがほしいと云う。この種のほしいは、人間存在の外皮面であって、深い処からは出ていない。深い深い処から出ているもので、始めてそのほしいに意味がある。即ち必ずそれを充足させるものがある。「叩けよ、さらば開かれん」である。浄土教はここから出立する。それで、人間に対して阿弥陀仏がある、此土に対して彼土がある、世間苦に対して安養の楽邦がある、業報に対して本願がある、何れも因果に縛られているところから、吾等を離脱せしむるはたらきである。併し、これら諸種の対峙はただで超えられるものでない。何か媒介が要る、舟筏《しゅうばつ》がないと向う岸へわたれぬ。この舟筏、この媒介が称名である、名号を称えることである。浄土三部の経典が出来たわけは、実に人間性の基礎に横わる根本矛盾によるものである。弥陀がその名号の十方国土に聞えんことを誓う所以は、実に人間性矛盾の叫びに応ずる反響に外ならぬのである。もう一遍云いかえせば、矛盾そのものにある自己同一が自らを名乗り出たのである。この名乗りを聞く時が称名である。弥陀の名号を聞くことそのことが称名である。而してこの称名の故に、彼土への往生が決定し、本願成就の実があがるのである。

　弥陀と名号とは離れられぬものである。弥陀即名号である。弥陀の本願も、名号がなくては何等のはたらきをせぬ。何れもが名号を通して現実化する。が、この名号は聞かれなくてはならぬ。釈迦は出胎するや否や、周行七歩、「天上天下唯我《てんじょうてんげゆいが》独尊《どくそん》」と叫んだ。これが釈迦の名号である、この名号の故に、今日も尚お仏音のこの世界に響きわたるを感ずる。併《しか》しこの感じはお釈迦さんの獅子吼《ししく》を理解する時に始めて実効を揚げるのである。野に叫ぶ声は聞かれることによりて始めて野の声になる。それ故に弥陀の名号は聞かれなくてはならぬ。この聞かれるという時が、一念称名の時なのである。釈迦出胎の刹那に「天上天下唯我独尊」はあった。併し釈迦はそれを叫破することによって、始めて十方世界に響きわたらせた。そうして吾等はそれを聞いた。響くということが聞くことであり、聞くことが響くことである。弥陀の名号だけあっても役に立たぬ。これが聞かれて称《とな》えられる時に、名号は本当に名号となるのである。名号が人間性の矛盾を突破しなくてはならぬ。突破の事実を、念仏称名すると云うのである。

名号は生死矛盾の世界にいつも儼然たる存在を有する。矛盾そのことがこれを証明している。が、この証明には証人が要る。即ち生死の矛盾と名号の間に相互往還の運動が行われねばならぬ。この運動を念仏称名と云うのである。念仏称名によりて、名号自身の中に包摂せられているところのはたらきが現われる。表現がなくては存在でない。それで、予は名号を媒介にして此土と彼土との矛盾が「横超」的に連絡すると云うのである。

こう云うと、甚《はなは》だ冷たいように響くが、論理の筋を立てると、こんなものになる。この冷たく見ゆることの裏には、心理的に云うと、様々の悩みや悶《もだ》えがあるのである。その方面を説くことにすれば、また別の論文が書かれねばならぬ。今のところでは、禅との連絡関係を見んために、如上の方面だけを注意しておくのである。

四

禅の歴史は公案以前と公案以後とに分けることができる。今はこの方面を詮索するのでないから、便宜のため、公案以後の禅だけを云う。而してこの公案なるものの功能を、浄土所説の名号と相望ませて、簡単に話すことにする。

宋時代の発達した公案で最も初めに取り扱われた公案の一は、趙州の「無字」であった。この公案は今日でも依然として有力な公案となっている。これは唐時代に居た趙州観音院住の従諗和尚によりて唱え出された文句である。即ち、趙州が一僧に「狗子《くす》に還《かえ》って仏性有りや、也《ま》た無しや」と問われて、「無《なし》」と答えた、それからの因縁を引いているのである。併し趙州の「無」と云った心持と、今日公案としての「州曰無《しゅういわくむ》」とは同一でない。趙州は狗子に仏性の有無を問われて、簡単に「ない」と答えたまでである。それが後世になって、この「無」に絶対性を与えた。「州曰無」は、相対的有無の「無」でなくて、「絶対無」なのである。有無の矛盾の自己同一性そのものを直指《じきし》しているのである。今日の公案としては、「州曰無」は趙州の応答に仮託したのである。併しそうでなく、趙州も当初に絶対無を目指したものと見ても亦敢えて不可なしである。何れにしても、公案としての「無」は、否定即肯定・肯定即否定の「無」である。禅匠はこれを学禅者に課題として与える。而してこれが禅者にとりては名号なのである。

浄土教の名号には、その後《うしろ》に阿弥陀仏あり、本願ありて、宗教的有難味及び敬虔性に充ちているが、禅では骨組がそのままにむき出しになっている。如何にも殺風景に見えるが、その実、各公案の後《うしろ》には綿綿たる伝統があり、伝統に宗教性が浸潤しているので、「州曰無」を提撕《ていぜい》するにも、枯木に鴉の風情以上のものは大いにある。矛盾即自己同一と云えば、知的風景の横溢を感ずるが、その実はここにも情意の人間性の動いているのは確かである。学禅者は、慥《たし》かにこれに激せられて、渾身の存在をその上に投げかけるのである。冷やかな論理だけでは決してこれはできないのだ。

五

名号即ち称名の媒介で、浄土教は此土から彼土へ往くと云うが、その実、その信者達の往生決定は名号そのものに徹するのである。而してその名号の上に彼土と此土との矛盾対峙を見ているのである。これが往相・還相の回帰的運動の意味なのである、また真宗の主張する純粋他力の意味なのである。念仏を主とすると云うも、信心を主とすると云うも、ただ重点の置きどころの差で、究竟処は名号そのものの上にあるのである。ただ南無阿弥陀仏だけがあるのだと云うも、南無阿弥陀仏が南無阿弥陀仏を唱うると云うも、同じことである。浄土教は名号から出て名号に帰るより外ないのである。この意味で名号を公案と云う。この公案を取りて禅者のように提撕せよと云うのでない。一旦決定したところから見て、「南無阿弥陀仏！」はやがて「州曰無！」でなくてはならぬと、自分は主張する。

南無阿弥陀仏の名号を十万遍唱えるとか、百万遍唱えるとか云うのは、必ずしも「州曰無」と昼参夜参するのと同一轍に出ずると云うのでない。技術的方面或は心理的動作から見て、称名は公案だ、公案は称名だと云えぬこともないが、自分がここに主張せんとするのは、南無阿弥陀仏を以て、此土・彼土の矛盾と衝突との上に打ち建てられた自己同一そのものだというところに在る。そうして公案も亦《また》実にこの同一性を覚醒さする喚鐘《かんしょう》なのである。否、この自己同一そのものが叫ぶ声なのである。この声が即ち称名である。

否定即肯定・肯定即否定の即非論理は、実にその端的を表詮するに、尋常ならざる努力を要するのである。何故かと云うに、多くの努力の結果が誤解でしかないことが往往にしてあるからである。禅者はこの点で特に心力を費している。浄土家もその教説を組織的に表詮せんとして幾多の苦心を嘗めていることは、代代の祖師方の努力でわかる。禅ではその言葉の上に傍人をして後《しり》えに瞠若たらしめるものが、愈々出でて愈々怪奇ともいうところがある。

僧あり、趙州に問う(趙州録)。

「大難到来す、如何んか廻避せん。」(「大難がやって来ました。どう廻避すべきでしょう？」)

「恰好！」

と。これは矛盾を自覚した時の消息である。否定に対面して何ともかともうごきのとれぬ時のことである。それが「大難」という文字で詮べられた。生死の矛盾、彼此の衝突、仏と凡夫との対立、――何れも大難でないものはない。これは宗教者だけの経験でない、苟《いやし》くも人間性の根柢に横わるところの大矛盾に撞着する者は、哲学者と云わず、この「大難到来」の時節を味わわぬ者はない。この一見何でもないような問ではあるが、少し気をつけて見ると、大火聚に向ったようなものがそこにあるのである。中々軽率な取扱いですますべきではない。趙州の答は、併し、如何にも淡淡として無味なものであった。

これは「恰《あた》かも好《よ》し」と読んでもよい。「その通り」である。生が来れば生、死が来れば死、暑の時は暑、寒の時は寒、矛盾そのままで恰好である。否定即肯定・肯定即否定は、「大難そのまま」で自己同一性をもって対立している。これ以上にも、これ以下にも出られぬ、恰好恰好である。浄土家に云わすれば、「ああ暑い、ああ暑い、南無阿弥陀仏！」、「ああ寒い、ああ寒い、南無阿弥陀仏！」である。

次の問答の如きは随分人口に膾炙《かいしゃ》している公案の一つであろう。

「僧洞山に問う。寒暑到来如何んか廻避せん。

山云く。何ぞ無寒暑の処に向けて去らざる。

僧云く。如何なるか是れ無寒暑の処。

山云く。寒時には闍黎《じゃり》を寒殺し。熱時には闍黎を熱殺す。」(碧巌録、第四十三則)

寒と暑、生と死、此土と彼土、——何れも相互否定である。二元的論理の間に彷徨《ほうこう》する限りは、どうしても矛盾は廻避できぬ。その実、廻避しようとするのが、即ち矛盾を次から次へと連続させて行くことである。これは無限に続く、直線はどこまでも延び行く。廻避は却って廻避せざるところに在る。矛盾はそのままで自己同一性である。それで、「寒時寒殺《かんじかんさつ》、熱時熱殺《ねつじねっさつ》」である。而してここが無寒暑《むかんじょ》の処——自己同一そのもの——である、また「南無阿弥陀仏！」そのものである。彼土・此土は実にここから分れて出るのである。が、こう云ってはまだ語十成ならぬ、誤解は次々と発展して行く。それで、浄土家は何も云わずに、朝から晩まで、晩から朝まで、一途に「南無阿弥陀仏、南無阿弥陀仏」。禅者は、道《い》い得るも三十棒、道い得ざるも三十棒、或は「恁麽《いんも》も也《ま》た是《ぜ》ならず、不恁麼も也た是ならず、恁麼不恁麼総に是ならず」。

六

趙州或る時、左の如き質問を出した(趙州録)。

「明又《ま》た未《いま》だ明ならず。道昏うして暁《あ》けんと欲す。你阿那《あな》頭にか在る。」

これは簡単に明と暗とを対照させたものと見てよかろう。即ち矛盾の世界そのものに居る吾等又は你等は、この矛盾の何れかの一辺に、固着し、定坐せんとする傾きを持っている。明でなければ暗、暗でなければ明、此土か彼土か、善か悪か、両頭のうち何れかに偏せんとするのが、吾等人間意識の特性である。もし、善にもあらず悪にもあらず、此土・彼土にあらざるものを考えても、かく考えられたものを、また善悪と対峙させ、彼此の土と向い合せて見る。また新たな両頭の世界が出来るわけである。吾等はいつも両頭に囚えられんとするのである。それで、趙州の問は「吾等は畢竟どこに居るべきか」と云うのである。どこに居れば本当の安心が得られるかと問うのである。これに対して一僧の曰わく、

「両頭に在らず。」

この意味は「どちらにも就かぬ」というのである。それで趙州曰わく、

「与麼《よも》ならば即ち中間に在るなり。」

両頭のどちらにも居ないとすれば、その中間に居るというものであろう。矛盾の両頭を統一すると云うと、その統一体がまた両頭の間に現われ出んとするのである。僧は、併し、この罠《わな》に罹《かか》らなかった。

「若し中間に在らば即ち両頭に在るなり。」

これが僧の答であった。「自分は既に両頭に居ないと云ったではないか。中間と云えば、また新たな両頭を作るものである。それではきりがない。自分は始めから二元的論理の圏内に居ないのだ」と。この僧の所言頗《すこぶ》る肯綮《こうけい》に中《あた》っている。趙州が何を見つけんとするかは、この僧の夙《つと》に看破したところである。併し趙州はただこれだけでは手を引かぬ。いま一歩進んで這僧が最後の居処をつきとめなくてはならぬ。趙州は詰め寄った。

「這《こ》の僧多少時か。老僧の者裏《しゃり》に在りて。与麼の語話を作す。三句裏を出得せず。然かも直饒《たとい》出得するも也た三句裏に在らん。你作麼生《そもさん》。」

趙州の意はこうである、「お前は大分しばらくわしの処で修行したのであろうが、まだそんなことしか道《い》えぬのか。両頭とか中間とか、わかったようなことを道うが、畢竟じて両頭と中間(或は否定と肯定とその合一)の三句以上へ出ることができぬのではないか。また出たと口ではいくら云っても、駄目だ。やはり三句の裏にうろうろしているのだろうが、お前どうだ。何かもう一つ云ってみんか」。すると、這僧は次の如く答えた。

「某甲三句を使い得たり。」

「使ひ得たり」の語甚だ妙である。人間の思想の動きは、三句を超出するわけにいかぬ。ただの一では無も同様だ、否、無そのものであろうが、その一たる所以を肯定するには、自己を否定しなくてはならぬ。即ち自分に対して立つものが要る。それが二である。併し二に止まると、矛盾だけがあって、まとまりがつかぬ。いつも喧嘩ばかりする、何かもう一つなくてはならぬ。一が一に還らぬ。ところが、この還ったと思う一がまたこの外に独立したがる。それで三になる。三になるが、その実は、これとさきの二との対立が出来て、また新たな二が出来上る。二を一つにしようとして、また二つになったわけである。この矛盾をさけるために、更にまた他の一を立てると、一・二・三はいつも繰り返されて、窮極がなくなる。吾等はとても「三句裏を出得せぬ」ことになる。併しこの堂堂廻りは、つまるところ、三句を静的に考えているからである。始めから、一を、動くもの、働くもの、行為するものと見ないからである。行きつまりの失は、三句を使い得ぬところに在りと云わなくてはならぬ。始めから一を動的に解して、相互往還的運動をなすものと見る時、一は二になっても、その間に回互《えご》運動があるので、無礙の作用がそこから展開する。これが三句を使い得ると云うのである。趙州曰わく、

「何ぞ早く与麽に道はざる。」

「それならそうと何故早く道わないか。始めからの問答はいらなかったのだ」と。

「州曰無」も、洞山の「無寒暑処」も、「南無阿弥陀仏」も、ただじっとしていては、此の世界も彼の世界も展開せぬ。名号の中に本願を蔵していなければならぬ。それで、衆生と仏、娑婆と浄土とがその中から動き出る。さきに宗教意識は回互的運動をその性格としていると云ったが、それはこの意味である。浄土教でも、禅でも、仏教中の一体系である限り、何《いず》れも行為的一を説くのである。名号も、公案も、行為的一者である。それで、動く三がある。

七

或《あるい》は云わん、「浄土教の中心点は仏願に在るのである。罪業の深い衆生を彼土へ往生させて、そこで証菩提の実功を揚げさせてやろうという弥陀の本願にすがるのが、浄土系の教えである。名号を称えるもさることながら、信心がなくては何もならぬ。称名念仏は信心によりて裏付けらるべきである。云云」と。

一応はそうであると思われるが、仏願に順ずる実は念仏称名に外ならぬのである。而して念仏というは称名に外ならぬのである。称名とは「南無阿弥陀仏」を口称することである。「念仏」即ち仏を憶念すると云っても、仏の形相を観ずるのでもなく、その徳力を心の中に描き浮べるのでもない。これには並々ならぬ心理的努力を要するので、易《い》行道《ぎょうどう》の勧奨するところではない。易行道の易行道たるところは、名号を口称するに在る。そうしてこの口称に甚大の意味があるのだ。

善導大師の『観経疏』にある有名な文句——法然上人を覚醒させたという文句——は、

「一心に専ら弥陀の名号を念じ。行住坐臥。時節の久近を問はず。念念に捨てざる者。是を正定《しょうじょう》の業と名づく。彼の仏願に順ずるが故に。」

である。これが浄土教の骨髄である。法然上人の「一枚起請文《いちまいきしょう》」も「二枚起請文」も、詮ずるところ「一向に念仏する」ことを出でぬ。観心観仏の行証に依らずして、唯〻弥陀の願力を仰いで、称名憶念すると云うのは、即ち偏えに南無阿弥陀仏の名号を称うるに外ならぬのである。「正定の業とは是れ仏名を称するなり」と、法然上人は明明に善導大師の意を繰り返している。固より名号はただの名号ではなく、その中には、「弥陀一仏の所有の四智・三身・十力・四無畏《しむい》等の一切の内証の功徳・相好・光明・説法・利生等の一切の外用の功徳、皆悉《ことごと》く」摂在せられてあるのである。が、信者が実際に日夜に何万遍も称名を繰り返すに当りて、その意識の全面を占領しているところのものは、内証の功徳、外用の功徳の、各種の品目そのものでない。それは到底事実の上で可能なことではない。信者をして称名せしめるまでの心理的準備作用として、仏徳を憶念し、仏願を仰信すること、——これはなくてはならぬ。信者はこの心理的装備を背景として、その上に称名行を修するのである。併し名号を繰り返すその瞬時には、名号の外何ものもあってはならぬ。意識の全面は名号で充たされていなくてはならぬ。それは、禅者が公案を提撕《ていぜい》する時の心理と寸毫も異ならぬのである。

修禅者が実際に「州曰無」の話頭に参ずるに至るまでには、禅につきて各種の知的・情意的準備を経過して来たのである。浄土系の人が弥陀の本願につきて色々と教えられて来たと同じ経路を通って来ている。但〻後者に在りては、他力にすがるという心持、この身を向うに投げかけてしまわんとする志向が、称名の実行に到るまで、強くその心を支配している。それは所謂《いわゆ》る聖道門の人々の心行と相異する。併し、各〻がその目的を達成するための手段として採用した名号と公案とが、当事者の事実上の心理に働く点に至りては、聖道門《しょうどうもん》と易行門《いぎょうもん》との間に、何等の区別をおくべきでない。而してこの心理を基礎づけるところの論理は、実に上述の如く、「三句を使い得たり」というところにあるのである。三句の代りに、一句のところから云えば、即ち、「南無阿弥陀仏」の名号、又は「州曰無」の公案そのものから云えば、この一句子《いっくす》の行為的自己限定により、娑婆と浄土、衆生と弥陀、罪業苦と正覚などいうものが、相対立して出て来るのである。

対立のところから見れば、両両相容れぬと考えられるが、その相容れぬところに、却って一句子の回互的運動が成り立つのである。浄土系の思想では、これを機法一体の南無阿弥陀仏と云う。「南無の機と阿弥陀仏の片時もはなるゝことなければ、念念みな南無阿弥陀仏なり」（安心決定鈔）という論理は、かくの如くにして成就するのである。これを、唯心の浄土、己身の弥陀と解するは、二元的論理で、却って即非の論理の旨に背く。名号の一句子から出る働きは、どうしても即非の論理でなくてはならぬ。「南無阿弥陀仏」も、「州曰無」も、その心理的過程が成就せられる基底には、必ず「三句を使い得たり」の論理がなくてはならぬ。そうしてこの論理のところに、浄土系の思想と禅との相一致するもののあるを覚ゆるのである。

八

浄土系では第十八か第十九の願でその宗旨を建てることにしている。もし吾等衆生にして、至心に信楽《しんぎょう》し、或《あるい》は至心に発願して浄土往生を希《ねが》えば、弥陀は必ずその念願を成就せしめんと誓われた。そうして自ら成仏せられたのであるから、吾等は、弥陀の本願に随順して、至誠心を以て、すべての徳本をその方へ廻向すればよいと云うのである。なるほど、それはそうであろう。併しながら、ただそれだけでよいのではない。浄土の信者は必ず弥陀の名号を称えなければならぬ、本願を聞信すると同様に、称名に精進しなければならぬ。願信と称名とは分離することを許さぬのである。それは何故か。

「設《たと》い我れ得仏せんに。十方世界の。無量の諸仏悉く咨嗟《しさ》して我が名を称せずんば。正覚を取らじ。」(無量寿経)

名号が十方世界に於ける無量の諸仏によりて咨嗟せられるというは何の義か。何として名号にかくの如き妙徳があるのか。予の知っている限りでは、――それは余り広くないのだが、――名号の論理を闡明《せんめい》せられた学者はないようである。これが不思議なのである。本願の大切さは固《もと》よりのことであるが、名号の緊切性もそれに譲らぬということになると、名号自身の研究も大事ではなかろうか。何故にそれが閑却《かんきゃく》せられがちなのであろうか。

名号論理の歴史をここで書くわけではないからそれは省くが、浄土系の人が、「南無阿弥陀仏」を真先に押し立て、その中にあらゆる仏徳――人間が考え得るあらゆる価値――を担《にな》うものとして、これを称うることにしたのは、大いに意味のあることと、自分は信ずる。名号が、単なる「ゴッド」とか、「アラー」とか、「ブラフマ」とか、又は「ホトケ」とかいうことでなくて、「南無阿弥陀仏」というところが、吾等の注意を惹くところなのである。或はこうも云えるのではないかとも思う、即ち陀羅尼《だらに》的である「南無阿弥陀仏」が案出せられたので、シナ及び日本に浄土系の宗旨が拡がるようになったのではないかと。「ゴッド」や、「アラー」や、乃至「ホトケ」では、如何にも概念的であって、それらの名号は単なる名号即ち符牒に止まるようである。名号そのものの中に何ものかを含む如くには感じられぬ。名号は概念にすぎぬ、一般的なものとして受け取られるより外ない。何でもえらきもの、ありがたきもの、けっこうなもの、もったいないものの符牒としか感じられぬので、名号――「ホトケ」なら「ホトケ」なるもの――は、そんな声音で、何かを表示するものだということだけに止まる。「ホトケ」乃至「ゴッド」と称えても、その名号自身には何の不思議底をも蔵していない。それが「南無阿弥陀仏」になると、それはもはや単純な名号ではないのである、また「帰命無量寿仏」という意味でもないのである。また何の意味もないが、不思議の魔力を湛えたと云われる陀羅尼でもないのである。「南無阿弥陀仏」の一句子には、天地未分以前の消息が伝えられる。此土と彼土とが未だ意識せられず、法蔵菩薩が未だ作仏の願を発せざりし以前の機微が潜在するのである。浄土の信者は、この消息、この機微に接する時、決《けつ》定《じょう》往生の信が獲られるのである。これが禅者の場合であれば禅的に受け入れられる。

一例を挙ぐれば、一僧あり、趙州従諗和尚に問う（趙州録）。

「不是仏。不是物。不是衆生。這箇《しゃこ》は是れ断語。如何なるか是れ不断語。」

この問の意味を平話で云えば、「最後の実在というものは、何れも否定的——断語的——に云い詮《の》べられている。仏でもない、物でもない、衆生でもない、一切何ものでもないと云われる。これではどうも取りとめられぬ。何とか肯定的——不断語的——に、これとか、あれとか、はっきり指示せられぬものか」との意である。禅者は否定的になる傾きが、一面にあると云える。さきにも引用した、「恁麼《いんも》も也た不レ是、不恁麼も也た不レ是、恁麼不恁麼総に不レ是」とか、説いて説かず、聞いて聞かずとか、「四十九年一字不説」とか云うのである。これらは何れも断語である。それでいま趙州の問者は不断語底を要求したのである。その時、趙州は天地も一時に裂けよとばかり大声に唱え出して曰わく、

「天上天下唯我独尊。」

と。これが禅家の「南無阿弥陀仏」である。浄家の名号と寸毫を隔つることがない。彼土も此土もここから分れて出る。本願もここから発足する、取正覚もここで成就する、幾千劫の罪業もここで一時に消滅する、無量の功徳もここで積み了えられる。名号そのもののうちにこんな不思議があるので、十方の諸仏はこれを咨嗟するのである。菩薩は無生法忍を獲得するのである。即ち法はもと不生なりということを体識《クシャーンティ》するのである。その他四十八願中に記述せられてある一切希有の事象が成就するのである。

こんな道理がなくては、称名があれほど浄土教系にありて重要な意義を持つことはないと、予は信ずる。而して、浄土教と禅とがその根柢に於て気脈の相通ずるものある所以を、予は主張せんとするのである。皮相的に見れば、自力と他力、聖道門と浄土門、難行道と易行道、直指《じきし》人心《にんしん》と浄土往生、見性と聞信、公案と名号など、甚だ数多い相違あるに拘わらず、これらの底の底に徹して、浄土教と禅とを作り上げている論理的構造を見ると、そこに何やらお互に了解し得べき消息があるやに考えられるのである。

九

弥陀が衆生を憶念執持し、衆生が弥陀を憶念執持するところに、浄土教の基礎が出来上ると云うが、それならば、浄土家は基督《キリスト》教の教うる如く、衆生の立場として祈禱を専修することを、何故教えないか。基教には名号がない、称名念仏がない。あるのは、祈りである、懺悔である、礼拝である、聖句を憶持することである、教主の生活を偲び奉ることである。名号を執持することはないのである。浄家の人も、弥陀弘誓《ぐぜい》の願にすがることを、その教綱とするのであるから、基督教者の如き生活形態にいそしんでよいはずであろう。それにも拘わらず、称名を第一線に持ち出したというには、どうしても何かの理由がなくてはならぬ。固より浄家の先達はその理由を意識していたとは云われぬ。

無意識の心の奥に何か動いていたものがあったに相違ない。それが上来所述の禅家の「一句子」的論理に相応するものであると、予は云いたいのである。

十

基督教に名号が発達しなかったということに留意したい。教義の建て方は、浄土系のものによく似ていると云ってよい。勿論、浄土教は仏教の一形態故、その底流には一般仏教的なものがある。例えば、業《ごう》の観念の如きは最も浄土教を特色づけている。「業」をとってしまうと、弥陀の本願・正覚・往生などいう思想も、自然に片輪なものとなって、独り歩きは不可能となる。が、大体の上又は表面から見ると、基教と浄土教とはよく似ていると云ってよいほどである。併し基教の経典には称名専修を説かぬ。なるほど、「み名をあがめよ」ということはある。併しながら、御名を一日に何万遍も称えよとは云わぬ。或る場合では、御名を口に出すことは冒瀆の行為であるとさえ考えられた。自らの罪を悔い改めよ、救われんため祈れと教えた。が、称名を一向に専修せよとは云わぬ。これは何故であったか。仏教では、浄土系でも、日蓮系でも、名号専唱を説く。日蓮上人のお題目は浄家の称名と違うと云う。なるほど、それはそうであるが、即ち蓮系の信者がお題目に向う態度と、浄系の人々が念仏にいそしむのとは相違する。この相違にも拘わらず、一は「南無妙法蓮華経」と唱えて太鼓を打ち、一は「南無阿弥陀仏」と念じて木魚を叩く。併し両者の根本的態度の相違から、太鼓の音には大いに積極的・自力的・攻撃的なものが聞き取られるに反して、念仏の木魚には一種の落ち着きがある、頼みきったという心持がくみとられる。それは何れにしても、名号を旗印にして、信者の心理の奥に湛えおかれたすべてのものを、この一筋の途を通して押し流されるという点に於ては、お題目も、お念仏も、同一線に沿うているのである。本願聞信の称名と、功徳知信の唱題と、その心理的装備を異にし、背景を異にし、表現を異にしていても、唱題・称名の現実的・端的に於ては、趙州の不断語「天上天下唯我独尊」の消息を一途に伝えているのである。そうしてここに、基教と仏教との相異、或は東西民族の宗教心理に於ける相異というものがあると云い得るかも知れぬ。真宗近代の有名な一学者は、「南無阿弥陀仏と云うのは、生命それ自身の名告りである」とさえ断じている。そうして、この人は「生命」をどんな意味に解しているかというに、これから阿弥陀さんも吾等も出て来るところのものであると称しているようである。果して然らんには、この「生命」は「不思善不思悪父母未生以前《ふしぜんふしあくふぼみしょういぜん》」のものでなくてはならぬ。静的な一では固よりないが、機輪将《まさ》に転ぜんとする機微に窺われる「生命」でなくてはならぬ。転じ了われば、一方では弥陀となり、一方では衆生となり、それから極楽も娑婆も出るわけである。こんな「生命」が自ら名告りを揚《あ》げなければならぬので、「南無阿弥陀仏」ともなり、「南無妙法蓮華経」ともなり、「天上天下唯我独尊」とも、「本来の面目」とも、「無位の真人」とも、「州曰無」とも、「無寒暑処」ともなるのである。これは浄土と禅とを渾一にしようという意味から出るのではない。相違は大いにある、この相違で両者は各〻その性格を可能ならしめているのであるが、尚おその間に互の呼吸の通じているところがある、基教などに見られぬところのものがあると、こう云いたいのがこの篇の心持である。

尚お、「南無阿弥陀仏」という名号そのものに、上述の如き意味合があるので、シナでは元・明の頃、浄土禅と云うべきものが発達して来たということにつきては、拙著『禅と念仏の心理学的基礎』中に一応説いておいた。それと、この篇とは違った方面から論を進めてあるが、何かの参考になる。

（昭和十六年九月上旬、鎌倉にて）

浄土観続稿――『浄土論註』を読みて――

さきに「極楽と娑婆」、引き続いて「浄土観・名号・禅」を草したが、まだ何となく云い足らぬような気がするので、この続稿を書く。主として『浄土論註』の所説による。

一

浄土の性格を明らかに把握することは容易ならぬことである。一般に、浄土は種種に荘厳せられた死後の極楽で、念仏の信者はそこに往生するものと考えられているが、なるほど、一般向にはそれでもよいかは知らぬが、少し考える者にとりては、その考えでは、中々に承知できぬところがある。併《しか》しそれにも拘わらず、浄土に対する信仰は容易に消え去りもせぬ。人間の浄土観には、何か普通の考えよりももっと深いものがあるに相違ない。それについては、前にも大分所見を披瀝しておいたが、ここではまた方面をかえて少しく愚見を開陳する。

浄土は此土を離れて考えられず、此土も浄土を離れて考えられぬものだと云うのが、愚見である。尚お歩を進めて云えば、此土は絶えず浄土を顧みて存立し、浄土はまた不断に此土にはたらきかけることによってその意義を有つものだと云うのである。浄土を独立の実在と考える限り、浄土はどうしても受け取られないのである。浄土と云えば此土があり、此土と云えば浄土がなくてはならぬ。さきに鏡の喩で、浄土は此土を照らし、此土は浄土に影をさすことを述べたが、その通りに、両者の存在を別別に見ようとすることは、当を得ていない。それ故、浄土は此土を辞してから往く処、此土を離れてどこか遠い処に在るものと考えるのは間違いである。浄土は生死の世界でないのだから、そこへ生れ出るということはない。生れるとか、死ぬとかいうことは、此土での話で、彼土にはあてはまらぬ。浄土は此土を離れて考えられぬということは、浄土にも此土の如く生死往来があるとの意味ではないのである。浄土に生死往来がないという事由が、直ちに浄土をして此土から離れざらしめるところの理由となるのである。浄土に生死があれば、此土であって浄土ではない。浄土の浄土たる所以は実にその生死を離れているところにあるのである。而して実にその生死を離れたところに、浄土は此土に直ちに接近して来るのである。生死即涅槃・涅槃即生死は、この意味に於て、浄土と此土との関係を云い現わしている。

なるほど、生死往来は此土での話であるので、それを浄土へ移して考えることは、浄土を滅却することであり、やがてまた此土を否定することにもなるのである。併《しか》し、此土に生死あり、浄土に生死なしということで、浄土は浄土であり、此土は此土であって、その間に何等の交渉のないもの、もしありとすれば、それは生死の世界を辞してからのこと、即ち生死の中に生死しているうちは生死のない浄土とは無関係であると、こう考えてはならぬ。実際吾等の経験は、或る論理の構造から云うと、浄土と此土とは両鏡相対して相照らすことになるのである。浄土が此土に対し、此土が浄土に対するということの意味は、両者をただ自己同一的に見よとの意味ではないのだ。そうだとすれば、此土の外に浄土をおく必要もなく、また始めからそんな考えは出て来ないのである。此土と浄土とは、絶対に相反するものとして、対立しなくてはならぬ、而してそこに自己同一性の論理が成り立つのである(浄土論註、巻下、十六丁・同巻上、六丁。明暦板による、以下同)。

普通に浄土に生れると云うのは、此土で分別智的に云う意味での「生れる」ではないのである。そう取られ易いのは、吾等の考えの足らぬところからの話である。そんなら浄土往生の意味はどこにあるかと云うに、それは後になっていくらかわかると思うが、ここで簡単に云えばこうである。吾等が始めに「此土」ということを意識した時、吾等は既に浄土に生れているのである。「それはおかしい、どうも此土は此土である、冬になると寒いがな」と云う人があれば、その人はまだ此土の真の意味に徹していないのである。即ち、その人はまだ本当の浄土を意識していないのであると、そう云わねばならぬ。併しこれだけではまだまだわからぬが、それは次第を逐いて明らかにならんことを希望する。そこでまず浄土と云うはどんな処かということを、浄土教系の書物によりて調べてみる。

二

これがなければ浄土がないというものは何かと云うに、それは「清浄の功徳」ということである。浄土は実にその名の示す如く、清浄の功徳で荘厳せられた国土である。それ故、浄土をはっきりわからせるには、清浄の意味が徹底して領解せられねばならぬ。清浄とは、普通に神道家などの云う、「清い」とか、「すがすがしい」とか、「大わらいにわらわれた」ということではない。浄土の清浄性は、形而上学的とでも云うか、絶対性を帯びたものである。清浄をまた「畢竟浄《ひっきょうじょう》」とも云う。畢竟とは、絶対の義に外ならぬ。絶対性の清浄というのは、此土の相対的論理の尺度では測量せられぬとの義である。それ故、浄土の荘厳は、どの方面でも此土との比較を容《ゆる》さぬ。世親の『浄土論』には十七項を挙げて荘厳の種目を叙説してある(浄土論註、巻下、七丁)。而してそれは何れも思議を容《い》れぬところのものである。所謂《いわゆ》る「不可思議力で成就せられた功徳」である。「三界の道に勝過せり」と云わなくてはならぬ。併《しか》し、勝過は比較ではないのである。多少の例を挙げてみると、左の如きものがある。

第一に、浄土は「究竟して虚空の如し、広大にして辺際無し」(浄土論偈・浄土論註、巻上、九丁)と云われる。これはユークリッド的空間の話でないことを記憶しなければならぬ。註釈家はいつも此土の尺度を本にして浄土を説かんとするが、――それは已《や》むを得ぬことであるが、――心ある読者はこれに囚われてはならぬ。実際は、浄土の空間を云云することが、既に無意義なわけなのである。無辺・無量・無際・如虚空など云っていると、浄土は、何だか手のつけられぬ、足場もかけられぬ変なものに考えられてしまう。それで、註釈者は浄土の出来上りについて、大願業力の不可思議と、正覚による善住持力の不可思議を高調する。この点が正確に受け入れられぬと、浄土そのものが否定せられるからである。併し浄土の信者の中には、却ってそんな浄土否定論者もあるであろう。無論、意識的否定ではないが、ユークリッド的に考えることの帰結は自ら実際の上でそうならざるを得ぬ。

次に、浄土の絶対清浄性は光明の上に最もよく読まれると云ってよい。無量の浄光明、無垢の光炎、頗る熾《さか》んにして十方を耀《て》らすということは、単なる譬喩とのみ見てはならぬ。事実、光線の観念ほど浄土の性格を明にするものはないと思う。併し、浄土の光明が物理性を帯びたものでないことは云うまでもない。波動説でも粒子説でも説くことのできないのであるから、これを形容して無垢と云う。この無垢性は智慧から出るのである。それ故、無明分別の黒闇はそれに照らされて消除せられる。曇鸞《どんらん》は各種の黄金を比較して、下級の金色は上級のものに対しては現われ出ぬように、他化自在天の精金も浄土の光明の前にはその光を失うと云う。此土の吾等にとりては、こんな説き方の外に、浄光明の絶対性を納得すべき途はないであろう。が、事実は、浄光明を物理界の光明に比較してはならぬのである。比較は同質のものの上に可能であるが、異質物の間では見当違いである。浄光明は無垢の智慧から出るので、如何に明煌煌たる光線と云っても、此土のものである限り、黒闇性を含んでいる、即ち何かの影がこれに伴う。浄土の清浄性は絶対なので、その光には明暗がない、それで照らさざる処なしである(浄土論註、巻上、十二丁)。

次に触功徳の荘厳を見るに、ここでも注意すべき記事に遭遇する。それは、浄土に在りては、「人天の六情水乳と和して卒に楚越の労いを去る」(浄土論註、巻上、十三丁)ということである。平易な云い詮《あら》わしでは、眼耳鼻舌身意の働きが別別にならないで、水乳の混じて融和する如くであるということである。即ち、眼は見るもの、耳は聞くものと限らないで、耳で見たり、眼で聞いたりすることのできるのが、浄土住民の特性なのである。またこれを五官の対象の方から見ると、此土では堅くて冷たいと思われる金銀珠玉も、何か柔かな草葉のようで、これに触れると心持がよいのである。今一度云い換えれば、客観界のものは何であろうと、耳に触れると楽音となり、眼に触れると妙色となり、身に触れると勝楽の受覚を生ずるのである。こうなると、浄土では、主観の方でも別別の感覚を受くべき器官もなければ、客観の方でも別別の感性的対象と名づくべきものもないということになる。耳が働く時は、何もかも「種種の金鈴となってその響き妙法音を宣吐す」（浄土論註、巻上、十四丁）るということになり、鼻が働く時には、「無量の妙香普《あまね》く薫ず」（浄土論註、巻上、十五丁）ることになる。これが円融無礙《えんゆうむげ》の法界の常態である。浄土の又の名を法界と云ってよい。浄光明が無礙であると云うが、無礙性は何ものの上にもあるのである。無礙と云うも、清浄と云うも同じことである。浄土の光明に陰影がなくてどこもかも照りわたる如く、その住民の眼も、その視線の向う処はどこでも明浄な世界が開けて行くのである。此土では「身が苦器で、心が悩端である」（浄土論註、巻下、十四丁）が、浄土では、身あり、心あって、而も楽を受くること無間《むけん》なのである。「楽を受くる」というのは、六情の動くということである。而してそれが水乳の和合するが如くであるから、「受楽無間」でなければならぬ。

光明や触覚の場合に於ける如く、音響の世界も亦絶対清浄性をもっているので、「梵声の悟り深遠にして微妙十方に聞える」(浄土論偈、浄土論註、巻上、十六丁)ということになる。彼土では種種の音楽がひとりでに奏《かな》でられて、而してそれが何れも法の声でないのはない。清く、のどかで、たえに、ほがらかで、他化自在天の千万種の妙楽も、これには及びもつかぬと云うのである。

浄土が清浄——畢竟浄——を以てその性格としているということは、これで大抵領解できたということにしておく。

三

娑婆で考えることのできる如何なる事項から見ても、浄土は娑婆と正反対の位地に立つものであることは、少しく浄土について考えたことのある人の悉く認識するところであろう。上述のところでは、寧ろ具体的と思われる項目について浄土の荘厳《しょうごん》を考査したが、今は概念的に浄土と此土との比較をしてみる。

浄土の荘厳はどこまでも平等を主眼としている。この点では此土の何事も不平等なると違う。此土には、社会的に見て貴賤貧富がある、知的には賢愚鋭鈍がある、地理的には山谷あり平野あり沙漠あり洋海ありで、甚だ斉等でない。また道徳的に考えても、業繋の濃度に見ても、その不平等なるは誰にも首肯《しゅこう》せられる。実を云えば、不平等なのが娑婆なのである。これを清浄にし平等にし均斉にすると娑婆は消えてしまう。「三界は是れ虚偽の相、是れ輪転の相、是れ無窮の相である。蚇蠖《しゃっかく》の循環する如く、蚕繭《さんけん》の自縛するが如し」(浄土論註、巻上、八丁)で、実に顛倒《てんどう》不浄を極めている。何れも罪業の果報であるが、娑婆は実にこれあるがためにその性格に生きて行くのである。娑婆からこの不平等の本である汚染を取り除くと、吾等は、娑婆については、もはや何事をも語り能わぬことになるのである。大清浄処である彼土では夢にも見られぬ光景が正に是れ此土の実相である。「有る国土を見ると、優劣不同である。而してその不同の故に高下の形が現われる。高下の形が現われるので是非が起る。是非が起ると、長く三有に沈淪する」(浄土論註、巻上、十二丁)と云うが、この「有る国土」とは此岸の娑婆穢土に外ならぬ。浄土は、『維摩経』に、「その心浄きに随って則ち仏土浄し」とある如く、弥陀の大浄光明に照らされて、一切諸仏の世界及びその中にあるもの悉くを併せて、何れも同一色に塗りつぶされているのである。無縁の大悲から平等願を起して、これが成就したのであるから、浄土――「畢竟浄」の国土――は、また平等性を以てその性格とすべきは云うまでもあるまい。

畢竟浄の絶対国土では、平等性がその自然である如く、調諧性・完璧性・明朗性・自由性・創造性・常住性など云うべき諸性格も亦自ら具わっているのは、固《もと》よりのことであらねばならぬ。光明の世界である浄土に暗影の一片をも宿すべき余地のないことは前述の如くである。これからは少しくその他の性格について一言しよう。上掲の諸性格を欠くことが此土の此土たる所以であり、而してそれがために此土の衆生はあらゆる圧迫をあらゆる形式で受けているとすれば、浄土の上首であり主宰者たる弥陀が、自分の国土を、如何なる理由でも、此土の如くにすることはないのである。『浄土論註』の著者が十七種の荘厳成就を説明するに当り、「仏本何が故に此願を起し給へる」と自ら問を出して、自ら答えているが、その問答を仔細に見て行くと、浄土の性格の如何なるものであるかが、明らかに看取せられる。

浄土に存在するあらゆるものは、その成立の根本原理たる「畢竟浄」を、あらゆる方面で実現するように仕組まれていなくてはならぬ。その結果として調諧性は個個の事物の上に顕現せられる。何れも、法性《ほっしょう》に随順し、法本に乖《そむ》かざるように出来上っている浄土の荘厳事項であるから、畢竟じて「清浄平等の無為法身」(浄土論註、巻上、十丁)である。無為の法身と云い、清浄平等と云うと、何かすき透った水晶の玉のようなものを考えるかも知れぬ。が、前述の如く、清浄平等は絶対性の義であり、また無為法身は、その中に何等の有為的作用を宿さぬ体系の義であるから、浄土は調諧性そのものであると云えるのである。これを象徴的に云い表わすと次の如くにも云える、「あらゆる流泉池沼と宮殿と相称《かな》い、種種の宝華は布いて水の飾《かざ》りと為る、微風徐《しず》かに扇いで、映発するに序《ついで》有り、神を開き体を悦ばしめて、一として可ならずと云うこと無し」(浄土論註、巻上、十四丁)と。尚《な》お詳しき叙述は『無量寿経』上巻第二十節及び第二十一節を見るべきである。そこには音響と色彩と馨香《けいこう》とが相互に交錯して微妙なる諧調を演出する浄土の光景を、感覚的方面から、筆を尽して描き出している。

娑婆には完璧性をもったものは一つもない。何事も、何物も、絶えざる否定によりて、次から次へと消滅して行く。而して消滅した跡からまた何かが作り出される。が、それも亦先行者と同じ運命をたどる。仏者はこれを諸行無常と云い、有為《うい》転変《てんぺん》と云う。今日の言葉では、否定から肯定、肯定から否定へと、循環して端なき運動だとも云うことであろう。こんな運動の過程が即ち此土なのであるから、ここで完璧性のものを求めようとすれば、それは死に外ならぬであろう。完璧は完結で、それで、終末である、静止である、休眠である。歴史は不断の否定であらねばならぬ。而して此土は歴史の世界であるから、何ものも否定せられて始めて生きると云ってよい。完璧性はここで求むべきでない。浄土はこの点に於ても大いにその面目を異にするものがある。

浄土は完璧性を具えていて、而も生生たるものがあるから不可思議と云うのである。完璧とは、外に求めぬということ――自己を自己否定のところにも肯定のところにも認めぬということ――単にあるがままということだけでなく「海の流を呑んで止足の情無きが如く」(浄土論註、巻上、二十八丁)であること――また更に「本処を動ぜずして遍く十方に至りて種種に応化し、如実に修行して常に仏事を作すこと、譬えば日の天上に在って而も影百川に現わるるが如く」(浄土論註、巻上、二十九丁)であること、――これを浄土の完璧性と云うのである。またこれを他の方面から見ると、「地水火風虚空に同じうして分別すること無し」(浄土論偈・浄土論註、巻上、二十五丁)である。無分別は二つに分れる前の端的である。二つに分れてからは、相互に限定するので、否定があり、肯定がある、而して、こんなもののあるところには、完璧性又は自安性というものを見ることができぬ。「畢竟浄」の国土には二分性がない、無分別である、それで自足・自安・自行・自為である。『浄土論註』の著者は次の如く這裡の消息を洩らしている。曰わく、「地の荷負するに軽重の殊無きが如く、水の潤長するに莦《しょう》(悪草)萿《かつ》(瑞草)の異無きが如く、火の成熟するに芳臭の別無きが如く、風の起発するに眠悟の差無きが如く、空の苞受するに開塞の念無きが如くである。之を内に得て、物は外に安じられ、虚に往いて実に帰り、是に於て息む」(浄土論註、巻上、二十六丁)と。こんな様子を浄土の清浄性と云うのである。

清浄とは、静態的観念でなくして、自ら内に動いて外に待つことなき自己充足性を云うのである。これほど完璧な存在はない。

自己充足性の一面として、さきに「本処を動ぜずして遍く十方に至る」(浄土論註、巻上、二十九丁)と云ったが、この意味は、またこんな言葉で云い現わされている、「無垢な荘厳の光は、一念に、及び一時に、普《あまね》く諸仏の会を照らし、諸ゞの群生を利益する」(同上)と。浄土では、物の働きがすべて娑婆と違う。清浄無垢の光明(即ち、浄土の光明の絶対性)は、その処を離れず、またその時を異にせずして、普く十方を照破して、そこに住している諸ゞの群生に精神的利益を与えて、尽さざることがない。これは常に行じて実に行ずることなしという般若的即非の論理の実現するところでないと不可能なのである。これを浄土の自由性及び創造性と云う。自由とはただ無暗矢鱈《むやみやたら》な勝手放題ということではなく、創造とは今まで無いと思っていたものから新しきものを作り出すということではないのである。娑婆の眼で見て、即ち物理的に見て、昨日も今日も、日は東に出て西に沈む、そこには、何等の自由も創造もないと考えられもしよう。が、浄土の「畢竟浄」という立場からすると、東涌西没のところにも、水に色像の現われるところにも、本処を動ぜずして十方に亘るものがあり、念念に法界を創造するものがある。浄土は実にこの不可思議で構成せられている。

本処を動ぜずして十方に亘るという、その亘るところから見ると、浄土の自由性又は創造性と解すべきものを認めるのであるが、その本処を動かずというところから見ると、浄土は常住不変で何等の輪転を示さぬと云える。知的方面からこの義を述べると、「〔仏は無知である。〕その無知の故で知らざる所無し」(浄土論註、巻下、二十丁)ということになる。仏の無知即ち無分別が仏土の常住性を可能ならしめるのである。知の在るところには二がある、二があれば対照がある、対照があれば相剋がある、相剋は転化を将来する。諸行無常はこの事象の観念である。常住はどうしても無知の位でなければならぬ。浄土はこの位を象徴している。

「不動本処」は、浄土の基体を般若として見る時、無知又は無分別の義になるが、大悲として見ると、また弥陀の本願の「不虚作性《ふこさせい》」となる、而して、浄土はそれで「住持」せられて行くことになる。常住の原理は、それ故、一面大悲の不断持続のところに在ると云える。

四

浄土の原理が「畢竟浄」に在るとすると、上述の如く、感覚面から見て、此土の如き汚染性——最も広き意味に於ての汚染性——が、そこでは全く認められぬのは当然である。また知性面から見ても、浄土の構造には、此土で到る処に遭遇するところの不平等性・混乱性・相殺性など云うもの、――これらは実に此土をして此土たらしめるところのものであるが、――そんなものの毫末も見られぬのも亦当然でなくてはならぬ。浄土は、その名の示す如く、一個の刹土《クシェートラ》即ち国土であるが、上来の略述で、この国土の「自然的」環境及び「歴史的」環境とも云うべきものを明らかにした。それで、これからこの環境に収容せられている諸存在は、どんな人達か、――もし人達と云い得べくば、――それがどんなものであるかを調べてみたい。仏教では、国土《クシェートラ》と身《カーヤ》とは相離れぬものとなっている。身は身としてのみあるものでなく、そこには必ずそのおいて在るところのもの、即ち国土がある。国土も亦唯〻の国土でなく、その中に容れているところの身《カーヤ》即ち人格というものがある。そうして、この国土と身とは必ず一致したものと見られている。汚染の身は汚染の国土に居り、国土は汚染の身を主体としているので、能容者たる国土が所容者を変化させるよりも、寧ろ後者によりて国土そのものが変相することになっている。但し弥陀の浄土に在りては、浄土そのものが「畢竟浄」であるので、そこに収容せられるものは、自ら環境の性格を受けて、その色にいろどられるのである。それ故に浄土の場合では、その「自然的」及び「歴史的」環境は、そこにおかれてある――と云うよりも、それを主宰している――存在者《サットヴァ》の性格と行動とをそのまま反映しているので、浄土を知ることは、その実、その主宰者と眷族を知ることでなくてはならぬ。

浄土そのものの叙述から、進んでその主宰者と眷族を考察するが順序であるが、その前に一寸脇途とも考えられる一事項に触れておく。それは、浄土には「二乗と女人と諸根不具」(浄土論註、巻上、十八丁・同巻下、十四丁)が居ないと記されてあることである。二乗及び諸根不具者の居ないのは首肯できるとしても、女人の不在を何と説明すべきであろうか。娑婆での女人が浄土往生すると男子に変成するのか。或は浄土に於ける女性の不在はまた男性の不在を意味するものか。即ち、浄土では性的区別がなくて、男女と云うべきものがなく、何れも中性なのか、即ち全く無性なのか、雌雄分化以前の状態に還元したものか、這裡の消息に至りては、未往浄土者としては何等洩らし得べき材料を有せぬ。固よりのことであるが、少しく愚見を述べてみたいところがある。

元来、性の問題は娑婆生活の呪詛である。娑婆に於ける人間歴史の惨禍は性的分化以来のことであると思う。権力欲及び名利欲もさることであるが、何れも性欲を基点としているとさえ考えられる。性的分化がないと生物の存続が不可能だと云うなら、人間は何故に、蜂群や蟻群のように、生殖と労働とを分割して各〻その務めを果たすことにしなかったか。集団生活をそんな塩梅に規制して行くと、労働——人間の場合では思索労働——が、生殖から独立して、思う存分の活躍が可能になるではないか。人間の性的行動にはいつも何かの暗影が伴っている。それのみならず、性的衝動は何かにつけて個人の意識を溷濁《こんだく》せしめ、集団の生活に混乱を生ぜしめる。古来、宗教人はいずれも禁欲主義の礼讃者である。浄土に女人の不在なのも、或はこの間の道理を匂わしているものと考えてはいけないだろうか。

畢竟ずるに、浄土に於ける女人存在の否定は、性的分化を認めぬということであろう。而してこの分化を認めぬと云うは、それから頻出し続生する一切の非浄土的なるものを拒否するの意であろう。「畢竟浄」の国土では、女性も男性も倶に浄化せられて、性の意味をもたぬことになってもよいのである。その意味を昂揚するため、「女人不在」と云ったが、また一方から見ると、男性の制圧下では、女人のみが性を象徴したものと考えられていたという痕跡を、この一句に留めたものでもある。

浄土という国土《クシェートラ》には身《カーヤ》がある、而してこれは複数である。正覚の阿弥陀が法王として善くこれを「住持」して行くのであるが、この如来に所属の「浄華衆」がある(浄土論偈・浄土論註、巻上、十七丁・同巻下、十四丁)。また清浄智海より生じた不動の「天人衆」がある(この「天人衆」というのは如何なる種類の存在であるかは別問題として)(浄土論偈・浄土論註、巻上、二十六丁・同巻下、二十丁)。また如来を「恭敬し繞《めぐ》って瞻仰《せんごう》する天人丈夫の衆」がある(これらの「天人丈夫衆」は何れも男性と思われるが、さきの「天人衆」と同一類か)(浄土論偈・浄土論註、巻上、二十七丁・同巻下、二十丁)。また清浄なる安楽国に在りて、須弥山の如くに拠坐しながら、常に無垢の法輪を転ずること日輪の如き諸菩薩がある(浄土論註、巻下、二十四丁)。これに由りてこれを観ると、浄土には可なりの人数があるものと推せられる。

浄土に於けるこれらの人的又は身《カーヤ》的荘厳は、どんな塩梅に整理せられ、行動しているだろうか。大体、浄土の建設目的は諸〻の群生を「畢竟浄」で利益せんとするところに在るのだから、環境も既にそれで整理せられ、人的荘厳も亦《また》それであるべきは、言を俟《ま》たぬ次第であろう。而して「畢竟浄」の発動原理は、実に大法王の阿弥陀その人になければならぬのである。実は阿弥陀が「畢竟浄」そのものなのである。また浄土そのものも、阿弥陀の外に成立しないのである。浄土は、正覚――これは「畢竟浄」の又の名であるが――が、それ自らを器世間と衆生世間とに二分した、その一つなのである。器世間と云うは、自然的及び歴史的環境のことで、衆生世間と云うのが、弥陀を含めた菩薩・天人衆のことである。それで、『浄土論註』には、「衆生及び器は、また異なるを得ず、一なるを得ず。一ならざれば則ち義を以て分ち、異ならざれば同じく清浄なり」(浄土論註、巻下、二十八丁)と説くのである。

清浄と云うも、畢竟浄と云うも、「因浄故果浄」と云うも、何れも同義であるが、またこれを「一法句」とも云ってある、絶対一元という意味である。即ち、阿弥陀は絶対一元として、「真実」であり、「実相」であり、「智慧」であり、「真智」であり、「無為法身」である。これらの文字の意味がはっきりする時、浄土の性格がまた的確に領解せられると信ずる。「真実」とは、字の如くまことで偽りならずと云うのである。真実は即ち実相である。それで浄土は、単なる観念でなく、実相であるということを、浄土論者はまた主張する。但〻その実相は分別智の対象でないのである。無知の真智によりて始めて体得せられるのである。「心は知の相なれども、実相に入れば則ち無知也」(浄土論註、巻下、二十丁)と云う、その無知でないと、覚知的・分別的なるものを超えることができぬ、それで、『浄土論註』に曰わく、「凡心は有知であるから知らざるところがある。聖心は無知であるから知らぬということがない。無知で知る、この知は即ち無知である」(同上)と。

　無知を「真実の智慧」ということは仏教の通説であるが、浄土系も仏教の所産として、この説を主張する。即ち浄土は実に「真実の智慧」の器世間化である。『浄土論註』の云い現わし方によるところである。曰わく、「非を非として自《みずか》ら是とする時は、その是は自《おのずか》ら非に対するものとなるから、絶対是ではない。非を対象とせぬ時、是は是である。

併しこの是も待するものなくして自らを是とするわけにいかぬ。つまり是非は相互対待を意味するもので、いくら非を重ねて百非に至りても、絶対是を納得させることはむつかしい。それでこれを清浄句と云う。清浄句というは即ち真実智慧・無為法身である」(浄土論註、巻下、二十七丁。大意を執る)と。

浄土が真実智慧であるとか、無知の知であるとか云うと、それは般若思想であろうと考えられるが、これだけのところでは、如何にも浄土は般若である。事実、般若でない大乗教はないのである。人格化された阿弥陀も畢竟浄であるから絶対無であらねばならぬ。それが「無為の法身」となる時、何だか有相的なものの影が見えるようであるが、法身は無為で無相なる法性身《ほっしょうしん》なのである。「法身とは法性身である。法性は寂滅であるから、法身は無相である。無相であるから、能く相ならずということなしである。それで、相好荘厳《そうごうしょうごん》即法身ということになる」(浄土論註、巻下、二十七丁)と説くところを見ると、無為法身である阿弥陀なるが故に、その浄土はあらゆる相好荘厳を具えていると云えるのであろう。法性法身の面では、「法身は色に非ず、非色に非ず」(浄土論註、巻下、二十七丁)であるが、方便法身の面では三十二相を具備した「無量の大宝王」として「微妙の浄華台《じょうけだい》」上に安座していることになる。而して阿弥陀のこの両面は「異にして分つべからず、一にして同ずべからず」(浄土論註、巻下、二十六丁)なのである。これを『浄土論註』では「広略相入《こうりゃくそうにゅう》」(浄土論註、巻下、二十六丁)と名づけている。法性と方便との関係が一にして多、多にして一であるという意味である。併しこれは分別智の境地ではないので、浄土はいつも不可思議と説かれるのである。不可思議と云うは、単にわからぬということでなく、対象的知性の領域内に押し込められないというのである。作にあらず、非作にあらざる智慧の主体たる阿弥陀仏が、畢竟浄の国土で、地水火風空の如き方便で、あらゆる相好の荘厳を幻出する(浄土論註、巻下、二十丁)、――これが摩訶不可思議なのである。

「皆幻化の如き諸法種種相」を容れている、或はそれから成立している、浄土の衆生世間の方面を一瞥するに、そこには前述の如く、大法王の外に諸菩薩衆がある。(人天衆も皆菩薩衆としておく。)『浄土論』によりてこの間の荘厳を略叙すると、下の如くである。まず浄土の中央、――浄土は無辺際であるから、その中心も到る処に在る、到る処が中心である、それで、浄土の中央と云うも分別智的に考えてはならぬ、――その中央に無量の大宝で荘厳せられた「微妙の浄華台」がある。その上に六十万億那由他《なゆた》恒河沙由旬の身の高さにある阿弥陀如来が座して居られる。その身より出ずるところの智慧相の光明また実に無辺際の浄土を照らすのである(浄土論註、巻上、二十四丁)。これを数字にすると、阿弥陀の円光は百億三千大千世界の如しと云う。この仏を繞りて、無数の菩薩及び天人が、浄土の隅々(もし隅があり得るとする と)を塡充している。これらの大衆は何れも清浄の智慧海より生じたものであるが、浄華台上の仏を仰ぎ見て恭敬礼拝して倦むことを知らぬ。そこで仏は微妙の声を以て法を演説する、その響き梵天に徹し、また兼ねて奈落の深坑に落ち去る。かくの如く無垢の法輪を転ずるものは、阿弥陀だけでない、彼を囲繞する菩薩衆も亦《また》各自にその座を動かずして、一念一時にあらゆる仏会に参加して、一切の群生を利益するものである。利益するというは、天楽・天華・天衣・天香を雨ふらし、巧妙の弁辞を以て、諸仏を供養し、その功徳を讃歎し、聞くものをして浄土の主人公である阿弥陀仏の本願力を観ぜしめて、諸々の功徳の大宝を包蔵する無量・無辺の法に帰せしむることである(浄土論註、巻上、三十丁)。彼等はまた更に進んで、仏法僧のないところがあれば、そこまでも宣伝の道を拓いて、三宝を住持し、荘厳せんとする。彼等の行動は何れも大慈悲の働きから出ていて、出世間的善根でないものはないのである。浄土の上首として、浄土に於ける一切の施設の、創造者で、管理者で、また支配者である阿弥陀を「恭敬して繞って瞻仰する」(浄土論註、巻下、二十丁)無量の菩薩衆も亦、阿弥陀の意図——無分別の分別——を、体得し、顕現し、行動せぬもののないのはまた、事の当に然るべきところであろう。弥陀の浄光明は智慧そのもので、その智慧海から生れ出た大衆はまた、その光明、その智慧でなければならぬはずだ。

五

上来、器世間《クシェートラ》としての浄土と、衆生世間《カーヤ》としての浄土の観察を、簡略ではあるが一応終了させておいて、そんな浄土の存在は、娑婆に対して、どんな関係をもち、どんな作用をなし、どんな価値をもっているものであるだろうか。即ち浄土は娑婆の吾等にとりてどんな役に立つのか。

とにかく、浄土は、吾等の感性的対象でもなければ、分別智の領解を容るべき圏内にもはいらないようである。浄土の空間は娑婆の空間ではない、時間またその通りである。それから、娑婆では何もかも分別智で裁かれるのであるが、浄土はそんな物差で測量すべき限りでない、何か全く別個の存在である。それで、浄土は徹底して不可思議なのである。『浄土論註』の著者は、『釈論』を引用して曰わく、「斯《こ》の如き浄土は三界のうちに摂入することができぬ。何のわけかと云ふに、浄土には欲がないから、欲界とは云へぬ。地上にその居処があるので、色界とは云へぬ。それから浄土には色相があるから無色界とは云へぬ。蓋し菩薩の特別な業力で出来上ったものである」(浄土論註、巻上、十六丁)と。浄土を領解するには、どうしても尋常の智能では不可能である。併《しか》し、次の如くに考えられる。

浄土の領解には二つの途から近寄ることができる。第一には、浄土の建設者はどんな意図を持っていたかということである。次にはその意図がどんな塩梅に実現せられたかということである。即ち、浄土は発生学的方面からと存在論的方面からと見ることが可能である。

浄土の発生は、云うまでもなく阿弥陀仏の本願による。本願は仏心の大慈悲から出るのである。大慈悲というは、娑婆の衆生が生死の深海に没溺《ぼつでき》していて浮むことがないのを憐れむことである。ところで、没溺の事実とはどんな意味になるのか、またこれを救い上げんとする大悲心は、どんな方法でこれを実現させるものか。曰わく、生死の大海とは因果の別名である、即ち業《ごう》を云うのである。吾等は業のために生死する。生死を出離せんとすれば、業力を否定せねばならぬ。業力は如何に否定せらるべきか。それは無生死の境に入ることに外ならぬ。生と業とは異名同義で、生のある間は業がついてまわる。業の否定は、生の否定即ち死でなくてはならぬ。生死の脱却は、そうなると、死ぬることでなくてはならぬ。そんな脱却は吾等の好むところであろうか。阿弥陀仏の本願は、吾等を生死から救わんとして、却って吾等を死の深淵に投げ込まんとするのか。これで吾等の希《ねが》う救いなるものは、そんなものか、即ち「滅亡」で救われんとするのか。これでは角《つの》を矯《た》めて牛を殺すようなもの。人間はそんなものを欲しないであろう。そんならどんな生死の脱離を冀《ねが》うのか。云うまでもなく、吾等は生死に居て生死を離れたいのである。弥陀も亦《また》吾等衆生を殺尽して、そうしてから、その大悲を実践しようとはしないのである。業は業のままでおいて、即ち生死は生死にしておいて、而もそれに繋縛せられぬことを企図するのである。弥陀の本願の重点は、生死の業を否定するところになくて、却って業に生死してその裡に安住の地を与えんとするのである。この安住の処が智慧の光明なのである。弥陀の大悲はこの光明をして遍照して残る隈なからしめんとするのである。これが浄土である。娑婆を全滅さして、その跡に浄土を建てるのが意図でない。娑婆はいつもそのままに残されている。生死の波はいつも高い。業は不可抗力である、暴君の威を以て吾等に臨む。弥陀は、それに対立し、反抗し、やがてそれを克服し、殲滅する如き力を創り出そうとはせぬ。浄土はそんな力でない、光明である。この光明は、寧ろ娑婆を包むもの、娑婆を貫き照らすものと見るべきであろう。

何れにしても、娑婆と頡頏《きっこう》して相争うものではないのである。弥陀はそんな限られたものを打ち建てんとはしなかった。繰り返して云う、浄土は大悲の光明から生れるものであると。

弥陀の意図は、この娑婆の外に今一つの娑婆を作り上げて、吾等を生死から救わんとするのではない。娑婆はいくつこの上に作られても、それは生死の世界、業の王国であるに違いない。生死に打ち克つ途は生死でない、業で業を圧えつけようとしても、それは無意味な反抗の繰返しにすぎない。弥陀の智見は、そんな近眼者流のものであってはならない。弥陀は始めから生死の娑婆を打ち潰して吾等を生死から救わんと考えない。彼は、どこまでも、大悲の権化である。大悲《マハーカルナー》は力《バラ》でない。力は二つのものの間で働く。悲には二つというものはない。二つは悲の中に消えて行く。悲にはそんな性格がある。浄土の基体は悲である。弥陀の出発点はここからである(浄土論註、巻上、十四丁以下)。

弥陀は遂にどこへ到達したか。即ち浄土はどんな機構をもつか。大悲で作り上げた刹土《クシェートラ》はどんな脈を持っているか。これは始めから正覚《ボーディ》であった。弥陀は正覚を成ずることによって、その本願であった大悲が果遂せられんことを意図したのである。それ故、彼の浄土は正覚そのものである。浄土の性格・機構・脈動を知ることは、即ち正覚のそれらを知ることである。これが浄土の存在論的考察であると云っておく。

六

正覚、即ち三菩提、尚お詳しく云えば、阿耨多羅《あのくたら》三藐三菩提《さんみゃくさんぼだい》の何たるかを知ることは、仏教のすべてを知ることである。それ故、浄土を証することはまた仏教に生きることである。ここでは、主として『浄土論註』(巻下、四十五丁)によりて、正覚の何であるかを述べる。正覚には色々の異名がある。而してそれが相錯綜して使用せられるので、仏教者さえも往往に幻惑を感ずることさえある。併しまた他方にありては、これに由りて正覚そのものの多面性を知ることができる便利がある。大体次の如くに字義を定めておく。

正覚又は無上正等正覚《アヌッタラ・サンミャク・サンボーディ》は、仏教者がもち得る至上至深の経験である。仏教が教える多くの戒行・功徳・教法、その他凡百の施設――倫理的・哲学的・宗教的施設――は、何れもこの正覚を成ぜしめんとするところのものである。正覚と云う経験が得られた時、それらは果遂の美をなしたと云うのである。この経験は各個人の上に起る出来事であるが、その意味は、個人的なものでなくて、普遍性と究竟性をもち、権威を以て他に涖《のぞ》むものである。普通、個人的経験と云うと、何だか限られたもののように考えるが、その実、正覚というような経験は、一面個人的というものをもっているにも拘わらず、その本質は実在深奥の処に徹《とお》っているのである。それ故、吾等個個の正覚はやがて弥陀の正覚であると云える。弥陀の正覚で出来ている浄土が、何かの意味で、吾等も亦それについて話し得るということは、この故に外ならぬ。今仮りにこの経験の性格が浄土構成の上にどう現われているかを各方面から見る。

第一に、正覚は「仏慧明浄の日」となりて浄土に現出する。浄土は「畢竟浄」の国土であるから、かくあるべきは自ら然るべきところであろう。「如来浄華衆は正覚華の化生である」と云われる。明とか浄とか云うのは皆正覚の智慧面を特性づけるものである。智慧とは、般若である、正遍知《しょうへんち》である、等覚又は平等智である、寂滅の慧である、無垢輪である、正智である、聖智である、真智無知である。正覚は、実に無知の知又は知にして、無知なるものである（浄土論註、巻下、四十五丁）。それで正遍知と云われる。「正遍知とは真正に法界の如くにして知るということである。法界は無相であるから諸仏は無知である、〔対象的知性の目的ではない、〕無知であるから、知らざるところはないのである、無知にして知る、これが正遍知である」と、『浄土論註』（巻上、二十五丁）は説く。知らざることなきを一切種智とも云う（浄土論註、巻下、二十丁）が、これは個個の物に対してその理に通じているというのでなく、「畢竟浄」の同一を貫くところの知である。このように、知にして無知なのは、一面に於《お》ては地水火風空の無分別なるのに似通うところもある。併し、彼等の無分別は、ただ無分別で、分別して分別せぬとは違う、知にして無知なるのではない。衆生の分別は邪見による分別である故、無分別の分別たるを得ず、木石の無分別は無記性のものであるから、これまた無分別裡に分別を蔵していない。正覚の正遍知は大いにこれと異なるものがある。一般の人々は、有とか無とか、非とか是とか、彼とか此とかの分別を生じて、この分別が無分別から出なければならぬことを知らぬ。それで、この分別から出る苦しみを受けて長夜に寝《い》ねて出期がない。「これらの衆生、若し阿弥陀如来の平等の光照に遇うことがあったり、また若しくは阿弥陀如来の平等の意業を聞くことがあると、これらの衆生は如上の種種の意業の繋縛から皆解脱することを得て、如来の家に入って、畢竟じて平等の意業を得るのである」(浄土論註、巻下、十九丁)と説かれる。平等の意業とは、「心は知の相なれども、実相に入れば則ち無知である」(浄土論註、巻下、二十丁)と云う時の無知を義とする。

正覚の知にして無知、無知にして知らざるところがないというのを、感性上のことと考えてはならぬ。これは感性・知性の問題以上のところを話しているのである。『浄土論註』の著者は下の如き譬喩を引いている。曰わく、「また人の身を針で刺したり、蜂に螫《さ》されたりすると、覚知(即ち知覚)がある。石蛭《ひる》に噉まれたり、甘刀で割かれたりすると、覚知がない。このような時の有知・無知は因縁上のことであるので、それは〔今云う〕知や非知の問題に入って来ない」(浄土論註、巻下、二十丁)と。知にして無知、無知にして知と云うは、「聖心」の上のことで、「凡心」の関知するところでない。凡心では、知ると知らざるところとがある、即ち意識の上の話では無知の知などいうことは不可能である。ここでは、知か、無知かの二つに分れる。無知にして知、知にして無知、それで知らざるところなしというわけにはいかぬ。一切種智は分別智の世界にはない。幻化の象も、幻化の馬とは異う。なるほど、そこに分別の知はある。併しその分別は実相的なものでない。智者はよくこの点に於て一隻眼《いっせきげん》を有している。彼は分別界以上の処から分別界を見ている。それで無知の知ということが可能になる。

『観無量寿経』に曰わく、「諸仏如来は法界身である、一切衆生の心想の中に入っている。それで、人々が心に仏を想う時には、その心が即ち三十二相・八十随形好《ずいぎょうこう》である。その心が仏と作《な》るのである。この心が即ち仏である。諸仏の正遍知海は心想より生ずる」と。これは浄土教典のうちに於ける最も意味ある言葉である。元来、浄土観なるものは有相の見に終始しているように考えられるが、大乗仏教の所生である限り、浄土教も亦《また》般若的思想を基礎としているものである。但〻般若観の否定面よりも、その肯定面に重きをおいていることに注意してよかろう。般若観は普通否定で貫徹していると考えるが、それはその一面だけを見ての話にすぎぬ。般若はその肯定面に於て始めてその意義を完うするものである。これをここでは心と云っておく。それがまた仏であることは、上掲『観経』の引文でも明らかであるが、それは次項に説く。

般若の肯定面を心と云うことは、『浄土論註』にも見える。般若はいつも即非の論理に終始しているが、非と即とは離れて考うべきでなく、非の即、即の非の処に般若が成り立つことを忘れてはならぬ。それで『金剛経』などの般若的文献には下の如き文字がある。「菩薩は当に一切の相を離れて、阿耨多羅三藐三菩提心を発すべきである。〔そうするには〕色に住して心を生じてはならず、声香味触法《しょうこうみそくほう》に住して心を生じてもならぬ。住する所なき心を生ずべきである。もし心にして〔どこかに〕住することがあれば、それは即ち非住である」と説いてあるが、他の場処に於ける如く、般若はここでも「非住の住」又は「無所住の心」を教えるのである。即非の論理がここにある。而して心なるものはここに認められなければならぬ。住して住せぬもの、過去・未来・現在に流れて而もその何れに於ても不可得底なるもの、これが心なのである。住即非住又は不可得底と云うと、ただ否定とのみ思い誤るが、その実は表面の否定を成り立たせている主体的肯定のところに眼をつけなくてはならぬのである。この肯定のところが心と名づけられる。

併し、心は余り多義に使われているので少し注意の必要がある。ここに般若的肯定面を心と云うのは、普通に云う物心の心でもなければ、有意の心でもなく、心理学者の心でもない。般若の心は、一心・不二心・真実心・至誠心・菩提心・清浄心《しょうじょうしん》・智慧心・無障無礙心などと同義である。こんな心は、実に浄土を構成するところの基体である。曇鸞は、『浄土論偈』の「浄光明満足、如鏡日月輪」(浄土論註、巻上、十一丁)に註して、その中に「人天の色像は平等にして妙を絶しているのは、浄光の力である。この光は心行ではないが、心行の事を為すから、そこに思議すべからざるものがある」(浄土論註、巻下、九丁)と云っている。心行でなくて心行の事を為すのが般若の肯定面で、それを浄土論者は「浄光の力」と云う。これは浄土全体を統一するはたらき、即ち人格である、即ち仏である。『観経』の「是《ぜ》心是《しんぜ》仏《ぶつ》」はこれから出た措定である。

刹土《クシェートラ》には身《カーヤ》があり、身は刹土においてあると云うが、浄土においてあるところの身《カーヤ》は、阿弥陀と名づけられた法身《ダルマカーヤ》である、或は法界身《ダルマダートウカーヤ》とも云う。曇鸞の註に曰わく、「諸仏如来は是れ法界身なりと云うは、法界は是れ衆生の心法であるが、この心能く世間出世間の一切の諸法を生ずるから、心を名づけて法界と為すのである。法界能く諸〻の如来の相好身を生ずること、亦色等の能く眼識を生ずる如くであるから、仏身を法界身と名づけるのである」(浄土論註、巻上、二十四丁)と。これに由りて観ると、心と云うも、法界と云うも、仏と云うも、法界身と云うも、究竟のところは同一物を名ざすのである。何れも回互《えご》して流用してよい。心が三十二相・八十随形好であると云うと、普通に云う色身と意識とが一つであるやにも考えられよう、所謂《いわゆ》る唯心論が仏教だとも思われよう。併し、仏教——ここでは浄土教——の云う清浄心とはそんな対象的なものでない、もっともっと深いものであるから、それが一面では普通に云う心《チッタム》にもなり、身《カーヤ》にもなるのである。相関的・対象的に云う心や身は、清浄心をその基底にもつことによりて、よく心となり、身となるのである。その意で「是心作仏、是心是仏」と云う。

基底的一心を通ることによりて、対象的の心も身も、二物として相反しながら、自己同一性を保ち得る。即ち法界心である。身動くことなくして遍く十方に至るということは、畢竟浄の心を見る時、領解せられるのである。

『浄土論註』の著者は畢竟浄の心を「一法句」とも云う。一法句とは絶対の一句である。禅宗がよく「有無を離れて一句を道《い》え」など云うその一句である。この一句が心であり、また法身である。法身の身はカーヤであるが、このカーヤは色身《ルーパ》でなくて法身《ダルマ》であることを記憶せねばならぬ。法はいろいろの義に解せられるが、法身とか一法句など云う時の法は、法性《ダルマター》の義で、一切万法をしてそれ自身の存在を保全せしむる原理の自体である。二種の法身が区別せられて、その一を法性法身《ほっしょうほっしん》とし、いま一を方便法身となすことがある。法性法身が清浄心の絶対面で、方便法身が相対面であると云える。この二面は、相依るとも云えるし、相依らぬとも云える。絶対身としては絶対でなくてはならぬが、人間の分別智を通る時には、その絶対性は分別せられて、一面に方便身が出る。それで、「法性法身に由りて方便法身を生じ、方便法身に由りて法性法身を出だす。これら二法身は異ではあるが、分けるわけにいかぬ、一つではあるが、同じとするわけにいかぬ」(浄土論註、巻下、二十六丁)と云われるのである。

法性法身をまた「無為法身」とも云ってある。仏教学者は、その時々の思想の移り行きに任せて、いろいろの名辞を無秩序に並べるくせがある。それで、この各名辞の間に於ける観念的連繋を跡づけるに骨が折れることもある。併し大体の思想の流れに沿うて考えて行けば、自ら一種の型を発見し得る。一見異なったような言詮も、それぞれに整理せられて行く。即ち曇鸞の如きは、法性法身というものを方便法身から区別して見ていて、また何かの関係で無為法身なるものについて話しする。而してこの無為法身は、真実智慧で、清浄句で、一法句だと云う。その解釈に曰わく、「真実智慧とは実相の智慧である。実相は無相であるから、真智は無智である。〔それから〕無為法身というは法性身のことである。法性は寂滅であるから法身は無相である。無相であるから能く相ならざるはなしということになる。それで、相好荘厳即ち法身である」(浄土論註、巻下、二十七丁)と。相好荘厳と云うは、一法句をはたらきの方面から見て、それをカーヤ化したのである、即ち人格化したのである。一法句の人格化、それが法身である。この法身は「色に非ず、色に非るに非ず」(浄土論註、巻下、二十七丁)、ここに般若思想を見ることができる。

「須菩提よ、汝は何と考えるか、如来は三十二相〔相好荘厳〕で見るべきであろうか、どうか。

世尊よ、如来は三十二相で見るべきではありませぬ。それは何故かと云うと、如来

が三十二相と云い給うのは即ち是れ非相の義である。これが三十二相と名づけられるところのものである。」（金剛経）

般若思想は此の如く即非の論理で貫かれている。浄土思想も亦《また》大乗教の一体系としてこの論理がその根柢をなしている。浄土の実在性は論理的には即非の構造であると云わねばならぬ。

七

上述のところで、大体、浄土なるものの性格を明らかにし得たと見ておきたい。即ち、浄土は阿弥陀仏の本願から起って、彼が正覚を成じた時に完成したものである。本願は大悲である。正覚は大智である、浄土は大悲と大智で終始すると云ってよい。即ち浄土は悲智を刹　土《クシェートラ》的に象徴したものである。浄土は悲智の経緯で織り上げられた無縫衣だ。悲は動き、智は定まる。悲はいつも娑婆を見ている、その働きは常住不断に娑婆に向って掛けられる。が、悲は一歩も浄土をお留守にして外に出歩かぬ、悲はいつも智をその安住の処としている。併し、智なるものが悲の外に在って、悲を後から引っぱりとめているると思ってはならぬ。悲と智とは人間の分別智によりて分けられるが、両者はもと一つである。即ち浄土は絶対の一句である。本願と正覚とは時間の上に前後しているのではない。人間は歴史的存在なので、弥陀はまず本願を起して、それから正覚を成じたと云わねばならぬが、その実、本願そのものが正覚で、正覚が本願なのである。弥陀は本願を起したその時既に正覚を成じたのである。無量劫の善行で正覚を獲たと云うのは、業や因果で縛られている人間の知性の要求に外ならぬ。「因浄きが故に果浄し」と云うのは人間の分別である。浄土そのものには因果などと云うものはない、それで、始めて弥陀の本願が娑婆の衆生を救うことができる。因果を云っている限り、衆生苦は免かれられぬ。因果なきところに始めて業繋の脱落がある。本願は、この故に、浄土を建設した。無因無果と云うのではない、それはある。が、浄土には「譏嫌《きげん》の名無し」で、因果という名はない。本願の大悲の光明は因果を包む業苦を溶かす。大悲は力でないから、対抗を主体とする娑婆の姿は浄土には見られぬ。悲智円満の浄土は無礙であり、また辺際を知らぬのである。その故に娑婆は救われる。浄土と娑婆とは対蹠的ではあるが、対抗・相殺的ではない。浄土は、娑婆の、上にも下にも、前にも後にも在るのではない。娑婆の全体が浄土である、それと同時に娑婆は浄土の中に消えて行く。そこで、因果を因果としておき、煩悩に苦しめられ、業力に繫がれながら、浄土に安住するという論理が成立するのである。娑婆では何れも煩悩具足の身であり、地獄への往生必定《ひつじょう》である吾等ではありながら、浄土からは弥陀の手が間断なく吾等の上に延びているのである。

本願と正覚——無縁の大悲と清浄の大智と——から建てられている浄土は、娑婆に向って絶えず働きかけていること既述の如くである。浄土としては、そうでないと、何の意味ももたぬことになる。弥陀は畢竟浄の刹土を、娑婆への考慮なしに、建立したわけではない。彼の本願から出たものならば固より然あるべきであろう。但し浄土としては此土の中へ割り込んで来るものでない。また此土を打ち毀ちて、その跡へ浄土を修起せんとするものでない。浄土は浄土として弥陀の刹土ではあるが、それは娑婆から独立してはいない、迥然《けいねん》として相離れているものでない。娑婆と浄土とは、不即不離の関係をもっている。『無量寿経』の所説の如く、「この会の四衆、一時に悉く見る。彼《かしこ》に此土《しど》を見ること、亦復《またまた》是《かく》の如し」である。ここに大いに浄土の意味がある。

浄土は絶えず此土に向って働いているが、その働きには頗《すこぶ》る独自のものがある。此土の考えを以てこれを性格づけるわけにいかぬ、思議の外にある。が、此土めあてにして起した本願である限りは、併し何かで此土の分別はその働きを看取しなければならぬ、或はそれは看取せられなければならぬと云ってよい。『浄土論註』に、

「安楽浄土は菩薩慈悲正観の由生、如来神力本願の所建である、胎卵湿の生はこれによってとおく去り、業繋の長維はこれによって永く断つ。続括の権方便は諸仏の勧めを待たずして利他大悲の弓を彎《ひ》き、労謙善譲、普賢に斉しくして徳を同じくす。

勝過三界道は抑も是れ近言なり。」(浄土論註、巻上、九丁)

「抑《そもそ》も是れ近言なり」と云うのは面白い。ただ「三界の道に勝過した」では何もならぬ、何かで三界にその働きが加わらなくてはならぬ。而して、その加わりようは、業繫そのものの中に入り込んで来て、業繫以上の力で、その長維を断つのではない。それでは「永く断つ」わけにいかぬ。いつかはまた本へ戻って業に囚えられる。慈悲の本願はそんな方法で娑婆に働きかけぬ、それは娑婆の話で、「勝過」の浄土では普賢的行動に出るのである。「勝過」は単なる品位又は質の優越でない。次元を異にするの意味である。娑婆の思議を絶するの意味である。浄土のはたらきは「近言」でしか云い顕わされぬ。

浄土は、とにかく絶えず娑婆に働きかけている、大悲大智のはたらきは常に一切苦悩・業繫の衆生の上に加えられている。浄土の意義はこれより外にない。而してそのはたらきかけが浄土特有のものであることは、『浄土論』に曰わく、「(浄土在住の菩薩は)大慈悲を以て一切の苦悩の衆生を観察して、応化身を示して、生死の園、煩悩の林中に廻入して、神通に遊戯《ゆげ》して、教化の地に至る。本願力を以て廻向するからである」(浄土論註、巻下、四十四丁)と。これで見ると、浄土から出て来る大慈悲・大本願の用《はたらき》は寔《まこと》に微妙不可思議なものでなければならぬ。曇鸞の解釈によると、「応化身と云うは、『法華経』で説く普門示現の類で有る。遊戯には二義有り。一つは自在の義である。菩薩が衆生を度する様子は譬えば獅子が鹿を搏《う》つようなもので、何のことなしにできるので、丁度遊戯のようである。第二の義は度して度するところなしということである。菩薩は、「衆生は畢竟じて有〔実在〕でない」と観じている、それで、無量の衆生を度することは度するが、而も実に一衆生として滅度を得るものはない。〔菩薩が〕衆生を度すると示しているのは、丁度遊戯のようである。本願力と云うのは、大菩薩は法身の中に住していつも三昧に居るが、而も、種種の身、種種の神通、種種の説法を現ずるものと示されるが、それは何れも本願力より起るものである。譬えば阿修羅の琴はこれを鼓するものがないけれど、而も音曲が自然に出るようなものである」（浄土論註、巻下、四十四丁）と。

　こんな文章を読むと、浄土が娑婆に対するはたらきかけは如何にも狐に鼻でも抓《つま》まれたようである。浄土と云うも、菩薩と云うも同じことであるが、娑婆の衆生から見ると、何れも自分等は小児扱いにせられているように感じられる。本願力には真面目さがないようでもある。「遊戯神通」を、「自在」或は「自然」の義に見ることは、尤もな次第であるが、「度して度するところなし」とか、「示す」とか云うのは、どんな意味になるのか。ただそんな様子に見せかけられていて、その実はそうでないのだとすると、誠に妙なものである。菩薩は自らは法身の中で三昧に安住していて、その応化《おうけ》身《しん》とかいう夢幻的存在を娑婆の衆生の間に示現するということは、何だか有難くもあり、またないようなもののようである。これはどういうものか、浄土は元来そんな態度で始終娑婆に涖《のぞ》んでいるのか、浄土はそれ以上のことができぬのか。娑婆はそれ以上のことが要請せられぬのか。こんな疑問が簇出《そうしゅつ》する。

八

如上の問題は何れも分別智から見てのものである。無知なるが故に知らざるところなしという聖心を証得しない限りは、そんな問題はいつも出て来るが、いつも解決がつかずに終るのが常である。それは已むを得ぬ、此土で始めてその功能を有する因果の理法とか二元的論理なるものは、浄土まで延長し得べき性質のものでないのである。前述の如く、浄土は此土の思議の限りでないのだから、「度して度するところなし」とか、「一衆生として滅度を得るものなし」とか云うと、全く般若の否定面をのみ見せつけられるものと考える。併し真実のところはそうでないのである。此土のすべての施設――論理でも倫理でも宗教でも――を一たび般若の肯定面を見ることによりて、その真実性を得ることになるのである。その時始めて阿修羅の琴の鼓するものなくして自然に音曲を発することがわかるのである。「極楽往生」を教える浄土教にはそんなことがないように思われたが、その実、無礙《むげ》の一道とは「生死即是涅槃」ということなりと云うのである。それで、「自ら局分すること勿れ」(浄土論註、巻下、四十七丁)と曇鸞は説く。局分とは娑婆の論理や思索に捉えられて、動くことの不能なるを指すのである。また「衆生は邪見を以ての故に心に分別を生ず」(浄土論註、巻下、十九丁)とも云う。平等の口業、平等の意業、平等の身業とは何を云うの義なるかを会する時、此土の吾等は忽然として如来の家に入ることを覚知する。分別心のある限りは、本願に救われることが不能であり、正覚に至ることも亦随って不能である。「仏はわれを救うことができるか」と問うものは、まず「救われて来い」と云われるのは、その理、実にここに在るのである。「それは論理的な答でない」と、分別智に居る者は反駁するであろう。併し答は既に問処に在りで、「救われるか」と尋ねた時、その問は既に答えられて居るのだ。それ以上は、何とも言挙げできぬと云っておく。宗教のことはいつも経験に裏付けられねばならぬのである。

とにかく、浄土の存在がないと、此土そのものが亡くなるのであるから、浄土からは此土に向って絶えざるはたらきかけのあるべきは云うまでもない。それが大智大悲そのものなのである。これを人格的に表現して、如来から加わる威神と云うのである。が、「礙は衆生に属す、光の礙には非ざるなり」(浄土論註、巻上、五丁)で、咎は此土の吾等に在るのだ。どうしてそれがわかるかというと、――即ち咎はどうして此方に在ると云えるかというと、――それは、一も二もなく、こう返事してよい。曰わく、「そんなことを問わねばならぬからだ」と。上述の如く、浄土は此土にとりて絶対的に対立しているものである。それ故に、此土に於ける智慧の光明には、到り及ぶ処と、到り及ばぬ処とあるのに反して、浄土の光明は無辺際の刹土を照破するのである。ここに、此土と浄土との対峙がある。この対峙の故に、到らぬ処なき浄土の光明が見えぬというのは、此土の吾等の咎であって、彼土の関するところではないと云える。これを、「如来はいつも吾等罪業の衆生を追い駆けている」が、吾等は無器用に彼の手を逃れていると云うのである。「無器用に」とは、「分別智で」という意味である。吾等から見ると、分別智が最も巧妙なものと考えられるが、無分別智から見ると、如何にも間のぬけたものである。それで、目の前にぶらさがっているものを見ることができぬ。一寸でも分別智が動けば、彼土の光明は遮られる、微塵の罪も、菩薩を地獄の底へ突き落す。浄土そのものは無分別智の世界である。如来の正覚には此土に於ける如き分別がない、それ故に正覚なのである。無縁の大悲は、この正覚によりて裏付けられて、始めて無縁となることができ、大悲となったのである。大本願は、此土では成就せぬ、浄土に於て始めて果遂する、浄土は正覚の刹土だからである。曇鸞は「速得成就阿耨多羅三藐三菩提故」を註して左の如く云う。

「仏の得られる所の法が即ち阿耨多羅三藐三菩提である。この菩提を得るから仏と名づけるのである。今、速やかに阿耨多羅三藐三菩提を得るというのは早く仏を作ることを得るということである。阿は無、耨多羅は上、三藐は正、三は遍、菩提は道という意味であるから、阿耨多羅三藐三菩提は無上正遍道ということである。無上と云うのは、この道は理を窮め性を尽して、これに過ぐるものがないからである。どうしてそう云えるかと云うと正であるからである、正とは聖智で、法相の如くして知るから正智と云う。法性は無相であるから、聖智は無知である。遍には二種ある。一つには聖心遍く一切法を知る。二つには法身遍く法界に満つ。身も心も遍からざるなきが遍である。道というのは、無礙道である。『華厳経』に十方の無礙人は一道より生死を出ずと説いてあるが、この一道とは一つの無礙道である。無礙というのは、生死即是涅槃と知ることである、かく不二の法門に入るのが無礙の相である。」(浄土論註、巻下、四十五丁)

「生死即是涅槃」と云う時、正覚の当体がここに浮び出るのである。生死は此土である、涅槃は浄土である、それ故、正覚はまた「此土即是浄土」でなくてはならぬ。ここに、娑婆はどう浄土のはたらきかけを受けるべきかの消息が窺われる。併し「此土即是浄土」は、普通に云うところの「娑婆即寂光土」の義に解せらるべきではない。正覚の上に於ける生死即是涅槃は、生死と涅槃、娑婆と極楽、此土と彼土とを、ただの意味で自己同一と見るのではない。生死と涅槃とは何れも正覚というものの中に現われ出ている。而してその両つがその中に於て「即是」なのである。生死は涅槃でない、涅槃は生死でない、二つのものは儼然として相容れないものとして対立しているが、この二つが正覚の中に一つになることによって、不二の法門が開け、無礙の一道が通ずるのである。正覚なきところには、生死は生死である、涅槃は涅槃である。此土は此土として、そこには因果の鉄則がある、業繋は永く衆生を悩ましめる。それが一たび正覚の中に融け込むと、今までは非として、対峙して相容れなかったものが、即の態勢をとる。即ち即非の論理が成立して、浄土からのはたらきかけが此土で受け入れられる。そうすると、此土は此土ながらにして浄土である。業繋はそのままにして而も「永《とこし》えに断た」れてしまう。地獄必定の身が正定聚《しょうじょうじゅ》の仲間入りをする。ここに信心するものがある。他力ということの話もできることになる。聖道門《しょうどうもん》の人は、正覚を浄土にのみおかずに、此土でもその可能性を説く、大いに一理がある。浄土系の人は正覚の代りに信心と云う、正覚は浄土で獲《と》られ、信心は此土所属とする。これも亦一理を具えている。畢竟は何れでもよいと云われぬこともない。信心を此土で云う時は、自ら他力でなくてはならぬ。彼土の正覚が此土に働きかけて、分別智の中に無分別性のものを呼び醒ます、それが信心であるとすれば、その信心は他力でなくてはならぬ。分別智の刹土である此土で無分別智はないわけなのであるのに、それが擡頭《たいとう》したと云えば、彼土よりの他力のはたらきとしなくてはならぬ。分別の立場からは、固《もと》より二で、この二はどうしても一であり得ないが、既に二と分別したところに立ち戻ると、そこに一が既に有ることを認めなければならぬ。これはアプリオリということではない。二をそのままにしておいて、その上に一ということが云われると云うのである。不二心である、また不二法門である。信心は正覚と云ってよい。絶対の他力も此土《しど》の上に加わらなければ、そのはたらきを出し得ない。浄土──大悲も大智も──も、それの働く場処がなくてはならぬ。それが此土即ち娑婆である。正覚と信心にはこんな回互性が見られねばならぬ。

迦羅求羅虫《からくらむし》は、風に吹かれて如何ような大きさにもなると云う、大風を得れば大山の如くにもなる(浄土論註、巻下、九丁)。また劣夫の驢に跨《また》がれるものも、転輪王の車に便乗すれば虚空をわたって四天下に遊んで何等の障礙を覚えずとも云う(浄土論註、巻下、四十七丁)。他力の乗ずべきではあるが、その他力に対する驢上の劣夫と風下の微虫とは忘れらるべきではなかろう。他力は実にこれらの媒介を通じて動くのである。此土に於けるこれらのものが浄土よりのはたらきの契機となるのである。

故に云う、娑婆は浄土に対する娑婆であり、浄土は娑婆に対する浄土であり、而して両者はそのままでは相容れぬものであるが、その相容れぬというところに、自己同一性の生命が波打っていると。この意味で、生死即是涅槃・娑婆即是浄土である。

普通、浄土からのはたらきかけが此土に響いて来るので因果で説明せんとするが、これはよくないと思う。因果は此土だけでの理法で、浄土では行われず、また況《いわ》んや浄土と此土との関係に於ては、因果を云云すべきでない。ここに思想の混雑があり、浄土を解する上に於て無理が出る。元来浄土は因果の世界ではないのである。因果を脱離したところに浄土があるのである。そうでないと、浄土は此土の続きとならなくてはならぬ。そんなものはいくら続けても娑婆であるから、——たとい十万億土をどの方向に延長さしても、——それは極楽浄土というものにはならぬ。横超《おうちょう》の経験はそんなところでは可能でない。浄土と此土とは「思議」で繋がるのでない。思議の上では絶対に無縁である。薬山惟儼《やくさんいげん》の「非思量！」である。十万億土を一念の上に飛び超えると云うのは、一から二、二から三という歩みを重ねての話ではない。それ故、因果では浄土に関する何事をも会解できぬ。そこを信心と云う。信心は経験であって、知識ではない。推理の歩を進めて到る境地ではなくて、一跳直入《いっちょうじきにゅう》である。「常倫諸地の行を超出す」るところに、宗教の世界があるのである。

仏教者は此土即ち世間の因果を、或る時は真実のように説き、また或る時は虚偽のように云う。因果を真実と云う時には、煩悩とか三毒五欲とかの業因は必ず吾等をして地獄に赴かしむるものど教える。或は因果を撥無《はつむ》することは、仏法の大罪人、正法を誹謗するものとして大いに警戒する。併しながら、また或る時は人天の因果を以て皆顛倒《てんどう》なり虚偽なりと云う。前後の思想大いに矛盾するので、仏教以外の人では時々大いに迷わされる。併しこの矛盾は、仏教に元来二つの立場があることを意味する。或はこう云ってもよい、仏教は何れも般若の即非の論理から構成せられていると。而してこの矛盾を矛盾としてそのままにおいて、そこにいま一つの立場を発見する時、因果ありと云ってもよく、因果なしと云ってもよいことになるのである。浄土に於ける正覚、此土に於ける信心は、この「いま一つの立場」である。信心も正覚も即非の論理で構成せられている。その故に、業に繋がれながら浄土往生が約束せられる。無始劫来の罪業も浄土行きに対して何等の障りとならぬ。この点から見て、此土の因果は顛倒・虚偽と云って差支えない。浄土が一真実の世界である限り、この世界ではたらき能《あた》わぬものは皆うそであり、皆顛倒でなくてはならぬ。「畢竟浄」の刹土から見ると、人間万事夢幻劇の限りなき連鎖である。

『浄土論』の「真実功徳」を説く曇鸞の言に曰わく、「功徳に二つある。一つは有漏《うろ》の心から出て法性に順わぬもの。所謂《いわゆ》る凡夫人天の諸善、人天の果報、因とか果とかいうもの、皆是れ顚倒であり、皆是れ虚偽である。これは不実の功徳である。これに反して、菩薩の智慧から出る清浄業で起される荘厳仏事は、すべて法性に依るもので、清浄相に入っているから、これらの諸行事は顚倒でなく、虚偽でない。それで真実の功徳と云う」(浄土論註、巻上、七丁)と。菩薩の智慧と云い、清浄の行業と云い、真実の功徳と云い、法性に随順すと云う。皆何れも因果の世界での言葉ではない、此土の尺度をあてはめたものではない。此土では因果を云わねばならぬ、因果を云うものが此土だからである。「有漏の心」は、此土では離れられぬのだ、離れようとしても離れられぬ。「不実の功徳」には頓着しないで、いつも畢竟浄の方向を見ていればそれでよいのである。ここが信心である。達摩は梁の武帝の諸種の功徳行に対して「無功徳」と云ったが、それは功徳なしではなくて、不実の功徳だという心である。自分の行じた功徳に心が留まる時、それが有漏《うろ》心《しん》となり、不実虚偽となる。此土に留まる限り、吾等の心、吾等の行為は、有漏で、対峙的で、梗塞的である、無礙の一道を行けない。業繫は此土そのものである。どうしても、浄土からの無礙光に照らされなければならぬ。作心——作心は此土のいずれによりても受け持たれている意識である——のある限りは、「未得浄心」は遁《のが》れぬとすれば、ここに業繫の端緒がある。阿弥陀仏を見なければ、自在の人となること能わぬ。阿弥陀仏は、無礙光そのものである、畢竟浄である、娑婆の人間及びその有限的分別智を以てしては類推を許さぬところのものである。

九

浄土と娑婆との連絡――非連続の連続――を最も良く云い顕わすのは、廻向という文字である。これは昔から仏教に伝わったもので、また仏教特有の思想なのである。廻向《パリナーマナ》というような考えは、本来シナには無かったので、こんな成語を作るにも、仏典の翻訳者はよほど苦心したものと想いやられる。それからその思想であるが、シナの知識人がこれを正当に解するまでには、可なりの時日を要したものであろう。「廻向《えこう》」の義は、「自分が集めた一切の善根功徳を、一切の衆生に施与して、即ちその方へ廻らして、而して皆共に仏道に向わん」というのである。この思想を可能ならしめるには、その裏には、とにかくまず無礙《むげ》の一道とか平等智とかいうものがなくてはならぬのである。その上に立って、廻向は菩薩の本願を支えるのである。利他と云い、作仏と云い、度衆生と云い、仏国土の建設と云い、すべて仏教の基礎工事をなしているものは、悉く廻向という考えを前提としていると見るべきである。

無礙の一道ということが廻向の背後に在るべきだと云ったが、実はそれだけでは足りない。いま一つ無礙に対するものがなくてはならぬ、それを業繫とも因果とも云う。これが一方に在り、他方には平等無礙なるものがあって、これら両者の間に何かの連絡が出来る時、それを廻向と云うのである。廻向は非連続の連続である。本来繋がることのできぬものの間に繋がりが可能になる、これが廻向である。浄土は畢竟浄であり、穢土は有漏の邪道であるから、両者は固より相容れぬ、その間は地続きになっていない、大なる塹壕がある。併しこの塹壕の故に大悲の本願が起された。経典は、論理的連絡はとにかくとして、大悲の本願の起されたことは経験上の事実である。経典は、論理で出来たものでない、哲学書ではない。経典は、宗教的天才が自家の胸中に動いたものを、最も正直に告白したものである。それで、これを受け納れる者の方でも、思議や論理やでこれを詮索せずに、各自の方寸に問うのが第一である。廻向ということは、それ故に、思議すべきでなく、まず経験すべきである。浄土を此土から見ると、怪奇を極めている。而も本願も正覚も事実の経験であるとすれば、吾等はそれを解し得る論理を立てなくてはならぬ。即非の論理を知的なものとすれば、廻向は事的であると云い得られよう。どの点から見ても此土と相対して相容れぬ浄土が、実際の経験の上で、此土にはたらきかけをするから、それを何とか理窟づけしなければならぬ。この矛盾即自己同一性を、今の場合廻向と云う。

曇鸞は廻向に二種の相を区別する、大いに然るべきである。一を往相廻向と云い、他を還相廻向と云う。「往相《おうそう》」と云うは、「自分の功徳を以て一切の衆生に廻施して、共に彼の阿弥陀如来の安楽浄土に往生せんとする」(浄土論註、巻下、五丁)ことである。「還《げん》相《そう》」と云うは、「彼土に生れ已わって、奢摩多《しゃまた》(止)と毗婆舎那《びばしゃな》(観)とを得て、方便力が成就すると、〔此土に向って出動し、〕生死の稠林に廻入し、一切の衆生を教化して、共に仏道に向わんとする」(浄土論註、巻下、五丁)のを云う。つづめて云えば、往相とは穢土から浄土へ向うことであり、還相とは浄土から穢土へ向うことである。この往還の廻向は、浄穢の間でも、涅槃と生死との間でも、正覚と煩悩との間でも、無分別と分別との間でもかまわない、すべて対立するものの二者の間に行われる運動である。浄土というものの考えられるのは、実にこの廻向の論理によると云ってよい。

廻向に二種の相を区別できるが、これは相にすぎぬ、廻向の運動そのものは一つである。而してそれが循環的である。即ち、往相と見えるものは還相であり、還相と見えるものは往相である。往還は一つのものである。浄土について云えば、弥陀の本願は即ち衆生の帰命である。本願は必ず正覚となるべきもの、或は本願の背後に既に正覚があると云うべきものであるから、衆生の願生浄土は始めから無礙光に摂取せらるべきものである。本願が正覚になって、そこで浄土が出来て、それから娑婆へはたらきがかかって、娑婆の者が浄土往生の願を起し、弥陀に帰命し、それが信心となって正定聚にとり入れられ、それから浄土へ往って、そこで最後の段階が開けて、成正覚の経験が得られ、それからまた娑婆へ戻って還相廻向の実際の働きをするというような、そんな持ってまわった話は、宗教の経験ではないのである、また仏教者の生活ではないのである。廻向の運動はいつも瞬時性と円環性とを持っている。即ち、本願の起ると同時に衆生は正覚を成じたのである。浄土は此土に転開したのである。これを此土の方から云えば、願生浄土の一念の動いた時、弥陀は五劫《ごこう》の思惟から目覚めたのである。而してその時、此土はその因果と業繫とをそのままに背負って如来の懐の中に飛び込んだのである。この時には、もはや往相の廻向とか、還相の廻向など云うべき余地はない。浄土のはたらきは、動くと同時に此土に加わり、此土の作願は、衆生がそれに気づくと同時に浄土にも響き渡るのである。浄土と此土とはいつも呼応している。此方で叩けば彼方で応じ、彼方で叩けば此方で応ずる。函蓋相応《かんがいそうおう》とも啐啄《そったく》同時とも云ってよい。これが廻向の真実相である。

浄土と此土とは、相対立して、相互に否定しながら、相互に往還廻向するという宗教経験を最も具体的に描写した例は、『大無量寿経』中に求むることができる。一例で十分だと信ずる。

畢竟浄の浄土には此土の面影の見られぬのが本当である。浄土は汚染と闇黒で充ちた此土の分極面であるとすれば、此土の何ものも何事もそこに見出されてはならぬ。それにも拘わらず、浄土には此土が宿されている。畢竟浄の上に此土のあらゆる影が映っている。浄土は此土を自らの中に抱き占めている。浄土は浄土自体を映すことができぬ。浄土は必ず此土によりて象徴されねばならぬ。吾等は此土の住民である限り、浄土の叙述には、此土の文字を用いなければならぬということだけでなく、浄土に此土の事物を移し、此土の衆生の情欲・意図・動静・知覚などを通わせて、始めて畢竟浄の刹土生命の躍動を見るのである。この躍動、このはたらきを、「仏事を為す」と云うのである。今、浄土の水が如何に仏事を為すかを見ることにしよう。水は此土だけのものでなく、浄土にも水がなければならぬ。浄土の八功徳水は、直ちに此土で、太平洋の岸を洗い、我庭の池の中にも涌いて出るのである。

『浄土論』の「荘厳水功徳成就」というところに、曇鸞は自問して曰う、

「これはどうして不思議と云うべきか。」(浄土論註、巻下、十丁)

と。而して自ら答えて曰う、

「彼の浄土の人天は水穀の身ではない、どうして水の必要があるだろうか。清浄、成就の身であれば、洗濯の用はない。どうして水が要るだらうか。彼の浄土には四

時の区別がない。いつも調適で熱のために煩わされぬ。どうして水が要るのだろうか。何も須要のないのに而もそこに水があるとすれば、何かわけがなくてはならぬ。

〔そのわけは何か。〕

お経にこう書いてある。

浄土の諸〻の菩薩・声聞が、もし宝の池に入って、足まで没《ひた》そうと欲《おも》えば水はすぐに足を没《ひた》し、膝まで没《ひた》そうと欲《おも》えば膝まで達する。腰までと欲えば腰まで、頸までと欲えば頸まで来る。また身に灌《そそ》ぎたいと欲えば自然に身に灌ぐ。水をもとの通りにしたいと欲えば、すぐもとのようになる。調和冷煖で自然に意に随う。一度、この水に浴すると、神を開き、体を悦ばし、心垢を蕩除する。その水は清く澄みとおって、浄なること形なきが如く、宝の沙《いさご》は映徹してどれほど深いところも照らさぬところはない。さざ波がめぐり流れて互に灌ぎ合い、しずかに、ゆるやかに動いて、遅くもなければまた疾くもない。

時にさまざまの波がたって、無量自然の妙なる声が起り、各〻ののぞみに随って、それぞれ仏の声、法の声、僧の声、寂静の声、空の声、無我の声、大慈悲の声、波羅蜜の声、十力、四無畏、不共法の声、諸〻の通慧の声、無所作の声、不起の声、不滅の声、無生法忍の声、乃至、甘露灌頂の菩薩の声など、諸〻の妙なる法の声を聞くのである。これらの声は皆その所聞に称《かな》って、聞くものの心に無量の歓喜を覚えしめ、彼等をして、清浄・離欲・寂滅・真実の義に随順せしめ、三宝・力・無所畏・不共の法に随順せしめ、通慧・菩薩・声聞所行の道に随順せしめる。浄土には、地獄・餓鬼・畜生の名すらない、但〻自然快楽の音《こえ》が有るのみで有る。是れ故にこそ、この国を安楽《スクハブティ》と名づけるのである。

此れ即ち水が仏事を為すものである。〔浄土に水があるのはこういうわけからである。〕これが不思議でなくて、何であろう。」（浄土論註、巻下、十丁）

如上の叙述によりて、此土の吾等はどんなことを学び得るのであろうか。水が為す仏事とはどんな意味になるのであろうか。例えば、此土では水に浸る時、その水が膝まで上ってくれればよいと思ったとて、水が自ら上って来ることはできない。ざあざあと流れる水の音は、騒がしいこともあるが、また静かな心持のすることもあるが、そこに仏声を聞き、法声を聞くなどいうことはない、まして大慈悲の声とか無生法忍の声などいうものは、聞えぬのである。ところが、浄土ではそんなことがあるとは如何。

こんな不思議は経験の上でないと了解できぬ。分別智の論理では支離滅裂になってしまうより外ない。それならどんな経験でわかるかというに、まず浄土が此土《しど》に来たり、此土が浄土へ行くことを経験しなければならぬ。此土がそのまま浄土へ行くと云うも、浄土がそのままで此土に来ると云うも、経験の事実の上ではどちらでもよい。浄土に水の有るのは、此土が彼土《ひど》へ移ったからである。それで、此土の水の経験が浄土的になっている。此土の水は調和冷煖で自然に意に随うことはない。浄土ではある、それは浄土だからである。此土では水ほど重宝なものはないが、また水ほど厄介なものはない。要《い》る時は要るから重宝だ。要らぬ時は要らぬから厄介である。これが此土の約束である。この約束を知って、水の性質の如くに、水に親しんで行けば、此土の水に浄土の影が宿る。水を向うにまわして、それを自分に対抗する敵の力となし、要る時にはこれを虐使し濫用して、水を征服したと心得ている。それで、水はいつも自分に向って立っている。水の中に融け込むことをせぬ。ところが、これに反して、此土の水に浄土を宿してみるとよい。水は「自然に意に随いて」山へも上り、電気をも発生し、鉄船をも浮べ、秋の夜は月の光も映し、夏の日には山谷の飛泉に心身を洗滌する、「神を開き、体を悦ばし、心垢を蕩除する」ではないか。浄土の水に此土を宿す時は、お経の如き叙述が可能になる。此土の水に浄土を宿す時、水は吾等に使われる力でなく、また物でなくなる。水の声に無我の説法が聞かれる、十力・無畏の声が聞かれる、何でもないことではないか。水の廻向の相互往還性を経験せぬ人達には、浄土の水の意義がわからず、また此土の水の意味もわからぬ。浄土と此土との回互性を知る時に始めて水が仏事を為す所以を悟るのである。

浄土をいつも娑婆の向うにおいて、娑婆とは独立した存在であると見ていると、そこに水のあることもわからず、ましてその水が仏事を為すということなどに対しては、何等の了解をもつことができぬ。どうしても娑婆を浄土にうつしてみなければならぬ、また浄土を娑婆にうつしてみなければならぬ。固より浄土は浄土で、絶対的に娑婆と相容れぬ対立である、併しその絶対に相容れぬところに相互往還性というものがなくてはならぬ。それが仏典でよく説かれる「異而不レ可レ分、一而不レ可レ同」(浄土論註、巻下、二十六丁)というものである、また「不レ得二決定一一、不レ得二決定異一」(浄土論註、巻上、六丁)とも云う。般若の即非もこれに外ならぬ。このわけあいがのみこめぬと、経典に於ける浄土の描写は全然無意味のものになる。それが普通一般人の浄土に対する態度であると思う。

経典の記者であった印度人の創造的想像力の華々しさは、漢民族や大和民族のとても企及し能わぬところである。印度民族は、この点に於て、世界民族の先頭に立っている。それで、浄土の描写の如き、他の民族の考え方又は見方などから見ると、中々容易に首肯できぬ如くであろう。娑婆で目につく諸事物が浄土で仏事を為すなどということ、而してその仏事が細目にわたりて詳述せられること、如何にも瞠目に値する。漢民族ならば、水の一例を挙げてみると、まず左の如きものであろう。

問、「観音入理の門はどうしてはいられるか。」

答、「今自分等は山の中に居るが、そこの谷間の水が聞えるかい。」

問、「それは聞えます。」

答、「そこからはいるのだ。」

浄土の記述に比べると何等の殺風景ぞやと云いたくなるであろう。或はまた龐居士《ほうこじ》の例に見れば、「搬柴運水、神通妙用」で、如何にもあっさりとしている。我邦ではみそぎの行事ぐらいのものであろう。

哲学者に云わせると、浄土は絶対無で、娑婆の有と弁証法的関係に立っているとするであろう。浄土は実に絶対無である。「畢竟浄」とか、「清浄無礙の光明」とか、「智慧光」とか云うのは、何れも絶対無の義である。清浄という文字は、印度的思惟の特性である象徴性を証するものと見なければならぬ。「清浄」は、蓮華が淤泥《おでい》から出て清らかだとか、水の色が澄徹であるとかいうようなことだけを表象しているのではない。最も深い思索の極度が「浄」なのである。「無」は哲学的・論理的で抽象にすぎる、そうして却って人をして有無の中に彷徨せしめる。これは思索より入る者の免かれぬ陥穽《かんせい》であろう。これに反して「浄」は、感性的で、経験的で、或る意味では誘惑性をさえ持っている。「無」に還《かえ》れと云われるより、「浄」を見よと聞かされた方が、心をひかれる。人間は何れも汚穢《おわい》を嫌う、汚穢の世界を「有」だと云っても大抵は肯わぬ。「有を捨てて無に入れ」と云うより、「穢を去りて浄を取り戻せ」と云う方が効果的であろう。而してその「浄」なるものが、ただの清めでなく、また雲なき万里の天でもなく、十七種の荘厳功徳をもっているとすれば、大いに娑婆の吾等の心を動かすものがある。浄土の考えは実に印度民族でないと出て来ない。

十

浄土教の信者は、上述の如き理窟めいたことを言挙げして、それで能事了われりと云うのではない。彼等は固よりその浄土に往生しようと云うのである。彼等の要求は実行的・経験的である。併し人間としては思想を拒否するわけにいかぬ。思想するのが人間的なので、何かにつけて言挙げせずにはいられない。経験の前にも思想が要り、経験の後にも思想が要る。人間の行為は行為としていつも思想に連関をもっている、ただの行為なるものはない、それは本能的・生物的衝動として、人間的なものと区別しなければならぬ。人間は行為する存在である、而してその行為をして行為たらしむるところのものは、実に思想である。言挙げなきところに行為は無い、道徳も宗教も無い。「やむにやまれぬ大和魂」でも、やはり「かくすればかくなるものと知りながら」と云う。この「知」が思想である。「やむにやまれぬ」と云いわけしないと、大和魂も動き出さぬのである。思想はいらぬ、直接行動でよい、経験で事は済むなどいうところにも亦一種の思想がある。それで、浄土往生も経験でなくては話ができぬわけだが、上来の所述を逐うて、往生にも一下りの理論をつけなくてはならぬ。近代人は殊にそうでないと承知し得ぬところがある。浄土と穢土、極楽と娑婆、彼土と此土などいう、絶対に相容れざるものの対立に、回互往還的なものを認めなければならぬとすれば、浄土往生をどんなふうに解明すべきであろうか。回互往還観はもともと経験から出た思想であるが、実際往生という事件が出来上るには、この思想はどんな塩梅にはたらくものか、そこを少し調べてみよう。

一般人の思想は洗錬を経ていない。或はその洗錬の度合が宗教的体験なるものを領解するだけに向上していない。向上しないなら寧ろ「一文不知の尼入道」的なのが最も宗教的だと云い得る。併し宗教的人間としては、ただそれですまされぬ。一般人の知性をも、能うだけ上進させなくてはならぬ。これは宗教を思想的なものにしようと云うのではない。経験に到るべき道を、思想人のために、いくらかなりと切り開いてみようと云うのである。

浄土往生と云うと、一般には、死んでから浄土へ往くことであると考えている。説教者もまずそんなようなことを云って聞かせる。併し前述の浄土観にして大いに誤るところがないとすれば、こんな考えは成立するであろうか。第一、浄土は畢竟浄の身《カーヤ》と刹土《クシェートラ》で成就しているとすれば、それは此土に於ける衆生の死後の「生活」なるものと、どう交渉して来るか。死後というその死とは何の義か、生あれば死ありと云うから、死を云えば生がなくてはならぬ、死を尋ぬるはまた生を尋ぬることであろう。生死とは畢竟何を云うのか。生死の問題に直ちに連関して来るのは、所謂る死後の「生活」である。生死がわからぬと、死後というその後がまたわからぬ。後は時間を意味するが、これはまた「生活」そのものの問題にもなる。煎じつめてみると、往生は時間論の一角であると云える。哲学的に云う時間論は、仏教教学では生死論である。

有為転変とか諸行無常とかいうことから解放せられて、何か無為常住のものを求めんとするのが、印度民族の精神的努力であった。それで、仏教者も生死の繋縛から離れて涅槃を獲得したいとつとめた。生死というものが果してあるのか、あればそれは何だろうか。どこから来てどこへ行くのか。「どこ？」とは何の義か。また生れ来たり死んで行くというものがあるのか。あればそれは何物か。「どこ？」と云う時、浄土が考えられ、「何物？」と云う時、霊とか、個我《アートマン》とか、人《プトガラ》とかいうものが考えられた。併し仏教では無我を説くのであるから、何か生死するというものはないのである。随って生死そのことも無意味とならなくてはならぬ。個我の観念が無意義であれば、生きて来て、死んで行くと云うべきものは、一つの幻影、即ち迷える意識の上の沙汰であろう。『浄土論』の著者たる天親《てんしん》菩薩は、浄土に生れんと願うと云うが、そんな願を起す主体は何か、「生れたい」と云っても生れるものがないではないか。願生は一つの迷妄にすぎぬと云える。『浄土論註』は設問して曰う、

「問、「大乗経論中には、到る処に、衆生は畢竟じて無生である、虚空のようであると説くではないか。天親菩薩はどうして願生と云われるのか?」。

答、「衆生は無生で、虚空のようであるというのに、二種の見方がある。一つには、凡夫の所見によると、実に衆生あり、実に生死ありというのである。この凡夫の所見は畢竟じて当を得ていない。亀毛《きもう》の如く、また虚空のようである。次に諸法はすべて因縁から生ずるのであるから、生というも、その実は不生であって、無所有だから、虚空のようだと云うのである。天親菩薩が願生と云われるのは、因縁の義によるのである。因縁だから、生と云っても仮名《けみょう》である。凡夫が実の衆生あり、実の生死ありと云うのとは同一に考えてはならぬ」。」(浄土論註、巻上、五丁)

こんな答は自ら第二問を誘発せざるを得ぬ。曰わく、

「問、「そんなら往生というのは、どんな意義なのか？」。

答、「此の間に仮名の人がある、〔因縁生の人がある、〕五念門を修行するとすると、その前念は後念の因となって、〔仮名の人なれど、修行の実効はあがる、即ち彼はその修行の故に浄土へ往く、そこで此の間の仮名の人は浄土の仮名の人となる。〕穢土での仮名の人と、浄土での仮名の人とは、決定して一と見ることもできず、決定して異と見ることもできぬ。前心後心の場合も亦その通りである。何故かと云うに、もし一と見る時は因果がないということになり、もし異と云う時には、相続が不可能になる。一異門のことは〔大乗の諸〕論中に委曲をつくしてある」。」（浄土論註、巻上、五丁）

この答はいま少しく詳しくて然るべしと思うが、曇鸞の時代にはこれで十分であったのかもしれん。「前念・後念」と「前心・後心」と、「穢土仮名人・浄土仮名人」との関係がはっきり読めぬような気もする。但〻大体の所見は次のようでもあろうか。

願生と云えば、とにかく、何かの意味で願者がなくてはならぬ。その願者なるものは因縁所生で仮名の人たるは云うまでもない。併し仮名と云うは、空虚のところに幻影をすえたということでなく、因縁所生で本来空ではあるが、因縁そのものは認めねばならぬ。即ち心念の動きに前後の相続性と同一性とを認めざるを得ぬ。これが認められなければ、吾等の思索は全然不可能になる。それ故、因とか果とか、前とか後とか、仮とか真とかいうことが話しせられる限り、仮名の人もただの仮名でない、幾らかの仮ならざるものを持たねばならぬ。浄土も穢土も、仮名の人を容《い》れている限り、また仮名たらざるを得ざるは言を俟たぬ。併し仮名と云うには何かそこに仮名ならぬものがなくてはならぬ。生死と云い、人と云い、刹土と云うこと、何れも虚仮《こけ》ではあるが、そう云うには、そうでない何かを明らかに見ていなくてはならぬ。それが見られると、さきの仮名が仮名でなくなる。浄土と穢土と、浄土の人と穢土の人とを対立させている間は、何れも仮名であるが、浄穢が浄穢でない立場が見つかる時、仮はそのままで真となる。この立場が不一不異のところである。これを一異観と云うのである、また即非の論理と云うのである。大乗経典は何れもここに立脚している。またこれを「畢竟浄」とも云う、「畢竟空」とも云う。「知而無知」でもある。また「法性無生」でもある。この故に、浄土往生は浄土無生の生と云わなくてはならぬ。これを領解するのを真実の浄信と云う。浄信は即ち往生である。信がなくては、それから往生するのでない。信即生でなくてはならぬ。無生の生は信でなくてはわからぬ。信は単なる知でなくて経験である、それ故、往生そのものでなくてはならぬ。この往生が無生の生であるから、この経験が一たび確立する時、従前一切の知解は悉《ことごと》く氷消して、無生の中に合流し了《お》わるのである。

曇鸞は「願生安楽国」を註するに当り、疑問を設けて曰う、
「ここに一つの疑がある。生というは有の本で衆累の元である。〔娑婆の〕生を棄て〔浄土への〕生を願うとすれば、〔何時の世にか〕生を尽し能《あた》うとすべきか。」（浄土論註、巻下、十六丁）
と。これは尤《もっと》もな疑である。仮名の人を、いつまでも、どこでも、立てていなければならぬとすれば、浄土も娑婆である。娑婆をどこへでも持って歩かねばならぬとすると、折角の阿弥陀仏の正覚である「畢竟浄」は台なしとなる。娑婆から死んで行くことができなくなる。此土で頭出頭没していては、人間となっている甲斐がない。此土で死んで浄土へ生れなければならぬが、この「生」が無生の生であるので、始めて生死脱得の一句が道えるのである。曇鸞の弁によれば、上掲の疑は次の如くに解かれている。
「今の疑を釈《と》かんがための故に、彼の浄土の〔諸々の〕荘厳功徳の成就〔した相《すがた》〕を観ずるとよい。それで、彼の浄土というのは、阿弥陀如来の清浄の本願、〔即ち〕無生の生であることが明らかになる、三有に於ける虚妄の生のようなものではないということが明らかになる。何故そう云うかと云えば、そもそも法性なるものは清浄であって、畢竟じて無生である。それを生と云うのは所謂る往生者の情見によるものである。生が無生であるので、それで生の尽くることがないのである。〔生れては

死に、死んでは生れて、無尽のはたらきが可能になるのである〕。〔これに反して〕生を尽すもの〔即ち、死んでしまって生れることのできぬもの、生れることなくして生れるということのできぬもの〕は、一方では無為にして為さざるところなき身《カーヤ》を失却し、また一方では空・無相・無願の三空観は不空観であることに、真実に徹し得ぬという痼《やまい》を得るのである。これでは根まで枯れてしまって永く芽出すことができぬ。誠に嘆かわしいことの限りであろう。よろしく本に復るということがなくてはならぬ、恩に報ゆるところがなくてはならぬ。然らざれば大いに恥を招くことになる〔舎利弗の例に見られる〕。〔無生の〕生という理を体《さと》るところ、これを浄土とは云うのである。」〔浄土論註、巻下、十六丁〕

「至極無生」・「畢竟浄」が、即ち浄土であるということが体得せられると、この体得は娑婆生死の情見を一踏に踏翻する、そうして、それを直ちに、そのままに、無生智、無知の知、無分別の分別にしかえる。下品《げぼん》の人も経験の上で如是の光明智を発揚する。これを摩訶不思議とは云うのである。

蛇の性は曲っているが、竹筒の中へはいると真直ぐになると同じように、邪見に縛られて、心に分別を生じ、穢土の生活をしている者も、とにかく一寸でも足を安養浄土へ踏み込めば、畢竟浄の一角に触れて、今までの予想や分別が取り除かれるという、――

これが曇鸞の考え方である。『浄土論註』にまた自問自答して曰わく、

「問、「生は無生なりと知ることは上品生《じょうぼんしょう》の者で始めて云える。下下品の人の如き、十念に乗じて往生することができると聞かされて、〔さてどんな心持をするかというに、それは〕実生の見であるにきまっている。実に生ありと取《しゅう》する時は二つの僻《へき》見《けん》に陥る。それで、或は本当の浄土往生のできぬことになる、或は往生しても、それは実生の見であるので、却って惑いを生ずることになるであろう」。

答、「それは浄摩尼珠を濁った水に入れると、その水が清浄になるようなもので、もしその人に無量劫来の生死の罪の濁があっても、かの阿弥陀如来の至極無生の、清浄の宝珠に等しき名号を聞いて、それが濁れる心の中に投げ込まれると、念念の中に、罪は滅び、心は浄くなって、即得往生ということになる。

それからまた摩尼の珠を玄黄の色の幣に包んで水の中へ投げ入れると、その水は玄黄の色になる。清浄の仏土には阿弥陀如来の無上の宝珠がある、それが無量の荘厳功徳成就という帛に包まれている。それを、そこへ往生して来るものの心の水の中に投げ入れると、そのものが持っていた実生の見も、一転して無生の智にならぬということはあるまい。

また氷の上で火を焼くと、火が熾んになるに随って、氷が解ける。氷が解けると、

その火は滅してしまう。

こんな譬でもわかるように、下品の人は、法性無生ということがわからなくても、ただ仏名を称うる力で往生の意《こころ》が出て、彼土に生れんと願えば、彼土は固より是れ無生界であるから、実生の見をもっていても、その火は自然に滅し去るものである」。」(浄土論註、巻下、十七丁)

曇鸞によれば、畢竟浄の功徳は、そこへ入りこんで来るすべてのものを、自分と同一色にしてしまうと云うのである。「南無阿弥陀仏、南無阿弥陀仏」で、極楽往生して、光明赫耀《かくよう》たる仏さまにお目にかかるものと思っていたら、「本是真壁の平四郎」で、何のへいへんてつもなかったということがあるが、そのとおりである。此土での分別見で、彼土は、こうでもあろうか、ああでもあろうかと想い煩った末、到頭そこへ来て見ると、――「到り得、帰り来れば別事なし、廬山は煙雨《えんう》浙江は潮《うしお》」――畢竟浄の刹土は本来の無一物であったということになる。彼土は無生界である、至極無生である。如来は、平等口業者・平等身業者・平等意業者で、平等光照・平等法身・寂滅平等そのものである。また如来は仮名《けみょう》でなくて実相である。実相は無知である。無垢輪の転ずる浄土では正覚華が花咲く。正覚は平等智である。娑婆に於ける生死の考えで浄土往生を類推するものは大なる錯誤でなくてはならぬ。それでも愈〻《いよいよ》浄土へ来て見たら、「ああこんなものだったのか」と、従前一切の閑妄想《かんもうぞう》・雑用心《ざつようしん》・分別の邪見は自ら捨て去られて、畢竟浄の裡に融け込む。所謂《いわゆ》るうそから出たまこと、虚往実帰、これが曇鸞の往生観である。

十一

浄土往生の問題は浄土観中心の問題であり、すべてはこれで解決がつくと見てよい。いくら浄土があっても、そこへ行けぬとすると、浄土は此土と没交渉であり、いくら穢土が嫌だと云っても、嫌だという根拠がないことになる。此土の汚染ということが考えられるには、清浄なるものが、どこかに考えられねばならぬ。既に考えられるとすれば、そのものは何かの方法で近寄られるものでなくてはならぬ、ただ考えられるではすまない。実際、考えられるとか、考えねばならぬとかいうことは、単に思惟の要請とか論理の必然とかいうことでない。これには、その奥に人間の経験がある。この経験の故で、思惟が何かの解決か解明を迫られるのである。思惟がそれ自身の慰安のため論理的詮索をするのでない。思惟はいつも経験に裏付けられる。而して、経験はこの裏付けの故にその了了性を加えるということになる。それで、浄土往生は経験であって思惟ではないが、やはり何かの思惟上の技術がないといけない。この点に於て仏教教学者は苦心した。

畢竟ずるに、二つの絶対に相容れないものが、どうして交渉の余地を持つことが可能かというに帰するのである。浄土は畢竟浄で、絶対に無穢無垢の刹土である。これに反して、此土は汚穢の刹土で、清浄の微塵もない処である。この汚穢の身は、死んでも生きても、穢を離れられぬのだから、それがどうして浄の世界に往くことが可能か。浄土に浄身があり、穢土に穢身がある。穢身のある処は穢土で、浄身のある処は浄土である。カーヤ(身)とクシェートラ(刹土)とは相応しているもので、浄身が穢土にあり、穢身が浄土にあるわけにいかぬ。穢土からの浄土往生は絶対に不可能である。

(因《ちな》みに、上来屢〻《しばしば》説く如く、浄穢は感性上の意味に解すべきでなく、哲学的に見るべきであることを忘れてはならぬ。浄は平等・無分別・無知・正遍智・無漏《むろ》智・真如・法性・無生などを意味し、穢は全くこれらの性格を欠くもの、全くこれと相反対している観念である。それ故、浄土と穢土との問題には深き哲学上の見解が含まれていることを注意しておく。)

無生の生で穢土から浄土への連絡がとられるということを説明するに、大体二つの方法が考えられた。一は仏智から、一は浄土そのものからである。併しこれは実際何れかに見てもよい、仏智が浄土で、浄土が仏智だからである。とにかく、仏智から云うと次の如くになる。

仏にどんな智慧があって罪深き穢土の衆生を浄土へ赴かしめ得るかというのが、第一の疑問である。これを他の言葉に直すと、分別の世界がどうして無分別の世界へ出られるかということになる。穢土、即ちこの現在吾等の生息している世界は、分別の世界、因果の世界、業繋の世界である。吾等は何としてもここを超えるわけにいかぬ。死ぬるということも、やはりこの分別の世界でのことである。この死が何として無分別の世界たる浄土への往生になるか。分別はどうして無分別であるか。これが吾等の思惟工作に於ける大難点である。

曇鸞はその『略論安楽浄土義』に左の如く答えている。曰わく、

「仏智は不思議智で、能く少きを多くし、多きを少くし、近きを遠くし、遠きを近くする。それからまた百年かかって積み上げた薪の山でも、豆ほどの火で半日にそれを焚き尽す。」

と。これは、仏智は、時間的にも、空間的にも、物理的にも、その他如何なる此の世の分別的考えをも超越しているとの義である。既に分別を超えて、思議の領域に居ない仏智は、吾等の対象的知性では測度不可能である。罪業が如何に深重でも、それは分別界での話だから、それを軽少にするどころか、立地に解消することも、浄土では可能である。浄土は仏智の支配する世界ではないか。ここに般若の即非の論理がある。

次に、仏智即ち無分別智と此土の分別智との間に連続があると考えている人は、浄土

と穢土とが、空間的、又は時間的、又は思惟的に繋がれていると思う。それ故、罪業を捨てる機会がないという。併し曇鸞は答えて曰う、「仏智は不可称智だ」と。分別界の此土では、智はいつも対象的・二元的である。有は無に対し、無は有に対し、穢と浄とまた相対する。仏智の不可称智又は無分別の分別智は、有と無と浄と穢を離れたところに生ずる。この智と此土の智との間には繋がりがない、非連続である。罪業は此土から彼土へ運搬できぬ。それ故、浄土往生は仏智の故に可能である。『大智度論』に、「もし人あり、般若を見ると云わば、それは縛られているというものである。もし人あり、般若を見ぬと云うなら、それも亦縛られているというものである。それから、もし人ありてわれは般若を見ると云わば、その人は則ち解脱しているのである。もし人ありてまたわれは般若を見ぬと云うなら、その人はまたそれで解脱しているのである」と云ってある。ここにまた即非の論理がある。見て見ず、見ずして見るのは、非連続の連続で、無分別の分別と云うべきもの。「喚んで竹篦《しっぺい》とすれば触れる、喚んで竹篦と作さざれば背《そむ》く、背かず触れず、喚んで甚麽《なに》と作す」と、禅家は道《い》う。見不見を分別し、触と背とを分別する時、そこに繋縛があり穢土がある。この分別を離れる時、即ち超える時、そこに解脱があり浄土がある。分別智に染《なじ》んで、それから超出することが不能である限り、仏智はさとられぬ、即ち浄土往生の真意に徹せられぬ。

また次に、仏智は一切衆生を救うこと不可能であると考えるものもあろう。それは、仏に不思議の無分別智があって、一切衆生を業縛から救うと云うなら、その智は既に彼等を救い了わらせていなければならぬ。一仏が出れば、それで、その後は三界に一衆生の救うべきなしということにならなくてはならぬ。それに、無量の仏が、過去に在り、現在に在り、また未来にも在るべしというは何の義か。曇鸞の釈明は下の如くである。

仏智は大乗広智である。これは知らざる法なく、断ぜざる煩悩なく、すべての善を備え、一切の衆生を度する智慧である。仏智は一切の衆生を救うが、衆生の方でこの智を塞ぐものがある。これは、無分別智が、分別智によりて分別せられて、その無分別性を失うという心である。分別が無分別である時、無分別が行ぜられるが、無分別が分別せられる時、無分別は見失われる。分別の無分別、無分別の分別でなければならぬ。行じて行ぜず、行ぜずして行ずる、――これは仏法修行の大極意で、真俗二諦融合の妙理である。仏が一切衆生を度すると云うも、一切衆生には辺も量もない。尽し得べきは一切衆生でない。仏は一切衆生を度して度せぬのである、尽して尽さぬのである。度した度したと云うと、そこにものが分別せられる、限られたるものがある。仏智はそんな辺際や限定をもたぬ。ここに衆生無辺誓願度がある。『諸法無行経』に、「仏は仏道を得ず、また衆生を度せず。凡夫は強いて、分別して仏道を成じたものがあり、衆生が度せられると云う」とあるは、また実に前掲の『大智度論』の所説である。一切衆生の浄土往生は無生の生でなくてはならぬ。

尚お仏智に対して疑を抱くものがある。仏智が一切を知るとは果して何の義か。仏智が一切を知り尽すと云う時は、一切はその時尽されていて、限りあるものと云わなければならぬ、一切が尽されるなら、仏智も亦尽される、即ち限られたものでなくてはならぬ。こういう疑問も可能であろう。

曇鸞の云うには、これは仏智の無等無倫性を知らぬから出る疑問である。仏智が最上《さいじょう》勝智《しょうち》であると云うのは、それが此土の分別智とその等位を異にし、比倫すべきものがないからのことである。分別智と仏智とはその間に共通の尺度がない、それで、彼で此を、此で彼を計るわけにいかぬ。両者は異質である。此土の人々はいつもその特性たる分別智で浄土を支配する仏智を計度せんとする。非連続のものを連続性に引き直さんとするから、いつもそこに不可解なものが残る。彼此浄穢の関係は、どうしても分別性の智では解けぬ、それは般若の即非の論理でないといけない。浄土往生は無生の生であると云うのも、この般若的論理によらなければならぬ。曇鸞が力をつくして仏智の性格を明らかにして、此土の衆生分別智から区別せんとするのは、ただこの一点に懸っていると云える。不思議智と云い、不可称智と云い、大乗広智と云い、無等無倫最上勝智と云うも、皆無分別智である畢竟浄又は絶対無というものを解釈せんとするのである。此土の分別智を建前にしては了得し能わぬところのものである。「これが黒、これが白、これが不黒不白だと云ったり、下法・中法・上法・上上法などと云ったりすると、そんなに無量差別の品目があって、分別の世界が尽くることがない」(浄土論註、巻上、二十五丁)ように思われるので、如来が無分別で荘厳せられる浄土を作ったということは、何と云っても、仏智と凡智との間に分別智的連続のないことが窺われるのである。「仏の一切種智は深広にして涯《かぎ》りがない(海のようである)、二乗雑善中下の死尸《しし》を宿さない」(浄土論註、巻上、二十六丁)とも記されてあるが、無分別の仏智から見ると、此土に於ける分別汚穢の思惑は、実に「死尸」の如くであろう。「聖智は無知なり」、それで無礙である、分別智に礙《さ》えられて、生とか死とか云わぬ、「我這裡無㆓生死㆒」。浄土往生は無生の生でなければならぬ。

　無生の生を体得するものを、『浄土論』では平等法身と云う(浄土論註、巻下、二十一丁)。無生の生は寂滅平等の法である。これを証《さと》った菩薩即ち人格は、平等法身でなければならぬ。併しこの人格は分別智の上から解すべきでない。彼には報生三昧《ほうしょうざんまい》がある。この三昧は、普通般若系の思想では、如幻三昧《にょげんざんまい》と区別せられている。如幻三昧には意図即ち作意が残っている、分別を以て造作的行為をやることになっている。報生三昧は、これに反して分別を用いぬはたらきを云うので、任運無功用である。水に沈影の意なく、雁に遺蹤の思なしという心である。菩薩にはこの三昧がある、穢土の色身を一たび翻転して彼土の畢竟浄中に現身すると、この報生三昧が可能になる。報生は即ち無生の生である。平等法身の人格は、この三昧の神力で、自分は一つ処に坐っていて、而して一念・一時に十方の世界に遍行して、一切の諸仏及び諸仏の大会衆の海の如く無量無辺なるものに、悉く供養する、それからまた仏・法・僧のない無量世界へ往って、そこで種種に示現し、種種に教化して、一切の衆生を度脱して、いつも仏事を行じている。併し菩薩は、始めからあちらへ行ったり、こちらへ行ったりしたという想《サンジュニャー》（分別意識）もなく、また無量無辺の仏達を供養したという想もなく、また無量無辺の一切衆生を度脱したという想もないのである。これが菩薩即ち浄土へ往生した人格のはたらきである、もし往生が此土的・分別的のものであったら、かくの如き無功用底はとても不可能であろう。即ち、浄土往生は無生の生でなくてはならぬ、ひとえに仏智の不可称・不可思議の致すところでなくてはならぬ。

　無分別智の仏智は、不可思議・不可称であるので、決して無分別に止まることはない。無分別を分別から離して、分別と相対するものとのみ考えるのは、分別智の分別である。

無分別智の方では、その無分別の故に、分別の中にはたらき出ることを忘れぬ。これを無分別の分別と云うのである。仏教の教学では、この無分別智のはたらきを大悲と名づける、大悲が分別の上に事的に運為するのを方便と名づける。大悲は無分別と分別とを繋ぐ媒体と見てよい。仏智の無分別性に真実に徹底せざる時は、その無分別中に分別の面のあることを見ぬ恐れがある。仏道の修行者が或る段階にまでは上っても、尚おその上に昇るべき道あるに気づかぬと、「上に諸仏の求むべきを見ず、下に衆生の度すべきを見ず、仏道を捨てて実際を証せんと欲す」(浄土論註、巻下、二十二丁)ることがある。『般若経』中に、よく「菩薩は般若を学して般若を証せざれ」というようなことが記されてあるが、これも上記の意味である。実際と云うは、平等智又は無分別智そのもので、這裡《しゃり》に没入し去っては、廻向は往相だけになって還相がなくなる。廻向は、その字義の如く円環性のもので、一方向きの直線ではない。浄土往生したほどのものは、また穢土還生しなくてはならぬ。これが無生の生の意味である。不思議仏智は、無分別にして而も分別し、分別して而も無分別なる所以なのである。廻向に往還性があると云うよりも、廻向そのものが即往還性なのである。浄土往生が即ち穢土還生である。廻向は即非の論理を体としている。仏教は実にこの理の上に立っているのである。曇鸞は云う、「爾《そ》の時、若し十方諸仏の神力の加勧することがないと、〔菩薩は〕即ち滅度して、二乗と異なること無かるべし、菩薩、若し安楽〔浄土〕に往生して阿弥陀仏を見れば即ち此の難無し」(浄土論註、巻下、二十二丁)と。ここで滅度に入るというは、往生して還生せぬことである。廻向を一方向きの直線に更《か》えてしまうことである。阿弥陀仏を見るというは、無分別と分別との繫がりであるところの大悲(これを人格と云っておく)に触れることを意味する。廻向は人格の義である、分別の論理でないことを忘れてはならぬ。

般若は空を説くものとして、従来も今日も、大なる誤解を招いている。空の真意に徹せぬからだ。空は、絶対無・畢竟浄・無分別智などを云うので、分別性を帯びたものでないのである。さきに、菩薩が時によると、諸仏の求むべきを見ず、衆生の度すべきを見ずということになる危険を犯すと説いたが、これは彼等が般若の否定をその肯定面に於てよく証得しないということを指示したものである。それで、『無上依経《むじょうえきょう》』には次の如く記されてある。曰わく、

「仏、阿難に告げていう、一切衆生にして若し我見を起すこと須弥山の如きあらんも、我が懼《おそ》れざる所である。何を以ての故とならば、この人は未だ出離を得ていないといっても、常には因果を壊《やぶ》ることなく、果報を失うことがないからである。若し空見を起すこと芥子の如きでも、我は即ちこれを許さぬ。何の故かというに、この見を抱くものは、因果を破喪して、多く悪道に堕つるのである。未来に生れると

ころでも必ず我が化に背くであろう。」(『安楽集』引文)と。無分別智と云うと、人は多くその否定性を見て、その肯定性を見ぬ傾きがある。それには已《や》むを得ぬところもある。何となれば、吾等はいつも分別の世界に居て対象的に物を考える僻《くせ》があるので、無分別と云うと、その分別に対して否定の態度をとるところにのみ心を奪われて、無分別の自体に立ち入ることをせぬ、いつも無分別を分別に相向わせて考える。浄土往生が無生の生であると云う時にも、そんな考え方をする。已むを得ぬと云えば云うものの、畢竟浄とはどんな意味であるかを知るには、無分別を否定と見てはならぬ。『無上依経』では、否定の危険性が我見肯定の危険性より多いとさえ極言する。それは、宗教の絶対性を曲解するより、道徳の相対性に安んずる方がよいからである、危険が少ない。般若の肯定面を見ることが、それで、最も大事である。『維摩経』に、「無作を行ずるが、而も受身を現ずる、これが菩薩行である。無起を行ずるが、而も一切の善行を起す、これが菩薩行である」と云ってある。何れも同一意趣である。

上来、浄土往生を仏智の不可思議というところから見たが、ここでは、浄土そのものと穢土との連関を、『釈浄土群疑論』によりて、空間的とも云うべき方面から見ることにしよう。この論には種種の疑問が挙げられているが、今吾等にとりて最も興味あるのは、浄穢両刹土の同処存在論と一質異質論に関するものであろう。

浄土には、浄土だけで穢土なかるべく、穢土には、穢土だけで浄土なかるべきわけのように思われる。然るに、問者の疑は下の如くである。盧舎那仏《るしゃなぶつ》の千葉の蓮華の一、一の華上に百億の国土があるということであるが、この一、一の国土は何れも穢土であると云うのである。果して然らんには、蓮華蔵世界に於ける盧舎那仏の坐所である蓮華台の浄葉の上に穢土ありということになる。それからまた『維摩経』によると、舎利弗《しゃりほつ》が見れば穢で、梵天《ぼんてん》が見ると浄だということがあるが、そうすると、浄穢の二土は同処に現ずることになる。極楽浄土に穢土ありと見るべきであろうか（釈浄土群疑論、「浄処有穢章」参照）。

浄と穢と、彼と此とは、元来相対峙せる観念で、分別智上のことであるが、この分別の故に、浄土は畢竟浄にして穢の一分も許さず、穢土は穢十分にして浄土の片影もあるべきでない。それが仏教の正統の建前なので、この故に、吾等は浄土往生を願うものなのである。然るに唯識の論理によると、「その浄心に随うて即ち浄土浄なり」とか、「一切の万法は皆自心を離れず」など云うので、各個人の心の持ちよう又は心のありようで、その心の在る場処も亦《また》その心の浄穢に随うわけである。それで、浄穢同処も可能と云えば可能であるとも云われぬことはない。併し、これは刹土即ち環境の客観性を没却して、すべて主観即ち唯識境に摂入したもので、刹土そのものが浄穢同処するとは考えられない。

ところが、唯識を離れて、空間的に、浄土に穢土ありと云うが如くに見える説も挙げられる。

この説によると、浄土と穢土と同処・同時に存在して而も相障礙せずと云うのである。二つの色法即ち物質的存在がお互に容受せぬと云うのは、小乗不了の教えである。浄穢の両土は共に十方に遍《あまね》くして辺限がないのである。此土の穢土にも浄土があるように、また盧舎那仏の浄蓮華台上に千百億の穢土の相あるが如くに、浄処あるところ悉《ことごと》く穢処あり、穢処あるところ悉く浄処がある。而して浄と穢と相雑染《そうぜん》せず、相障礙せず、各々その所見に随って浄穢同じからず、各々その生れるところに随って、浄土もあり、穢土もある。これが大乗宗旨の所説だと云うのである。併しこの説もつまりは唯識論である。次に道安の『浄土論』中の語を引いて、浄穢土の一質異質論をなす一節を引用してみる。

問題は三つになっている、曰わく、「浄穢の両土は、一質異見か、異質異見か、無質にして見か」と。『釈浄土群疑論』の著者、懐感《えかん》はこれらの三問を取り上げて下の如く弁ずる。

第一、浄穢は一質とは云えぬ。浄業と穢業とは違う。浄業によりて自心は変現して浄相をなし、穢業によりて自心は変現して穢相を呈する。心浄なれば土浄く、心穢なれば土も穢なり、土は各自の心によりて変ずる。心に既に浄穢の殊ありとすれば、その土豈《あ》に一なりと云うべけんやである。それ故、一質は成ぜぬ。仏未だ足指を以て地を按じ給わざりし時、その地は穢に盈《み》ちて浄は虧《か》けていた。が、その足指一たび地を按ずるや、浄は盈ちて穢は虧けた。これは『維摩経』に記すところで、二つの心各〻異なれば、その心に随いて、浄を見、穢を見ること、固より然るべきであろう。これが第一問に対するもの、即ち浄穢は一質とは見られぬと云うのである。

第二問の異質異見論に対しては、懐感は云う、異質は異質で、浄穢の両土は一物ではないが、そこに不思議な意味がある。浄穢の両心は浄穢の二土を現ずる、心に両体あって土に二相を成すとは云うものの、而も両土は同処・同時にして相障礙しないのである。浄ある処に穢なく、穢ある処に浄なく、各〻別処に現われて、そうしてその間に障礙ありとは云われないのである。これが浄穢両土に関する幽玄な旨趣である。浄穢の両相は、冥然として同じく一処に在る、これを分けて二処と成すことができぬ。またこう云いかえてもよい、曰わく、浄穢の相は異なっているが、その体は不二である、その実体を捜《さぐ》ると唯〻是れ一如であると。

第三に、そんなわけで、浄土も穢土も無質とは云われぬ、実体ありとしなければならぬ。この実体は一如であるが、その相として現われるところでは、二相各別である。浄業と穢業とは別別で、それから生ずる因縁の差別的変現として、刹土の相異もその一つである。

つまり、浄土も穢土も相の上の説であるが、それは単なる幻相でなくて、実体のあるものだ。その実体は円成実性《えんじょうじっしょう》で、浄穢は依他起性《えたきしょう》である。それ故、後者は因縁所生で、非有似有だ。実体は畢竟空で第一義諦の世界であるが、浄穢は俗諦の対象である。因果の理は疑われぬが、実体の上には因果の分別性はない。畢竟浄の世界は第一義諦所属で、円成実性である。浄穢は俗諦の上の話で、第一義諦ではないが、それをただの無とは云えぬと、まず大体こう云うのが懐感の唯識論的浄土観であろう。

尚お詳しく云うと、懐感は問者をして問わしめて曰わく、なるほど、浄土には珠璣《しゅき》の如きがあり、穢土には瓦礫があって、一は浄、一は穢であろうが、珠璣も瓦礫も、四大所造で、物質的な個物であるので、質礙を性としている、即ち空間的存在である。そんなものが浄土で同処するとは考えられぬ。同処するとすれば、浄土はやはり穢土でなくてはならぬ。まして同処を塡塞《てんそく》することは不可能事である、この義如何。懐感はこれに答えて曰わく、極微《ごくみ》(即ち物質的個体)に質礙性ありと云うのは、小乗教の考え方で、大乗の妙旨ではない。大乗によると、時間的に時節の長短というものはない、また空間的に世界の大小というものはない、何れも不定である。七日を延べて一劫ともなすことができ、千載を縮めて片時ともなすことが可能である。量の上から云っても、須弥山《しゅみせん》を一芥子の中に収めることもでき、巨海を一毛孔中に内《い》れることなど何でもない。物に質礙性があると云うもその通りで、質礙はいつも質礙でない。なるほど、木を以て木を礙《さ》え、石を以て石を礙えることとはある。が、人間が見て水となすものを、鬼はこれを火と見、天人が見て珠となすものを、魚介はこれを自分の家宅としている。同一物が同一処に同一時に在るのであるが、水と火とは相礙えず、珠と宅と相容れているではないか。万境は万心に随うて在り、心の浄穢に由り、浄穢に刹土がある。ここに唯識の妙理を見るべきであろう。

懐感の唯識論的浄土観は、曇鸞の存在論的浄土観とその観点を異にするので、上来曇鸞によりて叙述した浄土論にとりては、理路の紊《みだ》れる傾きあるを免かれぬ。が、また何かの参考になるかも知れぬ。

それは、唯識論も円成実性を説くところに在る。円成実性は畢竟浄の義で、浄土は実に円成実性そのものである。依他起性は此土での話で、浄穢論も依他起性で考えるところに生ずる。円成実性の浄土ではそんな考えが通らぬと云ってよい。浄土は実体的だというのは、依他起性的に見るのでなくて、円成実性そのものだとの義でなくてはならぬ。それで懐感また曰わく、もしよく一切の諸法は畢竟空寂なりと観ずれば、能観も所観もなくなって、諸〻の分別と不分別とを離れる、この観察を作すものは、西方に生れることができる、これは上輩生《じょうはいしょう》であると。「一切の諸法」とは、分別界であり、その分別がそのままで「畢竟空寂」と云うのは、分別即無分別の義である。またこれを無知の知とも無生の生とも云うのである。

畢竟ずるに浄土は、仏智の不可思議・不可称・不可量の展開であるので、これを了解し、これに往生するには、どうしても分別界を超脱しなければならぬのである。この超脱が如何にして可能か。

それで問題になるのは、上品《じょうぼん》以外の人々である。下品《げぼん》の人に至りては、とても第一義諦に徹底して仏智の不思議を体《さと》るわけにいかぬ。こんな人はどうして浄土往生を遂ぐべきか。もし遂げ得ぬとすれば、仏法の霊験は何れの処にかあると云わねばならぬ。『釈浄土群疑論』巻一に曰わく、「『観経』の中に説くところの如き、上品生等の人々は第一義に於てその心驚動せぬのである。それで、この人々は命終の時にのぞむと、阿弥陀仏は諸〻の聖衆を従えて、行人(即ち「解第一義之人人」)を迎えに来て、彼等を讃えて曰わく、「法子、汝は第一義諦を解するによりて、我来たりて汝を迎えとって、西方無量寿国に生れしめるであろう」と。それは誠に結構であるが、凡愚の人々になると、在俗の身、紛擾《ふんじょう》の生活を送らねばならぬので、広く諸々の大乗経典を習い、第一義諦を観じて、無所得観を作すこともできぬのである。但々戒律を浄持し、尊親を孝養し、或は十善を修行し、専ら仏を称念しても、それは結構は結構であるが、畢竟ずるに、有所得の心であって、無所得とは云われぬ。無知の知、無生の生などいうことは、これらの人々の解し能うところでは、固よりないのである。これらの有所得の輩《ともがら》をどうして救い得るであろうか。ところが、浄土家によると、これら有所得心のものでも、それは善性であるから、殊勝の福を具えていて、能く娑婆の重罪を滅して、西方浄土に生れることが可能だと云うのである。それはどうしてそうなるのか。

今までは浄土往生を浄土の方から説いたが、ここでは娑婆の方からこの事象を論じてみたい。浄土を畢竟浄と見ても、乃至円成実性と見ても、それは哲学的・論理的で、往生の経験及びそれに至るべき過程そのものではない。哲学的或《あるい》は分別智的に分析し説明するだけでは、経験そのものには中々到りにくい。それのみならず、宗教は活きている人間を相手とするので、単に反省的・分析的・批判的に止まってはいけない。唯識論的又は仏教実在論的範疇にのみあてはめて、それで能事了われりというわけにはいかぬ。どうしても宗教は生きた体験であるから、哲学的批判や論理的分析だけでは、その構成的なはたらきは出て来ぬのである。上輩の人々も下輩の人々も、皆生きた人格である。無分別智に体達しないものでも、その智は彼等の分別意識の中に流れているという事実がある。この事実に触れさえすればよいのである。そうすると、無分別の分別、分別の無分別はどうして成り立つかという論理はわからなくても、彼等は浄土往生の生活をやっているということになるわけだ。願生と信心が、それで、ここに問題になる。

十二

浄土を畢竟浄とし、此土を単に穢心所現とする時は、浄穢の交渉がなくなるように見える。正覚の世界には煩悩を容れず、煩悩の此土には正覚がないとなると、此土の衆生は浮ぶ瀬がなくなる。正覚が論理性をのみ帯びたもの、即ち概念的・抽象的・寂静的にのみ考えられると、そういうこともある。哲学的分析ではそれでよいかも知れぬが、宗教は生きたもの、生成的なものを取り扱う。それで、浄土は此土にはたらきかけねばならず、此土も何かで浄土を映さねばならぬ。浄土の春の光が度《わた》って来ねばならぬ。般若の即非がただ証覚《さと》られるだけではいけない、それがまた体認せられねばならぬ。証覚は知的・静的・観照的・独善退嬰的になる嫌《きらい》がある。体認は行為的・動的・進取利他的である。知的なるものは物理的・器械的になる、それでは宗教の人格的働きの出るところがない。証覚又は正覚は、その中に動く機微を蔵していなくてはならぬ、それが本当の正覚である。即ち智《プラジュニャー》は悲《カルナー》でなければならぬ。智は悲の動力によりて始めてその智たる正体を顕露すると云える。智は智だけである限り顕われぬ、はたらかぬからである。その中の悲によりて始めて窮陰の堅氷が破れて和らぎが認められる。智は悲によりて人格となる、仏者はこれを法身《ダルマカーヤ》と云う。身《カーヤ》は行為の基体である。浄土はこれではたらき始めることができるのである。阿弥陀仏の本願によりて正覚を成じ、正覚によりて浄土が建てられたとすれば、浄土は願の悲と覚の智とで構成せられている。そうして、この智とこの悲とで阿弥陀仏という人格が理会せられる。無分別の畢竟浄が分別の此土に向って動いて来る。此土の衆生はこれを感ぜずにはいられない。

　仏智の不思議と云うと、智の不思議が考えられて、仏の不思議が背後にかくれてしまう。併し不思議は、畢竟、仏と云われる人格そのものの上に在るのである。これが智をして不思議ならしめる。智と悲とが一つになって、仏というものに身《カーヤ》化せられるということが不思議なのである。無分別の分別などと云うと、論理的に相容れざるものの同一性が考えられるが、仏身《ブッダカーヤ》というものが吾等の体認の事実であるとすれば、何も不思議はないわけである。生にも死にも全機が現われるとすれば、そのままに受け取って然るべきであろう。宗教はこの点に於て哲学とその趣を異にする。それで、今までは仏性《ブッダター》の方から見ることを主としたが、ここでは衆生身又は衆生心から浄土往生を説くことにする。

畢竟浄が人格的《カーヤ》となって、はたらき出したとすれば、その働き、その行為は、此土の衆生心に直ちに移って来ぬはずはないのである。此土はその動きで既に浄土の中に摂取せられると云われなくてはならぬのである。浄はただ動くことはない、浄の動きは盲動でない、――元来盲動というものはないのである、――悲には必ずそのはたらきの加えられるものがある。これを分別の穢土の方から云うと、衆生心はそれでその向う処が極まるのである。娑婆の穢質はそのままで残らずに、彼土の浄身に転ずべき兆候を示すのである。分別を性としている衆生心の煩悩業障は、ただ徒《いたず》らに紛糾を重ねて、その帰趨を知らず、生死相続の渦巻の中に入り込むことなく、この波濤を乗り越えんとする気合が動き出すのである。一陽来復の機である、ここで発菩提心《ほつぼだいしん》ということが語られる。

発菩提心とは、詳言すれば、阿耨多羅三藐三菩提心を発すことである。もとの梵語では、菩提に於て心を生ずるであるが、どうして菩提心とつづいて、何かそんな心でもあるかのようになったか、わからぬ。結局は、どちらでもよいので、今までの分別心と別個なものが動き出れば、それでよいのである。分別界の生活を穢業と覚知する時、それが発菩提心で、畢竟浄の光明がさしこんだのである。「忽然念起《こつねんねんき》」で分別界が現われるが、この分別が分別であると認められる時、即ち念起が念起と覚《さと》られる時、既にその分別は超えられている。超えられるというのは、分別以外の何ものかが分別の上にはたらきかけたということになる。知的な表現の代りに情的・人格的・身的なものを使えば、穢業が穢だと感じられた時、吾等は穢以上の生活に触れることになるのである。穢以上のものは、穢に対して立ちながら、またそれを摂取するものでなくてはならぬ。そうでないと、穢を穢として、これを離脱したいという気は出ぬ。浄穢と云うも、生死と云うも、(仏教的意味で)因果と云うも、何かそれらの対峙を離れて、而もそれらがその中に安住し能うところのものを見ていないと、云えぬ言葉である。菩提と煩悩とを対立させる場合でも、煩悩が煩悩と感ぜられて始めて菩提がはたらくのである。ただ一つが在る場合では、一つということさえ考えられぬ。分別だけでは分別そのものと分別できぬ、何かそれを越えていて、而もそれを内《い》れているものがあって、始めて分別の全面に対して批判が下される。分別の場合では、それですみもしようが、浄穢とか生死とか云う時には、それがそれと気づくと同時に、何かそれ以上のものの中に安住したいという意図が動く。浄穢・生死という観念には、知的分別の外に価値の批判がある。価値の意識はいつもその上その上へと出ようとするところに成り立つ。これが向上心・発菩提心である、菩提に向うところの心である。畢竟浄の浄は、浄穢の浄でないのであるけれども、穢土の此方からは分別的・価値的に解釈せんとする、而して穢を捨てて浄に入らんとする。まだまだ分別識域の中に彷徨するものであるが、とにかく、ここに菩提心の動きがある。これを浄土往生の願と云う。浄土往生は絶対価値の世界を握らんとするのである。

此土の穢業、生死の繋縛を超脱せんとするのが、菩提心の発動であるが、この当初の発動相には消極的・否定的なものだけがある。それでは本当の超脱ではない。超脱して而して安住の処がなくてはならぬ。超脱は否定道であり、肯定に出ないと安心はできぬ。穢を厭い、浄を欣び、生死をのがれんとする時、そのうらに自我の執着がある。この自我を主体としているので、生死があり、浄穢があるのである。この自我の上に、生死があり、浄穢がある。この二つが否定せられて自我の残っている限り、この否定は徹底的なものとならぬ、従って肯定へ入ることが不可能である。最後の安住である肯定は、もはや否定できぬところの絶対性をもっている。自我が残っている限りは、まだ否定せらるべきものがあるということになる。この自我の始末がつかぬと、浄土往生は却って穢土の生死の連続でしかなかろう。本当の否定は必ず肯定に転ずる。この一転がないところでは、否定はほんの皮肉を斬ったということになる。骨まで斬り通さなければならぬ、その時、生死がなくなる、自我が否定せられる、而してそこに忽如として絶対肯定の境がひらける。

それ故、菩提心が一たび発し始めたとすれば、その動きは幾多の否定線を突破して、遂には自我の堅塁をも陥さねば、真正の菩提心が動いたとは云えないのである。自我の堅塁と云ったが、これは今までの仏教のように、五蘊所成《ごうんしょじょう》だからという分析的解説で破れるものでない、また単に論理的に否定を連続させても破れない。それは何れも知性に基づくものである。生死を脱するとか、穢業に繋がれぬとかいうことは、ただの知的分析・論理的否定を目的として発心せられたものでない。この発心は生活そのものの上で体認せられて始めて効果的になるのである。それ故、生死の根元、穢業の本質そのものに向って経験的に実証せられた何ものかがなくてはならぬ。これが薬山《やくさん》の「皮膚脱落して一真実のみあり」である。この「皮膚脱落」は、如浄《にょじょう》及び道元の「身心脱落」である、慧玄《えげん》の「我這裡無㆓生死㆒」である。この時、自我の堅塁即ち個我の身体的存在というものが崩れる。生死と云うは、この身体的個我を無意識に抽象的に肯定して、それに執着するところから考え出された観念である。この堅塁が崩れてしまえば、穢業の出処もなくなる、穢と云い浄と云い、因果と云い、生死と云い、罪業と云うも、何れも身体的個我を主体として、その周辺を荘厳するところの観念(仏教的に妄念)にすぎないのである。主体がなくなれば、荘厳もなくなる、但〻「一真実」のみが残る。否定がここで肯定に転成する。これは論理でない、体認である、無生法忍である。発菩提心の基点は実にこの体認にあったのである。発心の当初は無意識であったものが、ここで始めて意識せられることになった。併しこの意識は、普通に云う分別的のものでないことを記憶しておきたい。「聖智は無知なり」という無知の聖智である。それから、ここで身体的個我の堅塁が崩れて、「遍《あまね》く法界に満つる法身」が露出する。この「遍く」は、「若身若心無不遍也」で、分別観を超えたものであることがわかるであろう。始め菩提に於てその心を発したという、その菩提なるものが、ここで「速得」せられたわけである。

　身体的個我の破壊は、「若身若心無不遍」という法身の体現で、否定を一転して肯定となった、――これは身《カーヤ》即ち悲《カルナー》の面であるが、智《プラジュニャー》の面では「速得成就」の菩提である。この菩提《ボーディ》と浄土建設で成就した阿弥陀仏の正覚《ボーディ》とは、異質のものでない、同一物である。（ここで信心決定ということが云えるが、それは後に説く。）曇鸞の註に曰う、「平等は諸法の体相である。諸法が平等であるので、発心が等しい、発心が等しいので道が等しい、道が等しいので、大慈悲が等しい、大慈悲は是れ仏道の正因である」（浄土論註、巻上、十一丁）と。弥陀の大悲願――正覚成就と浄土建設で実現した大悲願のはたらき――が、此土にはたらきかかるという事実がこれで体得せられるのである。浄土の畢竟浄は、ただ論理的意味での絶対無でなくて、智と悲とで構成せられた人格的・身的なもので、それが直ちに此土で穢業に生死する衆生身（身と心とを併せたもの）の上に、発菩提心の形式で加わり来ることがわかるであろう。

発菩提心が速得菩提になり、穢土の否定が浄土の肯定になり、自我の破壊が法身の建立になると云ってしまえば、何でもないようであろう。またこれを論理的に分析して説明し、何が媒介で、何が契機だなどと云えば、大して面倒もないことになるかもしれぬ。が、宗教は哲学ではないので、その大したことでもないところに、異常な霊的努力が要るのである。而してこの努力なるものが、一定のめあてのあるものに向っての努力でなくて、或る意味で云えば、何も見えぬ、何も分別できぬが、而も何やらあると感ぜられるところのものに向っての努力であるので、手のつけようがないのである。看話禅でも固より手のつけようがないが、それでも参ずべき話頭《わとう》はあり、受くべき師家の鉗鎚《けんつい》があるから、独りぼっちで曠野の真中にほうり出されたようなことはない。浄土教は決して易行道《いぎょうどう》ではない、「人なし」と云うは固より当《まさ》に然るべきところであろう。

浄土教では否定から肯定転換を可能ならしめる因縁を「三心」なるものに求める。転換の危機はこれで通過できるのである。三心とは何か。至誠心と深心《じんしん》と発願廻向心である。発願廻向心は、普通には浄土へ生れんとの願心から、自ら積んだ功徳をその方へ転回し向進せしめんと云うのである。併し真宗では発願も廻向も阿弥陀仏の方から来るものとするのである。即ち、弥陀は本願を発起して浄土を成就し、その功徳を此土の衆生の方に向けたと云うのである。ここに真宗の他力宗たる所以がある。発願と廻向と共に普通の考えと全く逆な方向になっているところに、親鸞の思い切った革命的思想があると云うべきだ。尚お至誠心と深心につきても他力的見方があるが、ここでは三心を何れも一心と見て此土の面から説くことにする。菩提に発心するという心もこの一心の中に収めておく。

この一心は至誠そのもので、人間存在の最も深きところである。弥陀の悲願に対して動くものはこの一心である。この一心がその本来向うべきところを見得しなかったので、生死あり、業繫あり、浄穢あり、罪悪ありなどと騒ぎ出したのである。つまり、一心が自己を見出さんがために、あらゆる分別の網を拡げたわけである。自ら拡げたものを、自ら収めて(自ら否定して)、最後に自らに還る(自らを肯定する)のである。この往還の過程が容易な仕事でない。何となれば、至誠心なるものは、身体的個我——これがなければ何もない、我も他《ひと》も世界もない——と意識していたものが、その最も深きところに於て、一転に転翻せられる時、「速得」するものなのであるからである。至誠は中々に見つからぬものである。「これが」と捉えても、そこには既に至誠ならぬものがはいっていることを発見する。ここまで深く掘り下げたからもうよかろうと思う、その「よかろう」が甚《はなは》だよろしくないので、至誠はとくの昔どこかへ往ってしまっている。あれもこれもと、否定し、超越し、放下《ほうげ》しても、至誠の深層には中々達し得られぬ。至誠の一心は、一心として何かそこに在るものでないからである。絶対肯定の境地は杳《よう》として消息を絶するのである。それ故、至誠の一心は、無所住である、不可得である、これは知的面の術語ではない、無生法忍という認得底の消息そのものなのである。

至誠の一心は、論理的肯定でなくて、一所懸命の肯定であるから、生死の一瞬時に閃めき出る。身体的個我の意識が行われざる時、始めて擡頭《たいとう》する。二河白道《にがびゃくどう》の譬えに見ても、その辺の機微が窺われる。浄土教では、白道を残しておいてある、招喚の仏も向うに立って迎えて居られる。渡河の決心は絶望的でない、これが浄土系の教えの下品《げぼん》性を帯びたところとも云える。上下品などいうものを始めから無視して、唯々普遍的に抽象的に宗教意識のうごきなるものについて話しするとすれば、目の前にまだ一条の道――如何に狭くとも、髪毛一筋ほどのものでも――あるとすれば、至誠の一心は自己肯定をやらぬのである。至誠の一心は、実に上下・左右・前後を通じて、一条の活路さえ見つからぬところに向って、身体的個我そのものの全部を挙げて放下着《ほうげじゃく》するところから生れ出るのである。即ち、身体的に自殺するところから、至誠の一心が覚めて出るのである。併したただの身体的自殺ではいけない。かくの如き自殺は、最も卑劣なる意味に於ける個我の肯定である。ここで云う「身体」なるものは、最も浅い意味を出ない。捨てよと云うのは、所謂《いわゆ》る身と心とを併せた存在で、分別意識の基底をなしているところのものである。これが「身体」というものの上に象徴せられる時、その身体を千仞の懸崖から捨てるのである。その時、至誠の一心が躍り出る。この一心は、所謂る身でもない、心でもない、また存在でもないのである。

身体即ち色身と云うのは、分別意識の形相の上に象徴せられたものである。論理的に分別とか対象とかいうものの形相化即ち象徴が身体(色身)である。この分別の象徴の故に、外に身を見、内に心を見る、或は内に意識を見、外に環境を見るのである。身体的個我という考えもそれから出る、生死・因果・業報などいうものも亦この個我を繞《めぐ》りて跳躍する。在浄土の阿弥陀仏は、この虚偽——この分別——この穢業——を取り去らんために、無量の寿と無礙の光とで、吾等の前に現われる。至誠の一心は即時にその中に摂入せられて行く。『浄土論註』の宣言は、実に能くこの意を伝えている。

「凡夫である衆生は、身・口・意の三業で罪を造るので、三界に輪転して窮まり已《や》むことがないのである。それで諸仏・菩薩は身・口・意の三業を荘厳して、用《も》って衆生の虚誕なる三業を治したまうのである。云何《どう》して用《も》って衆生を治したまうとならば、衆生は身見を以ての故に、三塗《さんず》の身、卑賤の身、醜陋の身、八難の身、流転の身を受けるのである。このような衆生が阿弥陀如来の相好、光明身を見たてまつると、今上に述べたような種種《いろいろ》な身業の繋縛から解脱することができて、如来の家へ入って来て、畢竟じて平等身業を得るのである。」(浄土論註、巻下、十九丁)

曇鸞は尚お次に口業・意業を挙げているが、これはただ伝統的な区分と説明で、実際は、身業を挙げれば、他の二業はその中に含まれる、殊に今の場合ではそうである。

ところが、ここで一寸考えてみたいことは、三塗の衆生身が光明の如来身を見ることであある。衆生身即ち此土での身体的個我の存立が、どうして彼土の如来光明身を見ることができるか。彼土が此土へ来るのか。此土が彼土へ行くのか。此土では、時間的に、空間的に限られているので、こちらから向うへわたることは考えられぬ。どうしても向うの浄土の方から此土へ出かけて来なくてはならぬ。浄土の聖衆は、何れも一処を動かずして、身を十方法界に遍く現じさせ能うのであるから、光明身は、此土で、衆生業繋身の前に出現するものとしなくてはならぬ。併し、業繋の穢身は如何にして光明身を認識するとすべきか。業繋卑陋の穢身である限りは、その身の触るるもの悉《ことごと》くまた卑陋で汚染で業繋的ならざるを得ない道理である。如来の光明身が光明身として受け入れられるには、異質が同居することになる。浄土と穢土との絶対矛盾は、そのままに、衆生身と如来身との絶対矛盾でなくてはならぬ。併しそれにも拘わらず、光明身が此土で見られるとすると、何かの事由で、その然るべきものがあるのであろう。その事由と云うは、さきに述べた身体的個我の意識がその源底に徹して破壊せられた時でなくてはならぬ。この意識、――これを仏教では身見と云う、――それが崩れる時、三塗醜陋《しゅうろう》の身がそのままで浄土の光明身を迎えることになるのである。これら相矛盾して相容れざる両箇の身《カーヤ》が、この瞬間に於て、不一不異の関係に立つものであることが体認せられるのである。身業の繋縛から解脱せられて、如来の家に入り、平等身という絶対肯定の中に安住すると云うは、実にこの間の消息を伝えるものでなくてはならぬ。至誠の一心（又は「至心」と云う）――身でも心でもないもの――が、十方に現身するのである。この時、浄土が此土へ来たと云ってもよし、此土が浄土へ行ったと云ってもよい。二土は相異して而も相異せぬのである。醜陋身と光明身とが相対して立つという体験上の一事実から推して、これらの両身のおいて在る場処――即ち穢土と浄土と――が、全体として、如何なる論理的機構を有するかがまた領解し得ると思う。従って、願生浄土の至誠の一心は、如何なる意味での一心であり、この一心が如何にして浄穢の両土を非連続的に連続させているかも領解せられると思う。但し宗教に在りては、論理的なるもの以上に何かがあって、その何かについて体認の事実を物語っているものであるということを忘れてはならぬ。

　上品の人々は、この事実につきて、哲学的な理路を逐うこともできようが、下品の人々は、この事実を生活の上にはたらかせ、その分析的・批判的説明に至りてはさもあらばあれの態度を持して行くであろう。但し上下何れの品位に在りても、至誠の一心が何かで動き始めたということの事実的認得がなくてはならぬわけだ。下品の人々は上来所述の委曲につきては何とも云わぬであろう、「一文不知の尼入道」である限り、「百不知百不会」ですんでいる。実はここに宗教的生涯があるのである。至誠の一心何等の乾屎《かんし》橛《けつ》ぞである。

ここで願生心理の過程を一結びすると、こんなものになる。願生、即ち浄土に生れんと願うには、まず菩提に於て発心しなければならぬ。これがすべての宗教的——殊に仏教的——生活の劈頭《へきとう》におかれる。菩提に発心すると云うのは、何かの意味で現在の生活に飽き足らぬという心を含んでいる。発心は、一口に云えば、此土の否定である。此土と云う時、既に此土ならざるものを考えているのであるから、発心は、一方では否定、一方では何かの肯定を包んでいる。つまり発心はこの肯定を認得せんとするのである。この意図は至誠の一心に向っている。こんな一心なるものが独立別個の存在を持続しているわけではなくて、発心の動きそのものの中に見られなければならぬのである。発心の心が自《みずか》らに還らんとする時、それを至誠の一心と云い、又は至心と云うのである。発心と云う時、既に二つに分れたものを包んでいるから、それが本来の一を回復せんとする。この回復作業は、分れた二を転機として、一を完《まっと》うせんとするのである。至誠とはその事に一なることを意味する、至誠とは一心そのものである。発心は当初からこの一心を指している。併しただ指すだけではいけないので、一心が自覚せられねばならぬ。自覚の方法は如何と云うに、それは此土の生活を極度にまで否定することである。これが至誠心の発揚である。極度までの否定と云うは、この身体的個我と意識せられているものを捨てることである。身体的個我は此土意識の象徴である。「無量生死の罪濁」なるものは、この象徴から発散するところの毒気である。象徴そのものが取り除かれると、罪濁の穢業も自ら浄められる。併し、これはまだ否定である、否定は安住でない、安住は肯定のところにある。肯定はどこか。それは醜陋身(身体的個我)が光明身に対する時である。光明身は浄土から来るものであるから、此土の分別意識――まだ一心に還り得ない意識――では、光明身に相見すること不可能である。相見可能の事実が体認せられた時が絶対肯定の一心である。そうしてこの絶対肯定の一心が「速得菩提」の正体である。ここで当初の発心は菩提そのものに還るわけである。菩提に発心して自己の分裂を起したものが、ここでその自己を取り戻したのである。自己即菩提である。この菩提は何のために動いたかと云うと、それは願生であった。而して願生は無生の生である。無生の生は矛盾の論理であるが、この矛盾は体認の事実の上にはない。この体認をまた無生法忍とも云うのである。その始め、願生の生は生死の生の意味で考えられていたが、ここまで来ると、この生は無生の生であることになった。至誠の一心は、論理的の云いまわしにすると、否定即肯定・肯定即否定であるということになる。併し宗教はこの論理から信心の問題に還らねばならぬ。

浄土系の教説と体験は信心に始終すると云ってよい。而してこの信心は絶えず名号と緊密なる連結を有っている。浄土観は、畢竟じて名号と信心の問題が解明せられる時、その完璧を見る。また稿を改めてこの問題につきて卑見を述べたい。

他力の信心につきて ——『教行信証』を読みて——

一

真宗で云ぅ信又は信心なるものを、主として『教行信証』の「信巻」につきて、非力ながらの研究をして見る。

「信巻」では、信の概念が色々の類語で詮《の》べられてある。この小篇では何れも同一義であるものと定めておく。一、一の場合を挙げると右の如くである。

一、信が大信となっている例。

「謹んで往相の廻向を按ずるに大信有り。」(浄三、本、二丁オ。龍谷山版に依る)

二、大信心。

「大信心とは則ち是れ長生不死の神方なり、云云。」(浄三、本、二丁オ)

三、信心。

「その名号を聞きて信心歓喜せんこと。」(浄三、本、三丁オ)

「信心淳《あつ》からず……。信心一ならず……。信心相続せず……。」(浄三、本、五丁オ)

「涅槃の真因は唯〻信心を以てす。」(浄三、本、十七丁オ)

「本願信心願成就の文」・「利他真実の信心」等等(処々に見ゆ)。

四、信海。

「真如一実の信海也。」(浄三、本、二丁ウ)

五、大信海。

「凡そ大信海を按ずれば、貴賤緇素《しそ》を簡《えら》ばず云云。」(浄三、本、三十丁オ)

六、信心海。

「……円融無礙の信心海なり。」(浄三、本、二十一丁オ)

七、大信心海。

「本願力廻向の大信心海なるが故に。」(浄三、本、二十九丁オ)

八、信楽。信と信楽とは必ずしも同意義とは云われぬが、『教行信証』にあっては、信にはいつも楽が伴うもの、楽なき信は考えられぬものと解するのが、正当であるかと思われる。実例を二、三挙げると、

「信に知《まこと》りぬ、至心・信楽・欲生、その言は異なりと雖《いえど》もその意《こころ》惟《こ》れ一なり。」(浄三、本、二十九丁ウ)

「凡そ大信海を按ずれば……不可称不可説の信楽なり。」(浄三、本、三十丁オ)
「次に信楽と言うは則ち是れ如来の満足大悲円融無礙の信心海なり。」(浄三、本、二十一丁オ)
「大信心とは則ち是れ……利他深広の信楽なり。」(浄三、本、二丁オ)
信と信楽とを大抵の場合に一つものと見て差支えなしと思う。固より特に楽の義を力説する場合には、信楽は直ちに信ではあり得ない。それでも、楽即ち「歓喜賀慶の心」(浄三、本、十七丁ウ)は、畢竟《ひっきょう》ずるに、「真実の一心」・「大慶喜心」(浄三、末、三丁オ)・「真実の信心」(浄三、末、三丁オ)に外ならぬのである。
「信巻」では、信が厳密に規定せられていないので、——これは固《もと》よりの事であるが、——近代の読者はそれで時に迷うことがある。真宗教学上では、伝統的に煩瑣な分析をやることもあろうが、ここでは、すべて独自の立場から右の如くそれぞれの文字を信又は信心の類語と見ておく。

二

元来『教行信証』は、信仰即ち宗教体験を表詮した書物であるから、哲学的精確性を期待できぬが、今日から見ると、著者は如何にも茫漠な表現法で、その体験を叙述していると云われよう。例えば、「信巻」の最初に左の句がある。

「謹んで往相の廻向を按ずるに大信有り。」(浄三、本、三丁オ)

これはどんな意義に解すべきであろうか。とにかく、往相廻向《おうそうえこう》なるものがあるとしても、著者は今これを案検しようというのであるが、ここに大信があると云う。これはこの案検を進めるには大信の何ものたるかを知らなくてはならぬということなのであろう。即ち往相廻向の義を詮議するには、大信につきて十分の領解がなくてはならぬと云うのである。漢文的表詮は、荘重ではあるが、精確性を欠く。それは次に来る「大信心」の定義とも云うべきものを見ると首肯できる。曰わく、

「大信心とは、則ち是れ長生不死の神方なり。忻浄厭穢《ごんじょうえんね》の妙術なり。選択廻向《せんじゃくえこう》の直心なり。利他深広の信楽《しんぎょう》なり。金剛不壊の真心なり。易往無人の浄信なり。心光摂護《しょうご》の一心なり。希有最勝の大信なり。世間難信の捷径《せっけい》なり。証大涅槃《ねはん》の真因なり。極速円融の白道なり。真如一実の信海也。」(浄三、本、三丁オ)

ここでは、大信が「大信心」となって、心の一字が添加されてあるが、両者は同一義であろう。ところが、この大信心が長生《ながいき》の「神方」であり、「忻浄厭穢の妙術」なのである。信心がそのものとしての価値を認められる前に、何か他のものを獲得すべき方法と規定せられるのである。然るにそれがまた「選択廻向の直心」と云われる。即ち信心

は、阿弥陀仏がその本願力によりて、特に吾等衆生のために選択し、吾等の方へ廻向してくれた正直心だと云うのである。正直心とは邪偽諂曲《てんごく》のない自然法爾《じねんほうに》の心そのものということであろう。信心が如来より附与せられて、人間のはからいのはいらぬ心であるとすれば、そこに長生不死に向う神方などがあってはならぬ、また忻浄厭穢という作為があってはならぬ。正直心はいつまでもそのままで在ってほしい。今日の吾等はこんなふうに考えたい。

「利他深広の信楽」及び「金剛不壊の真心」は、大信心そのものを指すので、最も然るべしと思われる。が、大信心が信楽であるとは、信が信であるということ、松が松であり、花が花であるということで、ただの直指《じきし》にすぎぬ、特に意味の充足がないとも考えられる。「利他深広」と「楽」が加えられて、信の属性が説かれたにすぎぬと見てもよい。それはその次の「易往無人の浄信」及び「希有最勝の大信」の場合と同じく、信を浄信と云っても大信と云っても、信そのものの規定にはならないが、信の属性を述べたものとしては、それで可《よ》かろう。而してこの信は「希有最勝」で、如何にも有難く、而も「往き易い」ところのものであるが、やはり畢竟じて古今往く人のない道である。

「心光摂護の一心」は、信の性格を明らかにしている、「選択廻向の直心」及び「金剛不壊の真心」の場合と同じい。これによりて見ると、信は一心・直心・真心と規定せられて、信の内容が明白を加えて来る。即ち信《しん》は心《しん》なりで、その心は弥陀の心光に摂護せられているところのもの、即ち弥陀の心と同質であると云うべきであろう。「摂護」は直ちに同質の義ではない、異質のものでも「摂護」の恩恵に与かれぬことはない。が、信即ち心は、弥陀から選択廻向せられたもの、利他深広の徳、金剛不壊の質、希有最勝の価値、更に「真如一実」性をもったものとすれば、吾等の「心」は直ちに弥陀の「心」であり、両者同一質であると云うべきだ。

「世間難信の捷径」がまた難解であろう。ここでまた信が「難信」となっている。而してどこかへの捷径《ちかみち》なのだ。信が難信とは自家撞着であろう。併《しか》し、「世間」の二字を「世間の論理では」と云うことに解すれば、「難信」は信の超絶性を示すものとして意義がある。併し、ちかみちとは如何。「信じ難いほど近いみち」と云うのか、また道そのものが世間的思惟法では到達できぬと云うのか。真宗教学者の説（山辺習学・赤沼智善著『教行信証講義』参照）では、捷には重きをおかず、径を法の義に解しているようである。「捷径」が法であれば、この法は、「方法」の義か、又は「そのもの」の義か、即ち一真実の法など云う時の「真理」の義か。どうも後者の義でなくてはならぬが、「捷径」をそんな意味の法に解するは無理のようである。「世間難信」を「捷」の形容詞としておく方が穏やかではなかろうか。即ち、信は浄土に通ずる径で、その径のちかさは世間一般の対象論理では考えられぬのである。何故かと云うに、このちかさは空間的でなくて、論理的に即の義だからである。極言すれば、信は浄土への「みち」ではなくて、信が即ち浄土だと云うところまで進まなければならぬのである。こうすると、この句――「〔大信心者〕世間難信之捷径〔也〕」――がよく通ずるのである。漢文の書き方は、その意味のはっきりと捕捉し難く、従って読者独自の解釈を入れ能う余地があるので、却って興趣深しとも云われよう。

第十句は、「大涅槃を証するの真因なり」である。ここで信と証との関係を問題とすると、「真因」が含蓄深いものになる。本願力から廻向せられた信の一心の外に、何の大涅槃の証すべきがあり、何の極楽浄土の往くべきがあるかと尋ねたくならぬこともない。信と証と真因とを皆一つに見る解釈法も成り立ち得よう。

この次は「極速円融の白道なり」。――これがまた難解であろう。教家によると、如来から廻向の仏心が、「貪欲瞋恚《とんよくしんに》の凡心の中へ、一念聞信の立《たちどころ》に円《まどか》に融け込」（同書、五七四頁）むのだと云う。そうすると、「極速円融」は、白道そのものを叙説するのでなくて、白道（信）の成り立つ道程（極速性）と方式（円融性）とを云ったものとなる。白道は二河中間の四、五寸を云うものであろうが、これは信の細道《ほそみち》である。而してこの細道が円融性――円融無礙性――と兼ねて極速性――時間的に非継続性――を持つということでなく、この信が如来の本願力で、吾等の心——貪瞋痴《とんじんち》の心——の中に生ずる模様が極速で円融的だと云うのである。そうすると、この第十一句は信そのものの直写でなくて、信を生ずるみちゆきを説いたこととなる。

第十二句即ち最後の命題は、「〔大信心は〕真如一実の信海也」である。大信心が信であるでは、一種のトートロジイだが、それはそれとして、真如一実は信そのものを性格づけている。信は、真で、如で、一で、実であると云えば、さきの直心・真心・一心と同じく、信の何ものなるかが、これでわかる。真は論理的にまことである。如は仏教特殊の術語として、そのものの如如性《にょにょせい》——即ちそのものがそのものであると云う義である。一は「不二」で、さきに「一心」と云ったと同義だと見てよい。最後に、実は「不空」で、信の現実性、即ち功能本有性又は充実性を示すものであろう。「信海」の海は、信の洋洋としてすべてのものを浸す性格に譬えたと見れば、それでもよい。

何れにしても、『教行信証』に限らず、この種の著作は、その叙述法が極めて非科学的・非論理的で、これを解するには、読者の体験及び全著作に充ちている大意に対する知識の必要がある。著者の説述を整理してかからぬといけない。殊に漢文は明晰な思想を写すに適さないと云える。併しその代り含蓄性に富んでいるので、読誦の際、雲煙漂《うんえんひょう》渺《びょう》たる裡に何やら一種の魅力の迫るのを覚える。親鸞聖人が漢文訓読に独創性を発揚せられ得たのも、漢文なればであろう。

三

如上、大信心に対する十二通りの説明と云うべきものを整理して見ると、左の如く云えよう。

一、信の由来を云うと、信は選択本願力から吾等衆生の心の中に廻向せられたものである。而して廻向の道程は「極速」、形態は「円融」である。廻向の論理は「世間難信」である。それで、「易往」の如くであるが、その実「無人」で、如来からの信は容易に受け入れられぬ。

二、信は、信心である、信即心・心即信である。これは弥陀の心光中に摂護せられてあるから、弥陀心と同質・同性・同体である。即ち、信の実体は、「直心」・「真心」・「一心」である。それはまた「真・如・一・実」・「浄」・「深」・「広」・「金剛不壊」と性格づけてよい。これらは実に欠陥に充ちた世間では希有最勝のものである。

三、信のはたらきには「利他」性がある。信は弥陀からの廻向だから、また本願力の利他性を分有すること勿論であろう。それで、信には往還的・円環的・回互的運動がある。これは『教行信証』のこの章では明示されていないが、信のはたらきを考察して行くと、どうしてもその回互《えご》性に逢着《ほうちゃく》せざるを得ぬ。

四、信を「証大涅槃之真因」とすること、これは真宗思想の構造から出て来るので、然るべき次第だと思うが、真宗の信仰体験の底をつくと、その一面には大涅槃は大信心そのものであると云うことになると思う。山辺習学・赤沼智善の『教行信証講義』に左の引文(一念多念証文、二十二丁)がある。

「真実功徳とまうすは名号なり。一実真如の妙理、円満せるが故に、大宝海にたとへり、一実真如とまうすは無上涅槃なり。」(五七四頁)

「一実真如」は、信そのものである。信はそれ自体で充足している。信以外のものを、求めたり、証したりする時、信は自分でなくなる。信の絶対性は湮滅する。信は無上涅槃でなくてはならぬ。それ故に、「大涅槃を証するの真因なり」と読まずに、信は即ち自力人によりて証せられた大涅槃そのものであると読みたい。「真因」とは、そのものと云うことである。こうすると、真宗教学の機構がこわれると感ぜられるかも知れぬ。が、この見方で昭和時代の真宗信仰を組み直してもよいではないかと思うこともある。

五、「大信心とは則ち是れ長生不死の神方、忻浄厭穢《ごんじょうえんね》の妙術なり」と云うのは、著者が群衆に対する妥協である。こんなことでも云わぬと、一般人はついて来ないから、まず飴を嘗めさしておいてという「互譲」精神の発露としておく。信自体の詮索には、こんな説述は一毫の明晰さをも添加せぬ。（尚《な》お、忻浄厭穢につきては論の末尾参照。）

四

今一つ『教行信証』の「信巻」につき、信に関する著者の綜合的説述を一瞥することにする。これは信仰的古典を読む時の心得にもなり、また一は著者の体験そのものに徹して見たいと思うからである。『教行信証』は、今日の人々の書くような、信仰を外から見てパラフレーズしたものでなくて、著者が自分のものを、どうしたら他に伝え能うかと苦心したその痕である。彼はその頃の知識を元手《もとで》にし、その頃の術語を駆使し、その頃の表現形式を頼って、その自らの中に在るものを、最も効果的に叙述しようと試みたのが、この著述である。

「信巻」の終りの方に、「凡《およ》そ大信海を按ずれば」と前置きして、信の何であるかを否定的方面から見ようとしてある。巻首の「大信心」は、ここでは「大信海」である。信は、「簡ばず」、「謂わず」、「問わず」、「論ぜず」など云うところから、大海の茫洋として何でも容れるということに想到したものであろうか。併しこれらの否定句は、信そのものについて語っているのでなく、信を獲る根機及び修行形態についてである。ここでもいくつかの否定句は雑然として述べられてあると云ってよい。全文を引くと左の如くである。

「凡《およ》そ大信海を按ずれば、貴賤緇素を簡ばず。男女老少を謂わず。造罪の多少を問わず、修行の久近《くごん》を論ぜず。行に非ず、善に非ず。頓に非ず、漸に非ず。定に非ず、散に非ず。正観に非ず、邪観に非ず。有念に非ず、無念に非ず。尋常に非ず、臨終に非ず。多念に非ず、一念に非ず。唯ゞ是れ不可思議・不可称・不可説の信楽也。喩えば、阿伽陀薬の能く一切の毒を滅するが如し。如来誓願の薬は能く智愚の毒を滅する也。」(浄三、本、三十丁オ)

次に「貴賤緇素《しそ》を簡ばず、男女老少を謂わず」と云うは、大信そのものに関した叙述でなく、大信海にはいり来る人格の限定である。「造罪の多少を問わず、修行の久近を論ぜず」は、人々の資格に関している。信そのものとは没交渉である。

否定の連鎖は、ここで一つ折れて、人格及びその資格の査定から、行為の価値に進む。曰わく、「行に非ず、善に非ず」と。信はつまり超道徳的だと云うことである。信は道徳性の埒外にあるもので、それ自身の世界を持っているとの義である。

次にまた一つ転じて、信は禅定修行及び観法の目的でなく、随ってその獲得は頓漸《とんぜん》の如き時間性の範疇で律せられぬと云うのである。定善《じょうぜん》・散善・正観・邪観などの概念は、自力教の文字で、他力から廻向せられる信の描写には不適合だ。頓証とか漸修とかは、弥陀の本願の上での話でないと云うのであるが、これらも亦信自体の規定には触れていない。

「有念に非ず、無念に非ず」と云う時、信の相貌がいくらかほの見える。併しながら、ここでも多念の念仏及び一念の称名ということを考えていての否定だとすると、これも亦信を獲る方法又は技術に関するものと云ってよい。一念多念は、併し後《あと》に出るから、ここで云う、有念は意識、無念は無意識の義であろう。即ち、信は意識せられるものか、又は無意識のものかと云うに、何れでもないと云うことになる。更にまた信は、有意にして得られるか、無意にして得られるかと云えば、それは方法論で、信そのものに触れることにならぬ。尋常と臨終の項はこれまた時機の問題にすぎぬ。平生にして信が得られるか、臨終の時、始めて得られるかと云えば、それは信そのものの時間性を論ずるのでない。

これらいくつかの否定句は、それ故、ただ信をめぐっての言詮で、信自体の相貌を叙述したものでない。それは弥陀廻向のものだから、人間の計い——文字言語を含めて

――では、叙し尽されぬということにもなる。それで、最後に「唯是れ不可思議・不可称・不可説の信楽也」と結ばれている。「唯是れ」の二字で肯定面が出ているが、主要な点は「不・不・不」である。而して「信楽也」で結んである。ここで「楽」の字が大いに意義を持つと云わなければならぬ。信は楽なり、楽は信なりと全面的に同一視するわけには行くまいが、楽の中に信の感情性が述べられている。ただの知でない限り、信は楽によりて裏付けられねばならぬ。尚お後章にてこの意味を審《つまびらか》にしたいと思う。とにかく、知の面で見る限り、信は否定の連続より外なかろうと思うが、「信巻」の巻首で見られる如く、何とかしてその積極面をも描き出さなくてはなるまい。

最後の喩は、信自体に関するもので、その知にも属せず、不知にも偏せず、両極に囚われないで、その中に自らその面目を具うる消息を伝えている。「如来誓願の薬」即ち信は、「能く智愚の毒を滅する」と云うは、信は、智愚・知不知・合理非合理などに「毒」せられぬ超絶性をもつことを述べたものである。

巻首の肯定的平叙と、ここでの否定の連鎖とを照らし合わして見ると、たといそれらが信自体の直写でないものが多いにしても、いくらか信の面影を髣髴《ほうふつ》せしめるものがないとは云えぬ。以下、尚お「信巻」を通して、その著者は信をどんなものに見んとするかを調べたい。

五

真宗教学の枢軸は信を環《めぐ》って回転すると云ってよい。信が獲らるればその他はすべて自ら随い来る。証も往生も信の必然性として発展する。信が中心である限り、実際の問題としては、その余は閑却してもよいのである。

『教行信証』巻六(化身土巻)に曰わく、

「今三経を按ずるに皆金剛の真心を以て、最要と為せり。真心とは即ち是れ大信心なり。大信心は希有・最勝・真妙・清浄なり。何を以ての故に、大信心海は甚だ以て入り回《がた》し、仏力より発起するが故に。云云。」(浄六、本、二十丁ウ)

浄土三部経典の説くところは信を出ない、而してこの信は弥陀の本願によりて廻向せられたもの、即ちこの引文では、仏力より発起したものである。『教行信証』は到る処で斯意を宣説する。それは、この書はこのために著作せられたものだからである。「信巻」の始めにも、「斯(大信)心は即ち是れ念仏往生の願より出たり」(浄三、本、二丁ウ)と云ってある。念仏往生の願とは、真宗の由りて立つところの第十八願である。真宗の信は、「自性唯心に沈み」、「定散の自心に迷う」、「近世の宗師」の知らざるところと云うのは、信は実に他力廻向だからである。

ところが、この廻向の対象となるべき吾等凡夫は、どんな性格をもっているかと云うに、「常没の凡愚、流転の群生」である。常没と云うのは、三毒五欲の所有者である吾等はいつも生死の海に沈入していて、出離の期がない、而して三界六道に輪廻ばかりしているとの義である。それで、こんなものにどうして弥陀からの廻向があり得るかというのが問題となる。また吾等の方から云えば、希有最勝真妙清浄と形容されるべき大信心を、吾等はどうして受け容れられるかというのが問題となる。「真実の信楽実に獲ること難し」でなくてはならぬと思われる。吾等は極悪深重の衆生ではないか。それがどうして、浄信を獲て、その心顚倒せず、虚偽ならず、大慶喜心を得て、諸聖尊の重愛を獲ることができるか(浄三、本、二丁ウ)。これが問題である。

弥陀は無量寿・無量光の存在である、不可思議光如来である。吾等は、暗愚の凡夫、貪瞋痴の結晶、地獄必定《ひつじょう》の身柄である。両者の間には一大塹壕が大口をあけている。吾等の方からは、その智とその行とを以てしては、どうにも越えられぬのである。自力には限界がある、限度がある、これが自力そのものの性格で、何とも致し方ない。そんなら他力の方から橋渡しが可能であろうか。どうもそれより外考えようがないのであるが、他力がどうして自力の中へはいり込み能うか。本来清浄だけのものが、穢れそのものとしか考えられぬ存在の中へ浸み込むことができるか。「雑染堪忍《ぞうぜんかんにん》の群萌」でしかない吾等であるから、如何に大悲往還廻向の本願力の所有者でも、その上へ交渉の糸口をつけ得られるであろうか、吾等の智だけではその方法を考え出す力がないのである。人間の論理は他力廻向を解くだけの力がない。

そんならどうして他力廻向など云うことを、人間――自力の人間――が考えついたか。三毒五欲の結晶の中から弥陀など云うものを映し出したか。黒暗暗の中へ、どうして他力の光明、その一条の光明さえもが閃めき出で得たか。

廻向の論理は普通一般の形式論理では十分に説明し能わぬので、従来の教学者は「不可思議」ということで、これを片付けておいた。併し「不可思議」は、非合理とか、反知性とか、また平生吾等の云う「無理」ではないのである。「不可思議」は自然である。阿修羅の琴は、これを鼓するものがないけれど、音曲自然にそれから出て来るようなので、人間の方で彼是手を加えないでも、自ら花の咲く如く、水の流れる如くに、廻向は弥陀の本願力から涌き出るのである。これが他力宗学の廻向説である。自然とか不可思議では余り思想がなさすぎるとも云われよう。併し、思想は思想としておいて、事実上の体験はまた事実として大いに尊重しなければならぬ。思想も亦いつまでも固定し形式化していてはならぬ故、事実に相応したものを築き上げたい。事実経験を今までの論理形式で説き尽せぬ故、その経験はうそだとは云えぬ。殊に他力経験のような事実にあっては、単に出格非常の人の上にのみ生じたというわけでない。この事実を、体験し認識し欣楽し憧憬した人、する人、したいと思う人の到る処に在ることは、歴史及び吾等の日常の見聞で証明せられる。それ故、思想又は論理はこの事実に順応すべきで、それに対して疑惑を懐くべきではなかろう。

「不可思議」又は「自然」の他力論理は、また行為的に見られることがある。その時にはこれを「神通に遊戯《ゆげ》する」と云うのである。これは獅子が鹿を搏《とら》うる如き遊戯でなくて、「度㆑無㆑所㆑度」という遊戯であると説かれる。「度㆑無㆑所㆑度」は般若の即非論理である。他力真宗とは何の関係もないと思われた般若思想が、忽爾として本願の中に現われる。曰わく、

「菩薩、衆生を観るに畢竟じて所有無し、無量の衆生を度すと雖も而も実に一衆生として滅度を得る者無し。衆生を度すと示すこと、遊戯するに如《に》似たり。」(浄四、三十四丁オ)

遊戯とは無目的だと云うことである。何かあてを向うにおいて働くのでない。本願は衆生の心の中に、有無を離れてはたらきかけられるのである。「和讃」に「光触かぶるものはみな、有無をはなるとのべ給ふ」(浄土和讃)とあるが、「解脱の光輪きはもなし」(同

上）で、何か際限《きわ》があれば有である。有があれば必ず無がある。有無が出来るとあてが出来る。本願力は自ら限られる。限られては、本願力でなくなる。他力は自力に対する。自力は他に対して他力を限る。真宗の他力は絶対的でなくてはならぬのである、それで、「度レ無レ所レ度」と云わなければならぬ、即非の世界でないと、遊戯神通は不可能となる。これが「不可思議」である、「自然」である。「自然」は、天鼓の自ら鳴るが如く無目的的の義であるが、機械的と云う義ではない。本願力は蒸気ポンプの如くに動きはせぬ。弥陀の方便である。弥陀は人格である、その方便は計いなき計いである。

　他力の絶対性――不可思議性――は、こんな「論理」――「論理にならぬ論理」――から出る。それで、「煩悩菩提体不二」とか、「生死すなはち涅槃なり」とか云うことができる。ただの無目的、ただの自然、ただの物理学的力だと、そんなことは云えぬ。とにかく、煩悩と云い、菩提と云うことができ、それから生死と涅槃とを対立させる限りでは、無方便ではない、対立が方便である、その方便が無目的の本願から出る。それが計いなき計いで、自他でない「他」が成立する所以である。黒暗暗の衆生の心に、弥陀の光は、かくして照り赫《かがや》くことができるのである。

　限りなき光と真黒の世界との間には、超え能わぬ罅隙《かげき》があるが、実はその罅隙の故に、光が彼方から此方へ漏れ伝わって来るのでなくてはならぬ。超えられぬものを見るのが論理で、事実の上で光をいただくのが「不可思議」なのである。他力宗はこの「不可思議」の上に成り立つ、浄穢各別又は浄穢不二の上で成り立つのでない。浄穢各別とも云える、また不二とも云える、云えることは云えるが、それは「不可思議」の事実を通してからでないと、各別も不二も論理で了《お》わるにすぎない。その中からは生きたものが出ぬ。「不可思議」が生れぬ。

「尽十方の無礙光は
　無明のやみをてらしつゝ
　一念歓喜するひとを
　かならず滅度にいたらしむ。」(高僧和讃、曇鸞和尚)

これは時間の上の経過、又は論理の上の秩序のように、次第を逐うて叙せられているが、言葉で詮《あら》わせば、こういう順序、こういう文脈が必要だが、「不可思議」事実の体験の上では、無礙光が尽十方と云われる時、そこに照らされる無明があり、無明が照らされると云う時、そこに尽十方の無礙光がある、即ち、一方に光明があり、一方に無明があって、前者が後者を照らし、後者が前者に照らされると云うのではない。こういうのは人間思想の制約である。事実体験の端的には、何もかも同時で同処である。強いてこれを「一念歓喜する」と云う。而してその歓喜のところに「滅度」がある。後から「滅度にいたらし」められるのでない。「必ず」と云うような論理ではない。事実そのものがそうなのである。それで、すべてが「不可思議」の上に成就する。

次の「和讃」に曰《い》う。

「罪障功徳の体となる
こほりとみづのごとくにて
こほりおほきにみづおほし
さはりおほきに徳おほし。」(高僧和讃、曇鸞和尚)

これも普通の論理で解してはならぬ。即ち、罪障と功徳、又は氷と水というものを対蹠させて、それから罪障が功徳になるとか、氷が水になるとか、而してこれら両者が相互に転換する時、数量的に比例を保って行くなどと考えたら、「錯《さく》！　錯！」であろう。この表詮は、「不可思議」の端的に一旦その身を入れてからのことで、表詮の表面、文字上の論理からのみ見ようとすれば、何の意味もない修辞に外ならぬ。無明の闇の照破が直ちに無礙光の尽十方で、無礙光の尽十方が直ちに無明の照破である。罪障が即ち功徳、功徳が即ち罪障とは云えぬ。両者は各別だが、各別をそのままにして、その「体」の各別ならぬところがある。ここに「不可思議」の存在がある。「論主《ろんじゅ》の一心」が「他力の信」だと云うのも此間の消息を伝えているのである。

廻向の「論理」は、これだけではまだ不十分であろうが、この小篇は信の何たるかを明にせんとするので、それに必要だと思われるだけのことを述べておく。

六

「一心が他力の信」だということが今出て来た。これから信の何たるかにつきて少し述べたい。まず「三心一心」の義を明にすると、信の真相が浮び出ると思う。

「信に知《まこと》りぬ、至心・信楽《しんぎょう》・欲生、その言異なりと雖もその意惟れ一なり。何を以ての故に、三心已に疑蓋雑《まじ》わること無し。故に真実の一心、是れを金剛の真心と名づく。金剛の真心、是れを真実の信心と名づく。真実の信心は必ず名号を具す。名号は必ずしも願力の信心を具せざる也。是の故に論主建《はじめ》に「我一心」と言《のたま》えり、又「彼の名義の如く如実に修行して相応せんと欲するが故に」と言《のたま》えり。」(浄三、本、二十九丁ウ)

「偶《たまた》ま浄信を獲る者は、是の心顚倒《てんどう》せず、是の心虚偽ならず」(浄三、本、二丁ウ)と云うほどの大信は、如来の加威力に由り、大悲広慧の力に因りて、始めて決定《けつじょう》せられるものとすれば、「本願三心之願」中に見ゆる至心・信楽・欲生の三心は、自力の上にかかるものでなくて、どうしても如来より廻向せられるものでなくてはならぬ、如来即ち他力から廻向せられる三心ならば、これら三心はまた一心でなくてはならぬ。而してこの一心はまた『浄土論註』の「一心」でなくてはならぬ。如来はいつも絶対の一心であるから、三心と云うは、衆生の上に三心である。衆生の上に三心であると云うことは、如来の一心を映じての事でなくてはならぬから、三心は一心であるのが、自ら然るべき論理であろう。これは、三心即一心・一心即三心という論理であるが、而もこれは自力の上に成ずるのでなくて、他力の上に成ずるのである。ところが、他力は固より一心の他力で、そこに三心はあるべきでない。が、衆生の方から見れば、三心を云わぬと、他力の一心に到達し能わぬのである。即ち自力の上で三心を云うことが可能であるに拘わらず、これを他力の一心に帰さなければ、畢竟じて真実の信心を体現できぬということになるのだ。ここに「不可思議」がある。真宗教学は、実に「不可思議」に始終することになっているのである。これは実に真宗教学だけの話でなく、仏教学全般にわたって云うべき事である。

「不可思議」を、他の言葉で云えば「難信」である。それで、「仏法不思議」、「仏智不思議」、「他力不思議」で、また「一切世間甚難信」である。自力の論理ではどうしても難信なのが、他力の論理に転ずると、煩悩菩提自ら一味となって塩梅を須《もち》いぬのである。ところで、この他力の論理を得ることは、「信心の正因を得る」ことであるが、これが

「かたきがなかになほかたし」(正像末浄土和讃)なのである。真宗の用語では、「仏智」はすべて、自力的にはたらかないで、他力的にはたらくから、吾等凡夫、即ち自力の論理に囚われた人は、中々に転回の機会を見出し難いのである。

自力では何故に他力が難信であるかと云うに、自力の本質は、分別であり、分析することであり、対象的に物を見て、いつも此から彼、彼から此へと動くことである。それで、まず弥陀を彼方において、自分に対立せしめる。而して彼の本願力なるものを考える、而して、或は歴史的に、時間的に、存在論的に、知識論的に、或はまた物理学的・唯物論的にさえこれを検討せんとする。それ故、他力の論理から益ゝ遠ざかるので、弥陀も彼の浄土も否定せられ、随って自分自身の立場さえ混乱に陥って収拾不可能になる。他力不可思議の論理を獲得せんには、どうしても分別智の制約から遁れねばならぬ、自力のはたらきをその根柢から覆さねばならぬ。これが中々できぬので、「難信」ということにならざるを得ぬ。

『教行信証』の著者は、「疑蓋無雑」と云って、本願力からの呼びかけを性格づける。他力の論理は「不可思議」の事実体験そのものであるから、そのはたらきには微塵の疑蓋もあるべきでないのである。自力の論理では何かにつけて限定せられるから、どうしても歩を進めかねるところがある、即ち、どうしてもこれから先は進めぬ、向うはわからぬというところがある。そうすると、疑雲はこの分別自力の論理の入れぬ処を塞ぐということにならざるを得ぬ。百尺竿頭に一歩を進めることができるものには、十方世界これ吾が身と云われる。何等の疑蓋に鎖《とざ》されることがないから真実の金剛心である。「如是、如是」と何もかも肯定する。柳緑花紅の春景色である。「経の始めに如是と称するは、信を彰て能入と為す」(浄三、本、二十六丁オ)と云う『浄土論註』の句を、親鸞聖人は引用しているが、「如是」が信で、信が「如是」なのである。両者は別物でない。信の如是性は実に他力論理の極致を平叙したものである。他力論理は、「如是、如是」と云って、決して是と非、善と悪、彼と此とを分別せぬ、いつも絶対の「是」で動く。「是」は「不可思議」の当体である。三心一心の「不可思議」も実に「只這是《ただこれこれ》」を出ないのである。「只這是」は禅者の常套語であるが、他力宗はこれを信と云う。

三心を自力の方に見て、自力の一心に約摂せんとするものは、まだ分別の論理を脱し得ぬ人である。即ち彼はまだ自力の一心の底に徹していないのである。一心には底がない。併しこの無底の淵に一たび沈むことによりて、転身の機に逢着《ほうちゃく》する。この時、他力不思議の論理が成り立って、三心即一心・一心即三心となって、これがこのまま他力よりの廻向となる。而してここに「疑蓋無雑」の真風光が展開する。これが信の如是性である。

七

親鸞聖人は信の如是性を次の如く表詮する、曰わく、

「三心已《すで》に疑蓋雑ること無きが故に真実の一心なり是を金剛の真心と名づく。金剛の真心是を真実の信心と名づく。真実の信心は必ず名号を具す。」(浄三、本、二十九丁ウ)

と。信の如是性はやがてその真実性である。而してその真実性は名号であると云うところに、他力の論理が成り立つ、以下少しくこれを弁ずる。

名号《みょうごう》の問題は浄土教学に於ける根本問題の一である。或る意味からすれば、唯一の根本問題とも云える。何故かと云うに、この名号が会得せられると、それが直ちに信であり、一心であり、本願であり、浄土往生であり、還相廻向であるからである。真宗教学の全機構は名号の上に築かれると云ってよい。それ故、信を語る時には自ら名号の問題に触れる、寧ろそれに還ると云うべきであろう。それで、ここでも大いに名号の本質を研覈《けんかく》すべきわけだが、それは別の論文に譲りて、ここでは「真実の信心は必ず名号を具す」ることを述べるに必要だけの名号論をすることに止める。

弥陀の諸願中で自分が始め最も不審に感じたのは、「十方世界の無量の諸仏、悉く咨

嗟して、我が名を称せずば」と云うことであった。それから「我が名字を聞いて」とか、「如来の名を称えるものは一切の無明を破す」とか云うことであった。どうして名号にそんな不可思議の功力があるのか。いくら御馳走の品目を叫んでも空しきお腹は脹れぬのである。画餅不充饑ではないか。「阿弥陀如来」でも、「南無阿弥陀仏」でも、これを口にすることは何でもない。浄土系のお寺では、誰も彼も、朝も晩も、「南無阿弥陀仏、南無阿弥陀仏」ではないか。そんな声の出るところには、浄土の光明が一時に照耀してよいわけではないか。名号に何の奇特があるのか。名だけの話なら、最も貴いと云う名も、最も卑しいと云う名も、一つである。このペンはそれを同一の滑かさで書き、この口は同一の筋肉運動でそれを声に化するではないか。もし何かの差があるとすれば、一種主観的なものにすぎぬ。自分は「南無阿弥陀仏」の名号だけで浄土を見たことがない。この合言葉の奥に何か思量を絶するものがなくてはならぬ。

『浄土論註』には、名が法に即せぬと、月を指す指では闇を破ることが不可能だと云う(浄土論註、巻下、三丁。明暦板による、以下同)。これに反して菩薩の名号の如きは、名即法である。世間の近事でも、木瓜《ぼけ》の名で転筋の癒えた経験、現に著者自身にもあったと云っている(浄土論註、巻下、四丁)。この説明は余り感服できぬ。それは名即法の功力を心理学的方法で取り扱わんとしているからである。これでは名号の原理はわからぬ。

名号の不思議はどこに在るのか。名号は、「阿弥陀如来」でも「南無阿弥陀仏」でもよい。「南無」の義は帰命なりとか、色々の説明があっても、そんな事には頓着なく、ただ「南無阿弥陀仏」でよい。そんな説明をつけると、「南無阿弥陀仏」は却ってその不思議を失却することになる。何故かと云うに、名号そのものがまずなくてはならぬのである。それがあってからなら、如何なる説明も許容さるべきであるが、後になるべきものが前に来ると、物自体が見えなくなる。名号はまず体験すべきものである。それがあってから、知的分析又は説明があってよい。不思議は実に名号そのものに在る。これを名即法と云うのである。

知的人間の制約として、法《ダルマ》だけの存在はない、法は必ず名を有つ、名あることによって法がある。法を攫《つか》む途はそれに名を附けることである。哲学者も、普通人も、同じ法を見ていても、前者は色々の名号で法そのものにつきて知るところが多い、即ち法を生かすことを心得ている。普通人は法に対して漠然たる概念しか有たぬ。従って法を生かして使うことを知らぬ。哲学者の努力は、名即法・法即名をして、吾等人間の行為の上に、極めて緊密な、而して生々した関係を持たしめんとするところに在ると、自分は信ずる。名号が概念に止まらないで、実法そのものとならなくてはならぬ。それをするには、概念が愈々明白に愈々精確とならなければならぬ。即ち名即法・法即名に不思議体験の息が通わなくてはならぬ。ここで哲学者はその半面に宗教人となるべき可能性がある。それはそれとして、名即法が法即名となる時、始めて「南無阿弥陀仏」の定立がある。この定立で称名と聞名とは一つものとなる。同時に実現するのである。称名と云ったり、聞名と云ったりすると、名号の既存を予想するのであるが、これは真宗教学に倣《なら》いて弥陀成仏の昔しに成就したと云ってもよい。併しながら体験事実そのものの上からは、聞と云うも称と云うも白雲万里で、在るものはただの名号、即ち絶対名号だけがある。ここでは何等の疑蓋のかかるべき余地がないから、真実自体である、即ち名号自体である。知的人間はこんなふうに云わねばならないように制約せられているのである。人間は、不思議を思議しても思議しきれぬのであるが、思議すべく運命づけられているので、いつまでも思議をつづける、而して不思議の領域に迫らんとする、それを「征服」せんとする。併し不思議は、元来不思議で、思議に対立する不思議ではない、それ故何等の領域なるものを持たぬ。もしあるとすれば、思議と同じ広さである。それで、思議のところにはいつも不思議がある。不思議を清算せんとするのが思議の持前だが、清算しようなどと考えないで、思議はいつも不思議を思議するとしておくのがよいのであろう。所謂る「如何か不思量底を思量する?」。曰わく、「非思量!」である。

『浄土和讃』に曰わく、

「十方諸有の衆生は
阿弥陀至徳の御名をきゝ
真実信心いたりなば
おほきに所聞を慶喜せん。」

こんな功力のある名号は、名即法・法即名と、両者の間に全面的な相即相入がなければならぬ。それがなければ真実信心のいたりようがない。所聞を慶喜するなど云うことがあり得ない。単なる理念又は観念に止まる限り、名号は何等の功徳即ち事実的能力を発揚し得ない。慶喜などと云い得べき心理的事実の体験はどうしても砂の上には成立せぬ。名と法との間に生きた全面的相互同一化がなければならぬ。これを真宗の語彙では、「仏の御名をきく」と云うのである。而してこのきくことが即ち御名をとなうることである。聞名即称名・称名即聞名の論理の成立する時が、阿弥陀如来の脱体現成する時である。「光明名号」と名づけられる所以はここにある。如来は光明である、故に名号も亦《また》光明である。

親鸞聖人は嘉祥《かじょう》の『観経疏』を引用して曰わく、

「仏に無量の功徳有り、仏の無量の功徳を念ずるが故に無量の罪を滅することを得しむ。」(浄二、三十五丁ウ)

引き続き法位《ほうい》よりの引文がある。曰わく、

「法相の祖師法位云く、諸仏皆徳を名に施す、名を称するは即ち徳を称するなり、徳能く罪を滅し福を生ず、名も亦《また》是の如し。若し仏名を信ずれば能く善を生じ悪を滅すること決定して疑い無し。」(浄二、三十六丁オ)

名を称するは徳を称するのであり、徳を称するは仏を念ずるのであっても、仏徳から遊離した名号では、如何に強力に念仏称名しても、それは空念仏で、自力の計いを出ない。他力廻向の名号、即ち名即法・法即名の名号でなくては、尽十方の諸仏に咨嗟せられる名号でない。即ち不退の信心はそれから出ない、一念の慶喜は涌き上らぬ。

「一声一念」と云うこと、「専心専念」と云うことがある。これは他力廻向の行信の一念的体験の事実を釈するものと云われる。『教行信証』は更にこれを釈して左の如く曰う。

「釈に専心と云えるは即ち一心なり、二心無きを形《あらわ》す也。専念と云えるは即ち一行なり、二行無きを形《あらわ》す也。今弥勒付嘱の一念は即ち是れ一声なり。一声は即ち是れ一念なり。一念は即ち是れ一行なり。一行は即ち是れ正行なり。正行は即ち是れ正業なり、正業は即ち是れ正念なり。正念は即ち是れ念仏なり、則ち是れ南無阿弥陀仏也。」(浄二、三十九丁ウ)

この一連の釈文で、名号が、一念の上、一声の中に定立することが明らかになる。もし法があり、名号があり、これを称うるもの、又はこれを聞くものがあるとすると、法から名、名から称又は聞と、それぞれの間に、時間的経過・論理的推移があって、活きた他力のはたらき、又は光明の弥陀の姿がおがまれぬのである。これはどうしても、名即法・法即名、称名即聞名・聞名即称名、行の一念は即ち信の一念、信の一念は即ち行の一念でなくてはならぬ。それからまた行の一声が信の一声で、信の一声が行の一声——即ち何れも南無阿弥陀仏に至極しなくてはならぬ。

「真実の信心は必ず名号を具す」と云われるが、それよりも真実の信心は即ち「南無阿弥陀仏！」であると云ったがよい。禅経験では、この「南無阿弥陀仏！」は囫地《かじ》一声である。真宗教学の建て方では、「百万経典は日下の灯」とか、「健在なり巌頭《がんとう》和尚」とか、「天上天下唯我独尊」とか、「本是真壁平四郎」、又は「突出す那吒の鉄面皮」などとは云わぬのである。「南無阿弥陀仏」の外には出ないのである。「名号は必ずしも願力の信心を具せず」と云うは、一声一念の名号でない名号は、僧衣を着た化狸でしかないとの義であらねばならぬ。信心と名号と合致する時、他力廻向の事実的体現があり、信の如是性即ち真実性が確定するのである。

八

三心一心のところに信心の如是性を見、聞名のところにその疑蓋無雑性即ち真実性を見てよいと云うが、その実は如是性が如実性(真実性)で、如実性が如是性なのである。如是は真実に外ならず、真実とは如是のことである。三心一心は元来自力の方で成就すべからざるところのものである。それが他力のはたらきかけであるとすれば、それは事実の体験で、論理の結論ではない、即ち「只這是」と受け取るべきである。「只這是」は名号そのものである。「天上天下唯我独尊」である。これが「真実信心」でなくて何であろうか。これ以上に、「決定心」はない、「金剛心」はない、「真心」・「無上上心」はないのである。それ故、信の一性格がつかまれると、その他は自らつながって来るのである。一処通れば千処万処通るの道理である。今信の超越性を述べようと思うが、これも亦前述の事実をその方面から性格づけるに外ならぬ。

信又は信心の超越性というのは、その不可思議を云うことに外ならぬのである。「仏法不思議」で、宗教は実にこの不可思議性で、その各方面を貫通している。阿弥陀如来は難思議で不可思議光だと云われる(浄三、本、三十二丁ウ)。「衆生多生二疑惑一」(浄三、本、三十二丁オ)とも、「故知難信矣」(同上)とも、「世間甚難信也」(同上)とも、「他〔諸仏〕為すこと能はざるが故に甚《はなはだ》難なり、世を挙て未だ見たてまつらざる故に希有なり」(浄三、本、三十二丁ウ)とか云われて、他力の信心の思索や論理を超越すること、従って普通の意味では信じられぬことが強力に強調せられている。

普通の意味での信は、何か向うに相手をおいて、それに対する知的関係を云うのであるが、仏法で(固《もと》より真宗をも含めて)云う信は、相手のないところに生起する。それで一心である。強いて云えば、一心が一心を信ずるのである。一心の自信であるから、自分から出て他に遷る間《ひま》がいらぬ。この無間の消息を、真宗では一念と云う。「信楽一念有り、一念は信楽開発の時剋の極促を顕し、広大難思慶心を彰《あらわ》す也」(浄三、末、一丁オ)と、『教行信証』の著者は説いている。「難思の慶心」は別項で述べるが、ここに「時剋の極促」ということがある。これは実は時間の経過の話でなくて、一念の信心は自《じ》から他《た》へ出て行くものもないという心である。これが他力の信心に外ならぬ。自力ならば自他の論理的関係を見るが、他力——絶対の他力信心では、こんな関係をもたぬ、そのままである。他力はそのままの中で充足している、そのものから外に出ることをせぬ。それ故、時間がいらぬ。その場に居るからである。これを親鸞聖人は、その頃の言葉遣いで「時剋の極促」と云ったのである。

一心が自分から外に向わず、また外へ出ないで、その場処で、そのままで、一心そのものを信ずることを、真宗の用語では聞くと云う、禅なら見と云う。直覚はすべて見である、聞も見である。併し、真宗はこれを聞と云うのである。それは、経典に根拠をおいて、「その名号を聞く」と定めておくのである。つまり、「南無阿弥陀仏」の名号を推し立てて進む時は、聞くが自然であろう。書かれた名号は活きていない。名号は称えられねばならぬ、称えられて聞かれねばならぬ。禅では、感覚の直接性を見という言葉に一纏《ひとまと》めにして、その体験を見性と云うのである。聞は見性と同一義を有つ。「無レ有二疑心一是曰レ聞也」(浄三、末、二丁オ)とあるが、「是曰レ見也」でもよい。『教行信証』は引き続いて左の如く云う。

「一念と言うは、信心二心無き故に一念と曰う、是を一心と名づく、一心は即ち清浄報土の真因也。」(浄三、末、二丁オ)

これは頗《すこぶ》る示唆に富む言葉で、一心を「報土の真因」となすところ、大いに意義ありと云うべきである。が、今はそれに触れぬ。一念が一心であると云うのは、何も時間とか論理の問題でなくて、ただそうなのである。一心が一心を見ること、それが一念である、而してそれが信心である。信心の端的は、弥陀が自分の名を自分で喚んで自分が聞くということに外ならぬのである。禅宗にこんな話がある。

「瑞巌彦和尚、毎日自ら主人公と喚ぶ。復た自ら応諾す。乃云。惺惺着《せいせいじゃく》。諾。他時異日人の瞞を受くる莫《なか》れ。諸、諸。」

自分で自分に呼びかけて、「おい、おやじ!」と云う。また自分で答えて、「うん」と曰う。而して更に附け加えて「他人《ひと》にばかされるな」と警告する。真宗的訳文にすれば、朝から晩まで、晩から朝までの念仏三昧ではないか。ここには自力も他力もない。一心一念、一念一心の信心境そのものである。これは思議を絶する。

これを信の超越性と云っておく。

一心が一心を見るとか、呼ぶとか、聞くとか云うことは、世間一般の論理では成立せぬ。この種の論理には、自他相対の間がある、一念でなくて、二念がある、「心心不異」(臨済録)でなくて、心心相異である。他力廻向の信心は「刹那に超越する成仏の法」(浄三、本、三十二丁ウ)である。「その門を得て、而して径《ただち》に造《いた》る」(浄三、本、三十二丁ウ)ことである、「その要を得て而して直ちに指す」(浄三、本、三十三丁オ)ものである。即ち、それは心と心と相異せぬところに成り立つ、而して心と心との間に隔たりが出来て、一心が自他に分れる時、打失せられる。「径《ただち》に造《いた》る」と云い、「直ちに指す」とはこの義ではなくてはならぬ。「刹那に超越する」もその義である。信心は「是の心即ち是れ無量光明の慧に由りて生ずるが故に」(浄三、末、三丁オ)で、信心は般若の智慧そのものを云う。般若の智慧は、世間一般の知識の如く、相対性ではない。

「是心作仏とは、心能く仏と作《な》ると言也。是心是仏とは、心の外に仏無しと也。譬えば火の木従り出でて火木を離るることを得ざるが如し也。木離れざるを以て故に則能く木を焼く。木火の為に焼かれて木即火と為る也。光明云く、是の心仏と作る、是心是仏なり。是心の外に異仏無し。」(浄三、末、三丁ウ)

木と火との喩えは、譬喩であるから取り違え易いが、まず大体のところで、一心が一心に喚びかけて、そこに信心が成立する義を悟るべきであろう。三心一心・一心三心は、般若の智慧でないとわからぬ。般若は、径造《ちかみち》で、直指《じきし》で、一念で、やがて横超《おうちょう》である。

横超は実に不可思議の論理である。「横超とは即願成就、一実、円満の真教、真宗、是れ也」(浄三、末、四丁オ)で、浄土真宗教学は横超論理でないと成就せぬ。「願成就」とは、信心そのものを云う。「品位階次を云わずして、一念須臾《しゅゆ》の頃《あいだ》に速かに疾く無上正真道を超証す」(浄三、末、四丁オ)と云うところを見ても、『教行信証』が如何に横超論理の運動を直叙するに勗《つと》めているかがわかる。「超発」、「超世」、「超十方」、「超絶」、「横截」などの文字が此間に畳出しているではないか。

横超論理は、般若の即非論理である。「横超とは斯れ乃《すなわ》ち願力廻向の信楽なり。……真心を根本と為す、邪雑を錯と為す、疑情を失と為する也」(浄三、本、三十丁ウ)と云うのは、横超と真心、即ち一心、即ち信心との関連を述べんとするのであるが、これは即非の論理である。「願力の廻向」は一方向きの運動ではない、願力はいつも往還性・回互性・還自性を持っている。これがなければ、願力の廻向は考えられぬ。願力が自《みずか》らに還る時、それは信心の相形《かたち》で還って来る。自分から出る時は願力で、戻って来る時は信心である。即非の論理はいつもこの還自性を持つ。真宗の用語では、往還の廻向である。往相では願作仏心で、還相では度衆生心である。この両心は相離るべきでない、実に相離れ能わぬのである。これは『教行信証』の声明の一つである。換言すると、出ることは戻ることであるから、願力は信心で、信心は願力でなくてはならぬ。如来は自《みずか》らを否定して願力となり、この願力が信心となって自《みずか》らに戻って来て、如来の如来たる所以が完うせられる。「如来は如来にあらず、即ち是れ如来なり」の般若の即非論理がここで成立する。

それ故、横超は超え了わって戻らぬ運動ではない。竪超《じゅちょう》は自《みずか》らに還らぬが、横超は必ず還らねばならぬ。これは円環的運動であるから、願と信との間には不断の往還がある。即非の論理は実にこの種の運動を意味するのである。これは願力がそのままで信心であり、信心がそのままで願力であるという意味ではない。願力は信心となって、その願力性を完うし、信心は願力に向って始めて信心となる。往還回互はどうしても二でなくてはならぬ、これは人間知性の根本制約である。が、二は決して二のままであるべきものでない。二は一から出て一に戻ることによって二である。二にこの還自的運動があるので始めて二であり能う。二は無視できぬ。如来は如来で、衆生は衆生である、願力は願力であり、信心は信心である。が、この二をそのままにして、願力は信心である、信心は願力である。煩悩即菩提も、涅槃即生死も、「大信心者即是仏性なり、仏性者即是如来なり」(浄三、本、二十三丁オ)も、是心是仏も、三心一心も、皆この論理――横超の論理――即非の論理――光明慧から出るのである。

九

どの論理、この論理と云うと、他力の信心も何だか冷たいもののように感じられよう。併しこれは人間知性の要求から出るので、何でも物云わねばならぬ凡夫だから、自然信心の分析などいうことにもなる。大体、他力廻向を建前にして、何でも弥陀の本願力から出るとすると、信心も亦自《みずか》ら弥陀の上に還らなくてはならぬのである。ここで大悲ということにつきて少しく語るべき機会があると思う。

どんな宗教でも、その根柢には大悲がある。これが十分に発揮し宣揚せられないと、その宗教は宗教としての機能を完うし得ぬのである。一宗教の完全性を計る尺度はこれであると云ってもよいと思う。この点に於て真宗は大悲の性能を極度にはたらかせている。

『教行信証』の巻二(行巻)の頭初に曰わく、

「謹んで往相の廻向を按ずるに大行有り、大信有り。大行とは則ち無礙光如来《むげこうにょらい》の名を称うるなり。斯《こ》の行は即ち是れ諸〻の善法を摂し、諸〻の徳本を具せり。極速円満す。真如一実の功徳宝海《ほうかい》なり。故に大行と名づく。然るに斯の行は大悲の願より出でたり。云云。」(浄二、一丁オ)

由是観之、大行即ち称名は弥陀の大悲の願から出ることになっている。即ち弥陀は自分の名号を名乗り出したところに大悲のあらわれがある。衆生はその名号をたどりて真如一実に到達する。それから大信とは何かと云うに、それは同書巻三(信巻)の始めに、

「大信心とは……極速円融の白道、真如一実の信海也。」(浄三、本、二丁オ—ウ)

と述べて、真実信楽の獲がたいと云うことになり、「博く大悲広慧の力に因ら」なければならぬと説かれている。即ち、大信も亦大悲(と広慧と)の力に待つべきものである。親鸞聖人の心では、大行も大信も、弥陀の大悲から出て、極速円融し、真如一実であると云うのである。「極速円融」の意味が余りはっきりせぬが、次のように解せられようか。極速はさきに説いたように一念である、時間の速力を云うのでなくて、一が一のままで、その外へ出ないことである。それで円融が可能になる。円融は、回互的運動、往

還性の実際を叙した言葉である。真如一実は如来自体に外ならぬ。それで、行と信が願に対する関係を見ることができる。即ち如来は、大悲の故に、その本来の真如一実の体に名号を附した、この名号の十方に聞かれんことを願うのである。而してこの名号を聞くことは、これを称えることによりて可能なのである。聞名は称名で、称名は聞名である。これが大行であり、また大信でなくてはならぬ。極速円融はこの円環的同一性の謂いに外ならぬ。真如一実はかくしてまたその真如一実たる所以を完うすることになった。大悲の故に、真如一実が動いた、本願力となった。それが今度は名号を媒介として大信心となって、もとの真如一実に還る。これが、

　　称ふれば仏もわれもなかりけり
　　　南無阿弥陀仏、南無阿弥陀仏。

である。

　名即法・法即名と云うのであるが、この法は大悲でなくてはならぬ。真如一実だけでは名号に希有の功徳が感ぜられぬ、また歓喜踊躍《ゆやく》の興が涌かない。「若し一念に阿弥陀仏〔の名号〕を称すれば、即ち能く八十億劫の生死の罪を除却せむ」(安楽集、巻上)と云うほどの功力が一念の念仏(称名)にあるということは、決して只事ではない。這般の功力はまた聞名のところにもある。曰わく、「大経の讃に云わく、若し阿弥陀の徳号を聞い

て歓喜し、讃仰し、心帰依すれば、下至一念に大利を得。則ち功徳の宝を具足すと為す。設い大千世界に満てらん火をも、亦直ちに過ぎて仏名を聞くべし。阿弥陀を聞かば復た退かず。是の故に至心に稽首し礼したてまつれと」(浄二、十九丁オ)。聞名即称名・称名即聞名のところに、この不可思議があるのは、実に大悲のはたらきである。大悲は一心の弥陀を割截して三心とした、三心の故に、その名号を称うること、聞くことが可能になり、それでまた一心に還ることができた。一心は一智慧であり、一法身である。而してこの一法身をめぐりて本願一乗海が成立する。「本願一乗海を按ずるに円融満足、極速無礙、絶対不二の教也」(浄二、四十八丁オ)であるが、それと同時に「一乗海の機を按ずるに、金剛の信心は絶対不二の機也」(浄二、四十八丁ウ)と云われる。円融満足・極速無礙の運動は、実に大悲信心廻向世界で可能なのである。故に曰う、

「往還廻向は他力に由る
正定《しょうじょう》の因は唯ゞ信心なり
惑染の凡夫信心発すれば
生死即涅槃と証知せしむ。」(正信偈)

信心は、「正定の因」又は「証大涅槃の真因」なりと教えられたるが、その実、信と証との間に因果の関係を見るべきでないと思う。信はその必然性で証でなくてはならぬ

のである。浄土を生死の彼岸に見るべきでなく、「生死即涅槃」であり、また「煩悩を断ぜずして涅槃を得る」のであるから、信即証・証即信で、速疾円融の妙理がまたここにも行われていなくてはならぬ。文字の上では、「至心信楽の願を因と為す」とするのが、浄土系教学の機構であるが、それは歴史的に伝統思想に敬意を表したものにすぎないと云いたい。一念信心発起の体験を真一文字に推し進めて行くと、信と証とを区別するのは、世間一般の論理又は心理に譲歩した一種の方便説と解せざるを得ぬのである、既に他力の廻向である、信心は直ちに証得でなくてはならぬ。これが、「速疾」、又は「極促」、又は「即得往生」の意義である、これが「必の言は、審也、然也、分極也、金剛心成就の貌《かんばせ》也」(浄二、二十五丁ウ)と解せらるる所以である。また云わく、

「門門不同にして八万四なり、無明と果と業因とを滅せんがためなり。利剣は即ち是れ弥陀の号なり、一声称念するに罪皆除かる。微塵の故業、智に随って滅す。教えざるに真如の門に転入す。」(浄二、二十四丁ウ(『般舟讃』引文))

名号の功力が果してこんなものであるとすれば、——実に爾《し》かあるべきはずだと考えなくてはならぬが、——そうすると、信が因で、証が果だとか云うようなまどろしいものであってはならぬ。「衆生の行が如来から廻施せられて」来ているのに、衆生の方で何

の因、何の果とか説かんやである。

十

『正信偈』に曰う。

「五濁悪時の群生海

如来の如実の言を信ずべし

能く一念喜愛の心を発すれば

煩悩を断ぜずして涅槃を得るなり。」

「一念喜愛の心」は、「信を獲て見て敬ひ、大いに慶喜」(正信偈)する心である、即ちこの心は、信心である、信楽である、「広大難思の慶心」(浄三、末、一丁オ)である。「衆生その名号を聞いて、信心歓喜せん」(浄三、末、一丁オ)と云う。この歓喜、この慶心について少しく述べる。信心の情意的方面を一瞥せんとするのである。

信はその根本に於て意志であるから、それが体現せられる時、一種の愉悦感の伴うのは自然である。「衆生無量寿如来の名号を聞きて能く一念の浄信を発して歓喜せしむ、云云」(浄三、本、三丁オ)の文によりて聞名と信心と歓喜との回互的関係が看取せられる。『教行信証』の著者は、信楽を解して、

「信楽は即ち是れ真実誠満《じょうまん》の心なり、極成用重の心なり、審験宣忠の心なり、欲願愛悦の心なり、歓喜賀慶の心なり、故に疑蓋雑わること無し。」(浄三、本、十七丁ウ)と云う。ここに信心の情意性が明らかにせられる。楽に欲願の意と歓喜の情とを含めて、而してそこに一点の疑蓋なしと云う。疑は知性である。親鸞は信の中に知性と情意性とを併せ見ている。これは最も然るべきところである。何故かと云うに、弥陀は単なる抽象的存在又は形而上学的実在でなく、人格である。大悲をその存在理由とするところの生命そのものである。これが動くところには、心性の全部が表出せられねばならぬ。

「大慈大悲は名づけて仏性と為す、仏性とは名づけて如来と為す。……大喜大捨は即ち是れ仏性なり。仏性とは即ち是れ如来なり。仏性を大信心と名づく。」(浄三、本、二十二丁ウ)

信心が即ち如来であるからには、而して如来が大悲の実体であり、また大喜をその性としている限り、信心のあるところには、愉悦感がなくてはならぬ。即ち愉悦感は対峙性を持ったものでなくて、還自性から自ら溢れ出るのである。自力即ち世間一般の場合では、向うに何かをおいて、それが欲しくて、而してそれが手に入る時、歓喜愉悦する。この場合の愉悦感には、対象的に自我の念がある、誇りとか優越感とかいうものが首を擡げている、不純な感情がある。併し他力心の場合には、自《みず》らから出たものが自らに還るという意味を有つ。「真実誠満の心、極成用重の心、審験宣忠の心」(浄三、本、十七丁ウ)である。殊に誠満・極成・宣忠の文字、よく信心の還自して、それ自身に全き相《すがた》を叙している。信心は実に横超の金剛心である。それで喜忍・悟忍・信忍で、無生法忍を成就するということになるのである(浄三、末、九丁ウ)。横超は超対象性の義である。無生の生がここに成り立つ。信心の愉悦感はかくの如くにしてその独自性を保有する。

信心の愉悦感は大悲の還自性と相離れられぬとすれば、「真実の一心即ち是れ大慶喜心なり、大慶喜心即ち是れ真実の信心なり」(浄三、末、三丁オ)の意がよくわかる。またそれから進んで、「真実の信心は即ち是れ金剛心なり、金剛心は即ち是れ願作仏心なり、願作仏心は即ち是れ度衆生心なり」(浄三、末、三丁オ)の意味も解し得べしと思う。一寸読んで行くと、金剛心のような堅固なものが願作仏心のように動揺性を含んだものに一躍する如く思われる。この一躍が解しにくいと云える。真実金剛心は知性そのものの凝結体の如く感ぜられるに反して、願望をもつ作仏心は流動体である。これは信心に知的真実性と情意的悲願性が、並在し、円融していることを示すものである。即ち信心は大悲の如来から出て如来に還るべきものだからである。それ故、「願作仏心は即ち是れ度衆生心なり」とならなければならぬ。信心は大悲を如来の面に背《うべな》いて願作仏の上に疑蓋無雑であり、また大悲を衆生の面に背いて度衆生の上に疑蓋無雑である。回互性・円融性は、真宗思想の柱礎を成立させている諸概念の間に不断に看取せられる。これが三心の一心でなくてはならず、一心の三心でなくてはならぬ所以である。この一心は如来の一心であることは言を俟《ま》たない。

信楽の一念の円環的運動を跡づけて見ると左の如きものがある(浄三、末、一丁ォ以下)。

(一)信楽の一念は名号を聞くところに発する。

(二)聞とは仏願の本末生起を聞きて疑心なきことである。

(三)本願力廻向の故に聞名が可能であり、聞名の故に信心あり、信心に二心なし。

(四)二心なきを一念と云う。

(五)一念は一心である。(清浄《しょうじょう》報土の真因である。)

(六)行信一如であるから、一心専念、専心一念。(何れも円融無礙性をもっている。)

(七)それで、一念は専心、専心は深心《じんしん》である。

(八)深心は深信《じんしん》である。

(九)深信は堅固深信である。

(一〇)堅固深信は決定心である。

(一一)決定心は無上上心である。

(一二)無上上心は真心である。

（一三）真心は相続心である。
（一四）相続心は淳心である。
（一五）淳心は憶念である。
（一六）憶念は真実の一心である。
（一七）真実の一心は大慶喜心である。
（一八）大慶喜心は真実の信心である。
（一九）真実の信心は金剛心である。
（二〇）金剛心は願作仏心《がんさぶっしん》である。
（二一）願作仏心は度衆生心である。
（二二）度衆生心は衆生を摂取して安楽浄土に生ぜしむる心である。

如上列挙の諸項目を逆に読んで行くと、信楽の一念に還る。中間を除いて、両端だけを取って見ると、聞名信楽の一念は衆生を摂取して安楽浄土に生ぜしめんとする一心であり、後者はまた聞名信楽の一念である。この回互性は弥陀の一心の中に本来具わっているところのものである。一心とは大悲心に外ならぬ。それで『教行信証』は更に進んで左の如く説く。

「是の心〔度衆生心〕は即ち是れ大菩提心なり。

是の心は即ち是れ大慈悲心なり。
是の心は即ち是れ無量光明慧に由りて生ずるが故に。
願海平等なるが故に、発心等し。
発心等しきが故に、道等し。
道等しきが故に、大慈悲等し。
大慈悲とは是れ仏道の正因なるが故に。」(浄三、末、三丁オ)

また曰わく、

「廻向と言うは、彼の国に生れ已わって、還って大悲を起して、生死に廻入して、衆生を教化する、亦廻向を名づくる也。」(浄三、本、十五丁オ)

真宗教学の大綱は、聞名に始まって、信心の体現があり、これが直ちに大涅槃の証得となり、それが一転して度衆生の悲願行となってはたらく。これで真宗の一伍一什《いちごいちじゅう》は尽くる。文字で現わし、概念的に綴ると、始まりから終りに到るみちゆきがあり、うつりゆきがあり、その間に大分手間どるのであるが、事実の上の信心生活では、聞名の始めから度衆生の帰結までには、何等の過程がない。何もかも一時に成り立つのである。「南無阿弥陀仏!」、これですんでいる。如来はこの一筋をたどって自らから出て行き、また同じ一筋をたどって自《みずか》らに還る。その往還が一如である。

十一

信心と大悲心とを繋ぐ一大連鎖文の中に、「……淳心とは即ち是れ憶念なり、憶念とは即ち是れ真実の一心なり……」（浄三、末、二丁ウ）と云う一連がある。今この憶念につきて少し考えて見たい。

憶念と云うは、普通に弥陀の本願を憶念すること、即ち曽て意識したものをまた記憶から呼び醒ますことである。誰かから本願の有難さを聞かされて、それを深く心の底に収めておいたのを、今一度蘇生させて、意識の中心に据えんとする、これが、

「是諸仏世尊、現在十方の清浄世界に、皆名を称し阿弥陀仏本願を憶念すること是の如し。」（浄二、十二丁オ）

及び、

「弥陀仏の本願を憶念し自然に即時に必定に入る。」（正信偈）

の意味であると考えられる。憶念にどうしてこんな不思議があるか。

一遍、無意識圏へしまいこんだものを想い起して、意識の上に再現させ、これに対して明らかな認識をもつということは、一種の力である。時には容易ならぬ力をもっていて、今まで何だかわけのわからなかった苦悩をさえ一挙に征服し、取り除くことが可能

になる。これは精神分析学の実績でよくわかる。意識というものは、時によると、中々厄介なしろもので、人間の行動を不自由ならしめる。吾等を驀直《まくじき》向前させることの代りに、後髪をひっぱって、「まて、しばらく」と云う。が、或る場合では、自覚の故に猛然として起つこともできる。意識は畢竟両方面の働く性格をもっている。ところで、本願の憶念の場合は如何。

ここでは、憶念が、「淳心」で、「真実の一心」であるというのであるが、而してそれが更に「真実の信心」であるとすると、憶念は極めて重大な意義を持つものと考えねばならぬ。事によると、憶念は、憶念の対象である本願そのものと自己同一性の関係をもっているものではなかろうか。憶念はまた自分が憶念するのでなくて、憶念の対象と考えられている本願そのものが、自《みずか》らを憶念するのではなかろうか。自分（機）はただある意味の媒介体であるにすぎないで、本願はつまり本願自らを喚び起すに当り、自分（機）を通して、そうするのではなかろうか。自分（機）は本願が本願に戻る通路にすぎないのであろうか。本願は無量劫の昔に自分（機）を通して意識せられたが、今度は更に無量劫を現時の一刹那に圧縮して、その中から吾がこの意識の一刹那の上に再現すること、――これが本願の憶念ではなかろうか。そうすると、本願は本願を憶念することになる。更に切言すると、これは弥陀が自らの名号を喚んで自らに云いかけるということにすぎない。真宗では、すべての機構が弥陀を中心にして、彼から放射出するのみならず、かく放射出せられたものが、また彼の上に回帰来するのである。それ故、弥陀のはたらきは遠心力と求心力との複合性から成立している、そしてそれが往還的回互性をもっているので、遠心が求心で、求心が遠心である。故に曰う、

「謹んで浄土真宗を按ずるに二種の廻向有り、一は往相《おうそう》二は還相《げんそう》なり。」(浄一、一丁オ)

そうして真実の教・行・信・証は弥陀のはたらきの往還回互性の上に打ち建てられてある。親鸞は「往相の廻向に就きて教行信証有り」(浄一、一丁オ)と云うが、還相なき往相は考えられず、往相なき還相も亦《また》然りであるから、「往相の廻向に就きて」だけでは十全でない。教行信証の一大体系は実に弥陀のはたらきの往還性・回互性・円融性そのものでなくてはならぬ。而もこの弥陀のはたらきの性格は時間の上及び空間の上で成就するのでない。所謂《いわゆ》る「時剋の極促」なるもので、弥陀のはたらきは無量劫即一念の上に成るのである。無量劫即一念の上では臨終も平生もない、極楽も娑婆もないことを記憶しておかなくてはならぬ。

「方便化身土巻」に左の句がある。曰わく、

「横超とは本願を憶念して自力の心を離るるなり。専修とは唯ゝ仏名を称念して自

力の心を離るるなり。是れを横超他力と名づくる也。斯れ乃《すなわ》ち、専中の専、頓中の頓、真中の真、乗中の一乗なり。斯れ乃ち真宗也。」(浄六、本、十七丁オ)と。自力を離れたる憶念は、決して心理学的意識では可能でない。「信楽(心)まことにうるひとは、憶念の心つねにして」(正像末浄土和讃・浄土和讃)と云うところを見ても、不断相続の憶念は超意識界のものでなくてはならぬ。それ故に、「専中の専、頓中の頓、真中の真、乗中の一乗」である。本願は、その実、憶念せられるのでなくて、本願が自ら呼んで自ら答えるものでなくてはならぬ。横超他力はかくして可能なのである。横超他力は弥陀のはたらきということに外ならぬ。このはたらきの回互性の故に、「本願一乗海を按ずるに、円融・満足・極促・無礙・絶対不二の教也」(浄二、四十八丁オ)と云われるのである。又は憶念が、真実の一心、無上上の淳心であるには、どうしても論は弥陀のはたらきの回互性まで進まぬと落ち着かぬのである。『正像末浄土和讃』に、

「如来二種の廻向を
　ふかく信ずるひとはみな
　等正覚にいたるゆへ
　憶念の心はたえぬなり。」

と云う。「憶念の心」は、心理学の実際では、たえだえでまたつづくところに成立する

ので、「たえぬなり」と云われぬ。而もかく云い得るところに、「憶念」は普通の心理学意識の上の話でなくて、超意識の世界を物語るものと云わなくてはならぬ。憶念は深く信ずる心である。如来のはたらきの往還性に於て超意識的認識を意味する。それで、「真実の一心」である。ただの一心ではない。吾等が日常経験の上で云う一心ではない。それは「真実の一心」である。親鸞は何かと云うと真実なる文字を使用する。この真実は単なる知性的・対象性的の意味をもつものでなくて、絶対の義である。『教行信証』には、「真実の証を顕わす」、「真実の信楽を按ずる」、「真〔実〕仏土を按ずる」、「能く真実の報土を得せしめる」、「真如一実の信海なり」など、真実の二字を冠した文句が到る処に在る。真実は、ただの形容詞、「ほんとうの」ということでなしに、真実界所属との義である。親鸞は実に身自ら真実界に居て、その教系をそこから編み出したのである。それ故に、真宗全体を領解せんには、自分等もまず真実界にはいってそこからすべてを観察しなければならぬ。真実界は弥陀のはたらきの直接に看取せられるところで、どこかその一角に上り得ると、その全貌は悉く一眸《いちぼう》の中に展開するのである。即ち、行が信で信が証で、証がまた信、信が行と、三項のいずれもがいずれも「極速」に回互し、無礙に円融するのである。これが不思議と云われる、超論理と云われる。日常経験の世界からは、この真実界はただ不思議でみたされている、此土の論理では覰破《しょは》不可能である。

浄土真宗は、それ故ただの意味での真実の教ではなくして、真実界の消息を伝うるものと解すべきであろう。真実はいつも真実界の意味をもっていなければならぬ。

併しながらこの真実界は、吾等が今現に居る世界と、空間的に時間的に相離れたものと考えられてはならぬ。真実界はこの現実界であって、また現実界でない。ここに仏教哲学の機構及び論理を見るのであるが、それはこの小篇では述べぬことにする。但〻これだけは云わねばならぬ。真宗の世界観は真実界に立脚したもので、本願・誓願・悲願・弘誓《ぐぜい》(何れも同一物)は、それから溢れ出るのである。溢れ出たものは、現実界、即ち方便界、即ち対峙の世界に向って注ぎ込まれる。現実界は、その実、この流出——真実界よりの流出——で出来ていると云ってもよいが、今は仮りに現実界と云っておく。(これは方便なので、現実界はまた方便界と云うべきである。)この方便界が真実界よりの不可思議の流出を認識すると、——憶念すると、——そこに金剛の信心が生れる。生れると云うよりも、憶念そのものが信心である。すると、いくつか並べられた対立(浄二、四十七丁—四十八丁)は、立処に絶対不二の相となって真実界に還相し去る、往相し去ると云ってよい。立場の相違で、方向に往還をつけるだけである。『教行信証』は、方便界、又は現実界、又は多くの対峙を持つ世界を、機と云っている。「その機とは則ち一切善悪大小凡愚也」(浄二、五十丁ウ)で、この現実界の義に外ならぬのである。この機が一乗海の波に吸い込まれる時、「絶対不二の機」となる。即ち機は機でなくなる。「金剛の信心」が契機となって、現実界は直ちに真実界と自己同一化するのである。これが極楽往生である。これは人間の意識が経験し能う最後のものである。それ故、親鸞は大いにその言葉を改めて宣言する。曰わく、

「敬んで一切往生人等に白さく、弘誓《ぐぜい》一乗海は無礙・無辺・最勝・深妙・不可説・不可称・不可思議の至徳を成就したまえり。何を以ての故に、誓願不可思議なるが故に。」(浄二、四十八丁ウ)

「斯れ乃ち誓願不可思議一実真如海なり、大無量寿経の宗致なり、他力真宗の正意也。」(浄二、五十丁ウ)

これが真宗教学の骨子である。「誓願不可思議」が真実界の消息で、この消息を親しく体験した親鸞は、これで浄土真宗を成立させたのである。真実界は、不可思議界である、不可思議光である、無量寿如来である。真宗はこれに帰命せよ、南無せよと教える。つまり吾等は「不可思議」に没入することによりて、一切の解決がつくのである。而してこの「不可思議」は限りなき対峙を包有する方便界・現実界で云うところの論理的不可思議でないから、ここに没入することは、論理や思惟で、此方から没入するのでなくて、彼方の「不可思議」そのものに襲われて、云わば不可思議に没入し去るのである。それ

を「如来の加威力に由る」と云うのである。

十二

真宗だけでなく、宗教はすべて「不可思議」の経験の上に立っているのである。「不可思議《アチントヤ》」という言葉は印度で出来た。甚だ多義で漠然としているが、またそれだけに含蓄が深くて、時にはこの語でないと、その心持を表現することができぬとさえ思われることもある。親鸞聖人が『教行信証』を通じてこの語をよく使われるのは、実に已《や》むを得ざるものである。現実の世ではすべての事物が対峙で考えられるようになっている。所謂る「比校対論」でないと話ができぬのである。これは人間思惟の約束で、何かお互に話ししようとすれば、屹度《きっと》「対論」の形をとるのである。これを思議の世界と云う。然るに真実信心の世界ではどうしてもこの「対論」界を突破しなければならぬ。真宗の術語で云えば、方便自力を捨てなければならぬ。

不可思議は対比校量を絶しているから、絶対とも云われる。「絶対不二の教」とか、「絶対不二の機」とか云うのは、その義である。また「難」という字で、不可思議と思議との間隔を叙することもある。「仏世甚だ値い難し。人、信慧有ること難し。遇〻希有の法を聞くこと此復《これまた》最も難しと為す。自ら信じ、人を教えて信ずること、難の中に転ゝ更《また》難なり」(往生礼讃・浄六、本、三十丁ウ)と云っている。「仏世」又は「希有の法」と云うは、不可思議の別名で、ここに到達するには「信慧」が要る。これは横超性のもので、固より対比界の所産ではない。それ故、何れもこれを自ら獲ることが第一に難事であるが、自らにこれを獲て、また他にこれを伝えることは、実に更に難中の難である。それは全く未知の世界だからである。「微塵劫を超過すれども、仏願力に帰し難く、大信海に入り難し」(浄六、本、三十一丁ウ)と親鸞聖人の悲嘆せられるのは、彼自身の深き体験から出ているのである。「不可思議の徳海」は、如何に称念せられても、未透のものにとっては馬耳《ばじ》弾琴《だんきん》である。対比校量で日日の生涯を送っているものに、それのない世界があって、それの方が安養だと説かれても、彼等は如何にしてこれを体現せんとするであろうか。「網を透った金鱗は何を食べて居りますか」と問われて、禅者は「まず網を透って来い」と答えた。網を透っていないと、それからの話は御伽噺《おとぎばなし》に外ならぬ。横超の体験なしには、不可思議は説不得であろう。「大難、大難」でなくてはならぬ。

併し不可思議法界に入ることが、ただ「難・難」では埒があかぬ、何とか打開の途がなくてはならぬ。信心を能入となすと云うが、その信心なるものがまた「世間難信」であるとすると、畢竟どうしたらよいのか、これが宗教界の大難関なのである。方便の世界で対比や反立で責められていては浮む瀬がないが、さればとて方便の世界から不可思議法界に突入する途はない。絶対にないと云うわけではない。それは既に方便で満足できぬと云うからである。こう云うからには、何か自分をして満足できなからしめたものがなくてはならぬ。それはどこから来たかは第二の問題にして、それは既にここに在るものと考えなければならぬ。既にここに在るとすれば、それをたどるより外ない、それをたどって進むと、遂には方便界を超出することができるに相違ない。このそれをどうしてつかむか。

(因みに、親鸞聖人は信心を以て「忻浄厭穢之妙術」と云っている。妙術の二字は適当でないように思うが、この自分等の心に在ると考えねばならぬもの、――それによりて此土即ち方便界の対比的生活で満足できぬように、吾等をして感ぜしめるもの、――このものが即ち真実界からの音信《おとずれ》であるとすれば、聖人はここに「大信心」の伏在を見たものと云ってよかろう。またこれを弥陀が兆載永劫《ちょうさいようごう》の昔しに起した音の本願力の響きであるとすれば、憶念はこれを「永遠の今」に実現さするものと考えてよかろう。憶念は決して心理学的のものではないのである。無限の過去の響きが今時の一念・一心の上に生れ出る時、信心決定するのである。)

『教行信証』の著者によると、それは経文によりて教えられている、それに随順して行けば、到るべき処へ自然に到るのであると云うのである。即ち「南無阿弥陀仏」の六字の名号を称うれば、それで事足りるとされている。称名は、実に「真実の行」で、「超世希有の勝行」、「円融真妙の正法」、「至極無礙の大行」なりと、親鸞聖人は赤心片片なのである。併し未透網の人々にとりては、かく云われても、如聾如啞である。真実界に居る親鸞は、自分が一たび経過して来た道を顧みて、要処要処に目標(教・行・信・証)を建て、それを便りに、自分について来いと云うのであるが、宗教経験の過程は、此方から見ている限り、越え難き荊棘林《けいきょくりん》で塞がれているこそうたてけれと云わなくてはならぬのである。

「南無阿弥陀仏」は「極速円融の白道《びゃくどう》」である。これを渡ることによりて、現実方便の世界、比校対論の世界、熾盛《しじょう》の世界が、一転して弥陀の真実報土になるのである。鉄を点じて金となすの妙術は、実に称名に外ならぬ。これを不可思議と云うのである。真宗の他の大乗教と異なるところは、名号が単なる名号でなくて人格そのものなるところにあると云わねばならぬ。名号は阿弥陀仏の尊号である。名即法で、実に阿弥陀如来その人なのである。それで、二河白道の話が出て来る、無量劫に渉りて清白の功徳を積んだ大悲の法蔵比丘があり、十方の諸仏に咨嗟《しさ》せられる無量仏があり、一切苦悩の衆生を捨てずして、己の功徳を悉く彼等の往生のために廻向するところの阿弥陀如来があるのである。浄土教はこの点に於て他の大乗教と大いにその趣を異にすると云わなければならぬ。従って、浄土教には他の大乗教に見られぬ人間的潤い、親しみ、なつかしさ、いつくしみなどいうものがある、併しながら、また一方では他の大乗教の如き超越性をも見ることができるのである。「衆生は畢竟無生にして虚空の如し」とか、「法は常爾なり」とか云うような文字が忽然として現出することがある。

「他力と言うは如来の本願力也」(浄二、四十丁ウ)と宣言して、而してその本願力は、「阿修羅の琴の鼓するもの無けれども、而も音曲自然なるが如し」と云う。ここに、真宗教系の超越的一面がある。自然とは何であるか。一面では、殊に人格的で、人間性を多分に示したものが、ここへ来ると急転直下して、自然《じねん》であり、常爾であり、法爾であると云う。真宗も畢竟じて「不可思議」を出ないと云ってよい。自然は不可思議の又の名でしかないからである。他力の本願が弥陀という人格から出たと云うと、何となく人為的な所作性をもつ如く感ずる。併し大悲のはたらきは転輪王の行《みゆき》で、虚空に乗じて四天下に遊ぶようなもので、対校論議を絶している。人間の所為は畢竟工作であるから到る処に障礙に出くわす。本願力は全くこれと違う。これが不可思議の真実なのである。これを本願力の自然性と云う。工作があるようで、ない。目的が建てられてあるようで、無目的的である。衆生のために、弘誓の鎧を着け、徳本を積累し、諸仏の国土に遊び、諸〻の菩薩行を修し、十方の諸仏如来を供養すると云えば、それは慥《たし》かに目的性をもっている。それにも拘わらず、仏教はすべて、――浄土宗であろうが、真宗であろうが、禅や真言であろうが、――「生死即涅槃の証知」を説くのである。一心又は真心のはたらきの「自然即時」性又は「極速円融」性を説くのである。これは、「本願力は本願力にあらざるが故に、これを本願力と名づく」という般若の即非論理である。またこれを他力の論理とも云う。自力はいつも目的にこだわる、何かめあてを向うにおかねと承知ができぬ。「自力の金剛心」、「自力の菩提心」では、どうしても自障自蔽を免かれぬ。自障とはその実他障であり、自蔽も他蔽に外ならぬのである。何か向うにあてをおけば、それにぶつかるにきまっている。これに反して他力は自然法爾である。「地水火風虚空に同じくして分別あることなし」、「分別心あることなし」である。「生死の園、煩悩の林中に廻入して遊戯神通する」のである。それで、無量の衆生を度すと云っても、而も実に一衆生として滅度を得るものなしと云われる。如来は本願の大悲力の故に、種種の身、種種の神通、種種の説法を現ずるが、而も常に法身の中に在って三昧の座を立たぬと云うのである。これは実に人間経験の摩訶不思議ではないか。本願のはたらきに目的があって目的がなく、またなくてあると云う、それが自然法爾なのだとすると、他力の論理は、方便界である此土のものでないことが明らかである。とにかく、此土のでは清算できぬものがあると云わなくてはならぬ。これが信心の絶対不二の一心なる所以である。「信疑相対し、善悪相対し、乃至、豪賤・明闇相対する」(浄二、四十八丁ウ)世界、――これが自力の世界であるが、――ここで見ている限り、信心はわからぬ、本願はわからぬ、「円融・満足・極速・無礙」の不可思議は獲得できぬと云わねばならぬ。

十三

上述のところで、大体、他力信心とは、どんな性格のものでどんな功用をなすものかを一瞥した。所述につれて種々の問題にも触れた。実際のところ、真宗の教学は渾然たる一体系で、どこかその一辺に触れると、全系が動き出す。随ってその一辺でも徹底的にわからせようとすると、全系の了解がなくてはならぬことになる。それで、固《もと》より不十分ではあるが、真宗教学の専門家でない自分として、その一角について鄙見《ひけん》を述べた次第であるが、如上信心を論ずるにつれて、左記の如きものが心に浮んで来る。これは鄙懐の一部であるが、他日また詳説の機会あらんを待つ。

真宗は実に「不可思議」法界の円融無礙性を以てその宗教としているのである。

一、不可思議法界は大悲のはたらく真実界である。

一、大悲のはたらきは方便界に出でて功力を形《あらわ》す。方便界は真実界の化現である、併し無ではない。方便界は有無・信疑・真偽等の対比の世界である。

一、方便界は真実界なしに成り立たぬ。この成り立たぬ所以を知ること、即ち大悲のはたらきを体得することが、信心である。

一、信の体得によりて、真実界が方便界にはたらいていることを証する。即ち真実界の消息は信心の上に読むことができる。

一、この消息は「南無阿弥陀仏」の六字の名号である。信心によりて、この名号が領得せられるのである。

一、この領得が称名である。称名は即ち信心である。

(昭和十七年五月稿)

我観浄土と名号

一　浄土論

何と云っても「我観」浄土である。『教行信証』を読んでからの浄土観であるから、親鸞の浄土観とか、真宗の浄土観とか云った方がよいのであろう。併しこの小篇は、そんな客観的な、科学的な、或は哲学的な詮索の上で出来たのでない、書物を読んで、自分で作り上げた浄土観にすぎないのである。自分がこれまで色々と浄土の概念につきて、疑を持ったり、考えて見たり、また書いても見たりして、何やら「これだ」ということになったのを、今『教行信証』を通して、述《の》べんとするのである。「我観」浄土に外ならぬ。

一

歴史的に伝統的にどうなって来たのかは自分の十分に知らぬところだが、普通一般に浄土家の説くところの浄土なるものは、甚《はなは》だ吾が意を得ないのである。これは自分だけでないかも知れぬ。果して然りとすれば、浄土家（真宗をも含めて）は、その浄土論に何かもっと工夫をしなくてはならぬのでなかろうか。一般に云うところの浄土は、大体次のようであろう。

（一）浄土は極楽である、そこでは何でもこの世で不足なものが充実せられる、物質的にも、精神的にも。

（二）浄土は死後の世界である。空間的には西方十万億土の向うがわに在る。「西方十万億土」とは、どんな意味に解すべきかは、普通には何とも説明をつけぬ。

（三）浄土は択ばれたものの往く処で、その外は地獄往生にきまっている。地獄はこの世で吾等のする苦の経験の延長で、またその加重である。

（四）どうして択ばれるかと云うと、それは阿弥陀仏の名号を称えることである。一心に称名して、仏に帰依して、浄土に生れたいと願えば、仏力でその願が許される。

（五）念仏・称名・願生はこの世の道徳生活と関係せぬ。善はしなくてよい、悪はすべしと云うのでは、勿論ないが、善悪は浄土往生の真因ではない。

（六）浄土の主人公は阿弥陀如来である。彼は曠劫の昔し四十八の願を起した。それで、吾等を彼土《ひど》に導き込まんとするのである。それ故、その名号にすがらなくてはならぬ。

（七）浄土にはそれぞれの階段があり、またそれぞれの国域がある。本当に称名の一心に徹しないと真仏土へは行けぬ。それ故、一所懸命に仏を念じて、その名号を称えまつらなければならぬ。

（八）浄土は浄土三部経に叙述せられてある通りで、それがこの娑婆の外に存在している。

（九）この娑婆は苦海である。帰去来《かえりなんいざ》——魔郷には停まるべからず。到る処、余の楽なし。唯〻愁嘆の声を聞く。この生平を畢《お》えて後、彼の涅槃城にこそ入らめ。——娑婆はこんなものである、それで浄土へ急がねばならぬ。

これが大体吾等が一般に教えられる浄土観であろう。ところが、これに会解の最も困難と思われる点が二、三ある。

第一は、浄土が如何にも物質的・肉感的・感覚的に描かれるので、何だか嫌になる。それから、西方十万億土などと、方角を定め、距離を限定して、——たといそれが甚だ「不限定」なものであっても、——とにかく、数字を並べてあるのが、不可解と云われる。またそこへは死んでから行くのだということ、これも甚だうなずけぬ。

四十八願の中には今日の吾等のとても想像し得られぬことがある。これは印度の神話を背景に持っているからであろうが、そのわからぬものが表面に余りきらきらと目につくので、第十八願とか、第十九願・第二十願など云うのが、却って何となく後退しがちになる。一遍信じて仕舞うと、肝要なところのみが残って、自余は消え失せるであろうが、それまでが一仕事である。勿論、宗教的信仰なるものは、不可解の事項に対しての信仰ではあるが、それが可解と不可解との交叉点にうろうろしていると、何となく気にかかる。

一般に受け取りにくい項目の中に、名号の不可思議はその尤なるものであろう。阿弥陀如来又は南無阿弥陀仏と云うことによって、救われるとか、極楽往生ができるということ、これが不可解なのである。弥陀如来が正覚《しょうがく》を取るに当って、その名の十方に響き、十方の諸仏に咨嗟《しさ》せられ、これを聞くものをして無生法忍を得せしめんと誓われたということ、——名にどうしてそんな不思議があるであろうか。

細かに云うと、中々あるが、大体の上で、まずこんなような点が、浄土を信ずるに困難とせらるるところであろう。実際を云えば、浄土観——真宗の浄土往生観など——には、頗る微細な思索と人間性の体験が含まれているので、余り考えないものが、卒然としてその表面のみを見ると、何ともおかしく感ずるのは固よりの事である。それ故、上掲の難点なども或る意味では極めて幼稚なものであると云ってよい。が、初心のものには難点は難点に相違ない。

二

『教行信証』を読んでみると、なるほど、その全体は浄土三部の経典、殊に康僧鎧《こうそうがい》訳の『無量寿経』を基礎として出来ている。が、親鸞の主として引くところは、四十八願中五、六の願及びその他数箇処の文句にすぎぬ。殊に浄土を論ずる巻に於ては、主として『浄土論註』と『涅槃経』である。三部経中に於ける浄土のまばゆく活き活きした描写に至りては、少しも触れていない。忘れたようにしてうちやってある。願中にある、神通の獲得の如き、天人の寿命の如き、道場樹の無量の光色の如き、「宮殿楼観、池流華樹、国中所有、一切万物、皆以無量雑宝、百千種香、而共合成云云」等の如き、その他、四十八願以外の箇処で、如何にも印度民族心理的に描き出された浄土の光景の如きは、少しも引用又は参照せられていない。親鸞の最も力を入れているところは、『教行信証』全体に渉りて、弥陀の発願、願の成就、名号の執持、三信の廻向《えこう》、利他円満の妙果等である。三部経を見て、浄土の光耀に眩惑したものが、親鸞を読むと、その色彩の如何にも静粛で寒国の気候中に起居する如く感ずるであろう。そこには光明仏のあるにはあるが、それは熱帯的・感覚的・情的灼熱性をもつと云うよりは、寧ろ抽象的・哲学的なと云った方がよいようである、或は神秘性に富むと云うべきであろうか。とにかく親鸞は、三部経に於て熱帯的なものを斥けて、日本国民にふさわしく、温和で、平静で、深き宗教的体験を有ったものを探しあてたと云ってよいと思う。

親鸞は浄土の主人公を「不可思議光如来」となし、土そのものを「無量光明土」と云っている。如来はまた「無量寿仏」である。それ故、浄土の主は光と寿で、土は光明の世界である。主は独存するものでなくて、必ず土に居る。土もそれだけのものでなくて必ず主を寓している。主と土とは離れられぬものである。離れてしまえば意味がない、つまり存在せぬということになる。主はまた身とも云われる。身土は、考えの上では分けるが、存在の事実としては不可分である。弥陀は必ず浄土に居なければならず、浄土は必ず弥陀を住ませなくてはならぬ。願成就と浄土荘厳と成正覚とは、何れも同時に出来上るべきもので、吾等の宗教経験の実際では然あらざるべからざるものである。如来が光明の身を得た時、その場処はまた光明の土であらねばならぬ。光明と云えば、此土では空間的であるが、浄土では空間的でまた時間的である。而してこの空間的・時間的なるものを身としている如来は無量寿の光明身である。彼の光明身は百千億那由他の諸仏の国土を照破するのみならず、百千億那由他の劫を尽して照りつづくものである。弥陀の光明は電光ではない、不断・常住性をもっている。それ故如来は、無量光仏・無辺光仏・無礙光仏・無対光仏・炎王光仏・清浄光仏・歓喜光仏・智慧光仏・不断光仏・難思光仏・無称光仏・超日月光仏であらねばならぬ。それで、彼の浄土も亦自ら永遠の光明土であらねばならぬ。

身とか土とか云うと、此土的・物理的・空間的なものを考える習慣になっている。それは已むを得ぬ次第である。吾等の日常の世界はそんなもので取りまかれていると考えられている。光明土と光明身とを見んとするには、どうしてもこの考えから離脱しなければならぬ。この離脱が不可能である限り浄土観は得られぬ。併しこの離脱は高度の思索でなければ到達し得られぬと云うものでない。そうだとすれば、浄土へは優秀な哲学者のみが行くことになるであろう。ところが、浄土を説くのは宗教で、哲学でない。宗教は一般の「世間諸有の婬泆《いんいつ》・嗔怒《しんぬ》・愚痴の者」(浄五、四丁ウ。龍谷山版による、以下同)のためである。六箇敷《むつかしき》事を要求すべきでない。それ故、上述の離脱は、何か具体的な、事実的な、平生経験的な方法でなくてはならぬ、即ち直覚的体認でなければならぬ。この体認によりて、「三垢《さんく》消滅し、身意柔軟」となる時、始めて光明土を見ることができる。これはどんな意味かと云うと、吾等が普通に具体的存在と見ていたものが、その実却って頗《すこぶ》る思索を経た抽象的なものであったということである。この肉体とか物質とか心とか魂とかと思っていたものが、抽象的思索の結果に外ならぬことになるのである。今までは、陰があり光があり、一つの色は他のよりも明るいとか光るとか云っていた世界が、そのまま消滅してしまうということになる(三垢消滅)。それから、堅い石とか物とか云って、こちらの手に触れて、何かそれに抵抗するものがあると考えた世界が「柔軟」になって、何もかもずっとお互に突き通って行く世界になる(身意柔軟)。こんな世界を此土の言葉で最も適切に云い現わさんとすれば、光明という文字を用いることであろう。或は虚空でもよい。但し虚空は滅無の義にとられ易い。光明だと、有るが如く、無きが如く、有無を超えた存在が感得せられる。光明は感覚的でまた観念的であるから、宗教的体験の世界は光明的文字で言詮せられて、最も然るべきわけであろう。

浄土三部経は、光明の感覚的方面に力を入れて、その描写に赤道直下の光景を髣髴たらしめるが、親鸞はこれに反して寧ろその観念的なと思われる方面を叙述せんとしている。それで、『教行信証』の仏土観には『涅槃経』が引用せられている。始めに、如来の光明身と無量寿とが経文によりて説かれ、それから一転して次の如き引文類がある。この移りかわりが如何にも突然だとも認められ得る。曰わく、

「解脱とは名づけて虚無と曰う。
虚無は即ち是れ解脱なり。
解脱は即ち是れ如来なり。
如来は即ち是れ虚無なり。
非作の所作なり。乃至。
真解脱とは不生不滅なり。
是の故に解脱は即ち是れ如来なり。
如来は亦爾《しか》なり。
不生不滅、不老不死、不破不壊にして、有為の法に非ず。
是の義を以ての故に、名づけて如来入大涅槃と曰う。乃至。
又解脱とは無上上と名づく。乃至。
無上上とは即ち真解脱なり。
真解脱とは即ち是れ如来なり。乃至。
若し阿耨多羅三藐三菩提《あのくたらさんみゃくさんぼだい》を成ずることを得已わって無愛無疑なり。
無愛無疑は即ち真解脱なり。
真解脱は即ち是れ如来なり。乃至。

如来は即ち是れ涅槃なり。
涅槃は即ち是れ無尽なり。
無尽は即ち是れ仏性なり。
仏性は即ち是れ決定なり。
決定は即ち是れ阿耨多羅三藐三菩提なり。」(浄五、五丁ウ)

「如来は即ち是れ涅槃なり。……無尽なり。……仏性なり。……決定なり。……阿耨多羅三藐三菩提なり」ということになると、さきの光明身とは何だか大なる隔たりがある如くに感じられる。こんな如来の居処たる浄土は、どうしても三部経的なものでは、ふさわしくないようである。『教行信証』は尚《な》お進んで、「如来は無為なり」と云う。

「善男子《ぜんなんし》、一切有為は皆是れ無常なり。
虚空は無為なり、是の故に常と為す。
仏性は無為なり、是の故に常と為す。
虚空とは即ち是れ仏性なり。
仏性とは即ち是れ如来なり。
如来とは即ち是れ無為なり。
無為とは即ち是れ常なり。云云。」(浄五、七丁オ)

如来はさきに涅槃と同一義に見られたので、これから涅槃の内容が直ちに如来の内容となって来る。涅槃――仏性――虚空――無為――常――解脱――如来という連鎖が出来ると、また一方には涅槃――無苦無楽――大楽――大寂静――一切智――金剛不壊――如来と云うようなものもある。それから更に進んで、次の如きも出来上る、曰わく、涅槃――有清浄・業清浄・身清浄・心清浄――大浄――如来と。

涅槃が如来であり、如来が涅槃であるという命題の連鎖が一応結ばれると、それから『教行信証』は、如来に諸根を知るの力があり、如来の名に無量の義あることなどを述べて、如来の大悲と神力・不可思議力に及び、終りに如来の光明を讃歎するの偈文を引いている。

如来に関する諸種の文類の中、及びその次の文類には浄土に関する記述がある。これで、涅槃の如来はどんな国土を統率するものであるかがわかって来る。浄土に真仮《しんけ》の別があり、真仏土は如来本願の正因によりて成就せるもの、無量光明土とも諸智土とも云われる。仮仏土の成就は、業因の千差なるによりて、亦《また》千差にして一ならずと述べられる。真仏土と仮仏土の差別は、『涅槃経』の「迦葉品」から引かれてある如来の二身説に相応するものであろう。引文に曰わく、

「又言わく、善男子、我れ経中に如来身に凡そ二種有りと説く。一者生身、二者法身なり。生身と言ぅは即ち是れ方便応化の身なり。是の如きの身とは、是れ生老病死・長短・黒白・是此是彼・是学無学と言うことを得べし。我が諸ゝの弟子、是の説を聞き已わって我が意を解せざれば、唱えて言わん、如来は定めて仏身は是れ有為の法なりと説くと。法身とは即ち是れ常楽我浄なり。永く一切の生老病死を離る、白に非ず、黒に非ず、長に非ず、短に非ず、此に非ず、彼に非ず、学に非ず、無学に非ず。若し仏、出世すとも、及び出世せずとも、常に動ぜずして、変易《へんやく》有ること無からむ。善男子、我が諸ゝの弟子、是の説を聞き已わって、我が意を解せざれば、唱えて言わん、如来定めて仏身は是れ無為の法なりと説くと。」(浄五、十六丁オ)

「我が諸ゝの弟子、是の説を聞き已わって、我が意を解せざれば、云云」の仏語大いに意義深きものがある。これは後述するつもりであるが、浄土と娑婆との関係についても云われ得るところで、多くの仏教徒は親鸞の真意を解せぬところがあると秘かに思考する次第である。

それはとにかくとして、浄土は次の如く性格づけられる。曰わく(浄五、二十八丁ゥ以

下)、
(一)「西方寂静無為の楽《みやこ》は畢竟逍遥して有無を離る。」
(二)「極楽は無為涅槃界なり。」
(三)「自然は即ち是れ弥陀国なり。」
(四)「真土は無量光明土なり。」
(五)「究竟して虚空の如し、広大にして辺際無し。」

次に、浄土は弥陀の外如何なる人物によりて占有せられるか。曰わく(浄五、三十丁ウ以下)、

(一)浄土に往生するものは、「皆自然虚無の身、無極《むごく》の体を受く」。
(二)如来の浄華衆《じょうけしゅ》、正覚華化生《けしょう》なり。
(三)何れも同一念仏によりてそこに生れたるものである。

如来――涅槃――仏性は、如何にして見ることができるか。それは安楽仏国に到ることができると、如来本願力の廻向によりて仏性を見るのである。がまた、「念を離れる」こと、「無念に入る」ことによりて、見仏性が可能であると云われる。見に「眼見」と「聞見」とあるが、何れも、如来の如来たるところ、衆生の所有の色貌・音声の如くな

らざる所以、及び如来の所作は個人の利養のためにあらずして衆生のためなることを見る時、それは眼見であり、聞見であると云うのである。

如上の所述で見ると、三部経の浄土と『教行信証』の企図しているのとは、大分逕庭《けいてい》があるように見える。真宗の浄土は果して印度的なのか、シナ・日本的なのか、但しは両者を何かの意味で会通さしているのか。この点を明らかにするのが、この小篇の目的でもある。

三

分別を本質としている知性から見ると、どうしても、二つの世界を考えねばならぬ。一つは真実界で、今一つは方便界である。真実界を浄土と云い、方便界を娑婆と云ってもよい。哲学者ならまた色々の名をつけることであろう。この二つの世界を考えなければならぬように、吾等の思想は運命づけられている。論理の要請とか、経験の事実とか、何とか云うことであろうけれど、普通一般の知識しかない吾等にとっては、とにかく、二つ世界を認めなくてはならぬとしておく。

問題の中心は、この二つのものがどんな関係で存在していると考うべきかにある。

古来の思想史を見ると、この関係は種種の方法で説かれているのであるが、今は歴史的詮索をするのでないから、我観浄土論を直叙する。

真実界と方便界とは個個独立して無関係であるということは、始めから考えていないのである。既に二つの世界と云うからには、その二つは何かの意味でつながりをもつのである。どうつながっているか。それには今一度両界の本質を顧みる要がある。

真実界が一方に在って、方便界が他方に在ると云うと、何かその間に空間的関係を考えるが、事実そのものから云うと、吾等は何れも同時に両界に居るのである。即ち吾等の世界は真実界であると同時に方便界である。それ故、その一つについて話すことは、やがてまた他の一つについて話すことになる。分けても分けられぬのだから、気をつけぬと混線する。併し分けぬと話ができぬのだから、所謂《いわゆ》る「言を以て言を遣る」より外ない。これが人間思惟の根本的制約である。

『教行信証』に由ると、方便土の業因は千差であるから、その土も復た千差なるべしと云う。これに対して、真実土は如来の本願正覚からの酬報であるから、一元的と云わなくてはならぬ。ここには千差はあり得ぬ、従って、惑染と云い、煩悩と云い、罪濁と云い、衆禍と云うようなものはない。また定善《じょうぜん》・散善《さんぜん》など云うものもない。これらは何れも方便界に属するものである、真実土では正覚そのものより外はない。正覚と云うのは、さきに述べたように、涅槃そのもの、仏性そのもの、絶対不二で、真妙清浄だから、真実界なのである。ここでは道徳と云うものもあり得ない。善本・徳本と称せられているものは、千差の方便界でのみ意味のあることで、真実界ではそんなものを語るべきすきまがない。真実界はそれ故に方便界に対立している。が、この対立は今こう話する上での事で、吾等経験の事実としては、両界は一つのものである。吾等は、方便界にも居、真実界にも居るのである。併しこの故に真実界が方便界であると云うべきでない。両界はそれぞれ別で、而も別でないのである。つまり、話することは、うそを云うことで、またそうでないのである。話には或る意味の客観性があるので、全くのうそでない。こんなうそは人間として云わなくてはならぬように出来ている。『起信論』に限らず、大乗の仏説は皆これを認めているので、「能説の説くべきなく、能念の念ずべきなし」と云い、また「説より無説に入り、念より無念に入る」と云うのである。こう云っておく、――真実界は一真実で、方便界は千差万法、而して一即千・千即一と。これが「不可思議」なのである。

千差万別の方便界には不可思議はないと云える。思議の世界を方便界と名づけたからである。併し可思議の世界が直ちに不可思議の世界であると云う時、方便思議の世界が不可思議になる。単に一真実の世界のみがそうなのでない。可思議は実に不可思議にうらづけられて可思議なのである。このつながりを如と云う。如は真実界そのものの様相であるが、真実界が方便界で、方便界が真実界で、而も両者が各自であるということをも如と云う。如はまた真如とも一如とも称せられる。而して弥陀は実にこの如から去来するのである。去来の跡を「報応化種種の身を示現し給ふ」と説く。この跡が方便界である。それで、「一仏土に於て、身動揺せずして而も十方に遍し、種種に応化して如実に修行し、常に仏事を作す」(浄土論註、巻下、二十四丁。明暦板による、以下同)と云う。また「彼の応化身、一切時に前ならず後ならず、一心一念に大光明を放って、悉く能く遍く十方世界に至る云云」(浄土論註、巻下、二十五丁)とも云うのである。如来は如として一処を動ぜぬが、来及び去として、十方世界に、一念に一時に前後なく、去来往復して休むことがない。如来は真実界で、その去来の跡が方便界である。真実界と方便界とを別別にしておいては、如来の威神力も大悲力も此土《しど》には及んで来ないのである。

さきに、如来に生身と法身との二つがあって、生身は方便の応化の身であり、法身は常楽我浄だと云うことを、『涅槃経』によりて『教行信証』は教えている。それでは、如来身は定めて有為法即ち生身の他のものではないかと云うに、大いに然らずである。また如来身は定めて無為法だと説かれるのかというと、これまた大いに然らずである。仏説はこの点に於て動かぬものを教えている、曰わく、「如来身は有為法でもあり、無為法でもある」と。更にこれを敷衍《ふえん》すると、真実界は常楽我浄の世界で、一切の生老病死を離れた、非白非黒、非長非短、非此非彼、非学非無学の世界でもあるが、またそれと同時に生老病死であり、長短、白黒、此彼、学無学の対峙的世界であるということになるのである。また他方では、方便界は、生老病死、長短白黒等の対峙的世界であると同時に、また悉くこれを否定した絶対世界であると云うのである。併しこう云うと、両者をただの同一性と見る唯心浄土観となり易いので、『涅槃経』の仏は巧みにこれを斥けんとして下の如くに説く、曰わく、「善男子、我が諸〻の弟子、是の説を聞き已わって、我が意を解せざれば、唱えて言わん、如来は定めて、仏身は是れ有為法(又は無為法)なりと説く」(浄五、十六丁オ)と。仏は直接に唯心の浄土、己身の弥陀を破することをせずに、此の如く寧ろ婉曲な表詮法を用いたのは、その意、誠に言外に在りと謂うべきであろう。生身と法身、真実界と方便界、涅槃と生死、如来と衆生、浄土と穢土、第一義諦と世諦、光明と闇等等の間のつながりは、超論理的で、不可思議と云うより外ない。それで、『涅槃経』は「我が諸〻の弟子、我が意を解せず」と云って、一般の人々が一方向きの考えに陥らんとするのを誡《いま》しめるのである。

四

真実界と方便界、又は浄土と娑婆との二つの世界があるということは、吾等人間の考え方としては遁れられぬところである。ぼんやりしていればとにかく、少し何かの具合で、宗教的なものが自分等の心の中に動き出すと、此土は最後のものか、吾等の生は娑婆限りなのか、これは究竟の真実か、一体人生なるものに意味があるのか、浮世は夢かなど云う疑問が必ず涌き起る。これは人間としての約束で何ともしようのないのである。而してこれらの疑惑の中には明白に二つの世界を認めている。二つの世界がなければ疑など云うものは始めから出ない。吾等は一直線上を振り向きもしないで、ひた走りに走るものなら、——動物や植物の如くに、——疑の出どころがない。そうでなくて、「何か？」と云って、横を見たり、後を振り向くなら、そこには屹度《きっと》ひたむきでないものがある。それが否定である、反省である。白白にあらず、知知にあらずである。即ち今まで居た世界の外にもう一つの世界が出来たということになる。悩みと云うのはこの事実に直面したことである。悩みのある限り、否定の可能である限り、反省なるもののある限り、二つの世界は認められねばならぬ。浄土系の人々は、これを娑婆と浄土と云う、それはまたここで云う如く、方便界と真実界とである。この二つをどう解決するかが悩みで、疑で、「三界無《さんがいむ》安《あん》、猶如火《ゆうにょか》宅《たく》」で、「我心不安、師請安焉」である。上掲の「我観」浄土は、親鸞聖人の『教行信証』を借りて、その一分を述べたものであるが、更に今少しく所思を陳べる。

「煩悩を断ぜずして涅槃を証す（又は得る）」とか、「煩悩菩提体無二と、すみやかにとくさとらしむ」とか、「悲願の信行えしむれば、生死すなわち涅槃なり」と云うは、真宗教典の到る処に出くわす文字である。こういう文句を見ていると、どこに浄土があり真実界があるかと思われよう、――普通人の考えている極楽浄土が。こんな文句は一体どんな意味に解すべきなのか。

「生死が涅槃だ」とは、この娑婆が極楽と云うことに外ならぬではないか。生死は、浄土の出来事でなくて、この娑婆界の本質である。涅槃は、云うまでもなく、浄土そのもの、如来そのもの、真実界そのものに外ならぬではないか。「煩悩を断ぜずして」は、此土での事である。此土を離れては、断ずるも断ぜぬもない。煩悩と云うべきものは固《もと》よりないのである。「涅槃城」又は「無為涅槃界」は、随縁の雑善のない処である。こんなものの在る処を、絶対否定した側に立っている国土ではないか。「煩悩と菩提」が「その体不二」ということにどうしてなり能うかと考えるものがあるとすれば、その人は、これらの両者は同時に同処に存在しなければならぬことに気づくであろう。煩悩をのけて菩提がなく、菩提を離れて煩悩がない時、始めて「その体不二」が考えられる。煩悩即ち両つのものは同時・同処に在って、絶対に否定しながら不二と云うことでなければならぬ。而して煩悩は、方便界のもの、娑婆のもので、菩提は、真実界のもの、浄土のものであるなら、「煩悩菩提体無二」の「和讃」は、浄土で歌わるべきでなく、また娑婆で歌わるべきではあるまい。娑婆即ち浄土、浄土即ち娑婆と云い得る場処でないと、そんな「和讃」は作られない。『教行信証』及び「和讃」などは、なるほど条件をつけている。「非願の信行えしむれば」とか、「威徳広大の信をえて」とか、「本願の廻向で」とか、「如来の大威神力で」とか云う。併しこの条件の成就する場処はどこであろうか。それが浄土の真実界であるとすれば、そこには煩悩・生死・疑惑なんどという閑家具は、固より始めからないのである。それでも煩悩云云を云わなければならぬとすれば、娑婆は浄土にも反映しているわけでないか。即ち浄土は娑婆なくしては存在不可能と云わなくてはならぬ。吾等もし浄土往生が許されたとすれば、その時、吾等は尚お娑婆をその双肩に担って、堂堂として、如来の光明身の前に進み出るものでなければならぬ。反対の側から話しすることにすると、如来の光明身は、その赫奕《かくやく》たる姿を、少しも毀損することなくして、そのままで、この娑婆の罪濁泥裡に頭出頭没するものとしなければならぬ。普通人の考えるように、娑婆を出て、それから極楽に往生するものとすれば、どうして煩悩を断ぜずして涅槃を証すると云い能うか。「煩悩を断ぜず」は此土のこと、「涅槃を得る」は彼土のことであるなら、両者の間には何等のつながりはない。つながりのないところには、何等の話もできぬ。即ち浄土などあってもなくてもよいわけである、事実あり得ないことになる。「不可思議」は浄土系思想の文字でなくなるであろう。

煩悩と菩提、生死と涅槃、迷いと悟りなどという絶対に矛盾した考えが、不二とか、体同とか、一如とか、即是とか、廻入とか云うかかりあいを、その間に入れる可能性があるとすれば、真実界(浄土等は皆同一義である)と方便界(娑婆等皆同一物)とは、時間的にも空間的にも、はなればなれのものであってはならぬのである。どうしても両界は矛盾をそのままにして自己同一性をもつと認めなければならぬ。一般には、浄土往生を向うにおき、娑婆を此方において、その間に空間性を入れるから、煩悩と菩提との場合は、娑婆と浄土との場合と違うような錯覚を有っている。併し事実の上では、娑婆は煩悩であり、浄土は菩提であるのだ。「煩悩を断ぜずして涅槃(菩提)を得る」は、娑婆を出でずして浄土に往生することを意味するものに外ならぬのである。煩悩と云うと、そのままで涅槃を得ると云いながら、娑婆と云うと、そのままが極楽であると云われぬのは、どうしても空間的錯覚の故と見るべきであろう。煩悩・生死等等は娑婆と同一義であり、涅槃・菩提等等は浄土の別号である。両個の対語の連鎖の間には、絶対の矛盾があって、而もその中に即是・廻入・一如の円環的運動があるとすれば、上来の所述は、どうしても肯定せられるべきでなかろうか。即ち、真実界と方便界とは一つものではあり得ないが、またそのままで、真実界は方便界で、方便界は真実界でなくてはならぬと、こう云うことによって、次の如き「和讃」もその真義を展開させる。

「罪障、功徳の体となる
こほりとみづの如くにて
こほりのおほきにみづおほし
さはりおほきに徳おほし。」(高僧和讃、曇鸞和尚)

『教行信証』に「往生と言うは、大経には皆自然虚無の身、無極の体を受くと言えり」(浄五、三十丁ウ)と説かれてあるが、この「自然虚無の身、無極の体」が難解の表現であろう。「虚無《こむ》」と「無極《むごく》」とは同意義の文字と解せられようが、「自然《じねん》」とは如何、また「身」と「体」とは如何。身と体とは身体の義で、有相を意義するものと見てよかろう。それが自然——自ら然らしむるところ——の虚無で、どこにどうと云う限定がつけられぬと云うことになると、それはどんな意味になるのか。有相の身体にはどうしても限界がなくてはならぬ。それが虚無で、即ち無相であるとすれば、相は無相であると云うことにならねばならぬ。肯定が即ち否定でなくてはならぬ。而してそれが自然であると云うのは、別に無理なことがない、水の流れるように、山の高く聳ゆるように、当に然るべくして然るのだと云うことであろう。こんな「自然」はどこで可能なのか。「自然は即ち是れ弥陀国なり」とあるからには、それは浄土即ち真実界での出来事か。併し浄土は、「無漏無生《むろむしょう》」、「畢竟逍遥として有無を離れ」、「寂静無為」、「非作非非作」等であるとすれば、自然そのことが行われ能わぬように考えられる。自然は千差万法の世界で始めて意味がある。虚無の世界では自然も亦虚無でなくてはならぬ。何を捉えて自然と云い得べきであろうか。春になって花が咲くので、自然と云われる。雨が降って地固まるので、それが自然である。雨もなく、花もなく、大地もなく、春秋もなければ、何を認めて「自ら然り」と云うべきか。「自然」が可能の観念であるところは、この有相の世界でなくてはならぬ。相が有るところに無相が語られる。「法身は無相也、無相の故に能く相ならざること無し。是の故に相好荘厳即ち法身也」(浄四、十三丁オ)と云うのは、浄土と娑婆とを同時に同処に据えての話でないと意味がない。娑婆から死んで浄土へ生れたでは、両者の間には隔たりが出来たままで往還がない。而してそれがないと、無相の故に相ならざるはなしと云う般若の即非論理は解せられぬ。『教行信証』に限らず、大乗仏教は、どの派でも、この根本の矛盾を吾等の面前に放出して、吾等をして、それを奈何《いかん》と見せしめる。浄土系ではこの矛盾を浄土と娑婆と云うような空間性をもったものにして、吾等に解決を逼る。空間性の故に、吾等は時間を入れて、その間のつながりをつけんとする。それで、浄土は死んでまた生れるところとなる。が、それではこれらの矛盾は解けない、却って、紛糾の本となる、今に於て浄土系の教学はこの処置に困りぬいているではないか。「自然虚無の身、無極の体」は浄土を娑婆に引きずりこむか、娑婆をそのまま浄土に取り込むことによりて、始めてその意味に徹することができる。アポリアはこれで乗り越えられるのである。

五

『教行信証』には「横超《おうちょう》」と云うことが唱えられる。この横超と浄土往生とはどういうふうに相異するのか。横超は入信の方法論で、往生は死後の事実だと説き聞かされるであろうか。ところが少し考えて見ると、どうも腑に落ちぬ。横超が即ち往生でなくてはならぬのであるまいか。

横超は「願力廻向の信楽」だと云われ、この信心の決定する時、正定聚《しょうじょうじゅ》に入る、正定聚に入れば必ず滅度に至る。信心獲得は直ちに滅度でない、滅度は此土を辞してからだから、横超は直ちに往生でないと云わねばならぬとするが、一般真宗の所述と思う。併し次のような文句をどう解釈すべきか。

「横超とは即ち願成就一実円満の真教真宗是れ也。……大願清浄の報土には品位階次を云わず、一念、須臾《しゅゆ》の頃《あいだ》に、速《すみや》かに、疾く、無上正真道を超証す。故に横超と

曰う也。」(浄三、末、四丁オ)

これで見ると、横超は「獲浄信」の様子を記述したものでなくて、直ちに浄土往生を語っているものとしか解せられぬ。また次に引文がある。

「必ず超絶して去《す》つることを得て、安養国に往生して、横まに五悪趣を截り、悪趣自然に閉じむ。道に昇るに窮極無し。往き易くして而も人無し。その国逆違せず、自然の牽く所なり。」(浄三、末、四丁ウ)

これはどう読んでも、単に入信の経路を記しているものでない、直ちに浄土往生の横超性を力説するものと取らねばならぬ。別の小論でも云った如く、『教行信証』では信と証とを区別して、此土では信、彼土では証ということにしてあるようだが、親鸞は果してしかくはっきりと区別しておきたかったかわからぬ。浄土と穢土とを空間的に時間的にはなれているものの如く解するのが、所謂《いわゆる》先入為主となって、聖人自身もこの点につきて明白なる意識に到達しなかったではないかと推測せられる。まして後には、この点については頗る曖昧であるようだ。更に次の「横超断四流」につきて「断」字の解を見よ。

「断と言うは、往相の一心を発起するが故に、生として当に受くべき生無し、趣として更《また》応に到るべき趣無し。已《すで》に六趣四生の因亡び果滅す、故に即ち頓《と》みに三有の

生死を断絶す。故に断と曰う也。四流《しる》とは則ち四暴流《しぼる》なり、又生老病死也。」(浄三、末、五丁オ)

横超で生老病死の四暴流を断ずれば、それが直ちに浄土往生ではないか、尚おその上にどこへ往かんとすべきであろうか。往還の運動に信と証とを分けて見るのは、思想の上での話で、事実の体験では、往が還で、信が証で、而してまたこれら両個の対語の間に回互《えご》的なものを認得するのである。

横超という言葉は、真実界と方便界との間のつなぎを端的に叙述している。両界は儼然とした個個の存在ではあるが、お互に没交渉なものでない。往還性があるのは、仏教経験の事実である。而してそれは横超で竪出《じゅしゅつ》でない、非連続の連続で、ただの非連続でない。非連続であれば往相も還相も不可能である。両相の廻向が経験せられる限り、それは非連続の連続、即ち横超でなくてはならぬ。往生即横超と云わなくてはならぬ。

「南無阿弥陀仏の廻向の
恩徳広大不思議にて
往相廻向の利益には
還相廻向に廻入せり。」(正像末浄土和讃)

この「和讃」は往還両相の廻向には回互円環性あることを述べてあるが、これはただの連続を意味するものでなくて、非連続即ち横超性の連続を云うものである。それで、不可思議の廻向なのである。またこれを「無礙の一道」とも云う。真実界と方便界の行き通《かよ》いは無礙という文字で形容せられるのが一番適当であろう。礙は、吾等の煩悩界や疑惑界・生死界でのみ経験せられるので、もしこの経験が、真実界と方便界、浄土と穢土(娑婆)の間にも経験せられるとすれば、これら両界のつながりは礙でなくてはならぬ。ところがそうでなくて、無礙である、横超である。それで、『教行信証』は『浄土論註』を引いて、

「経に言う、十方無礙《むげ》人、一道より生死を出ず。一道は一無礙道也。無礙とは謂わく生死即ち是れ涅槃と知るなり。」(浄二、四十二丁オ)

浄土と娑婆とは無礙の一道でつながっている。云い換えれば、生死界と涅槃界とは即非即是である。即非即是は無礙の一道ということである。無礙とは、鳥の虚空をかけるようなことを云うのでない。生死は生死で、涅槃でない。涅槃は涅槃で、生死でない。が、この非がそのままで是である。即ち、生死即是涅槃で、涅槃即是生死である。これが無礙の一道と云うことの意味なのだ。浄土と娑婆とを時間的・空間的に考えている限り、この道は通られぬ。それで、「往き易くして人なし」と云うのである。また世人疑うまじきを疑うて、「浄土対面して相忤《さか》らわざる」ことを知らずと云うのである。浄土と娑

婆とは両鏡の相映じてその間に影像なきようなものであるに拘わらず、時間的・空間的疑念の故に、そこに礙が生ずる、その礙の故に、即非即是の認識が得られぬ。この認識は信でもあり、また証でもあることを記憶したいと思う。

真実界(浄土)と方便界(娑婆)とを、こんなふうに解することによりて、横超は往生であり、往相は還相に廻入し、何れも無礙の一道の上に立つことがわかるのである。

六

「無量寿仏の威神光明は最尊第一にして、諸仏の光明の及ぶこと能わざるところなり。」

これは『大無量寿経』で釈尊が阿難に告げられたところ。それから、その仏は無量光仏・無辺光仏等等と称せられるのだとのことである。それからまたその仏が釈尊説法の会に見《あら》われた時の様子が『大無量寿経』に述べられてある。

「即時に、無量寿仏、大光明を放ちて、遍《あまね》く一切諸仏世界を照らしたまう。金剛囲山・須弥山《しゅみせん》王・大小の諸山、一切所有、皆同一色なり。譬えば、劫水《こうすい》の世界に弥満《みまん》するに、その中の万物沈没して現ぜず、滉瀁浩汗《こうようこうかん》として、唯《ただ》大水をのみ見るが如し。彼の仏の光明、亦復是《またまたかく》の如し。声聞・菩薩の一切の光明、皆悉《ことごと》く隠蔽《おんぺい》して、唯仏光の明耀顕赫《けんかく》なるを見たてまつる。」

阿弥陀仏の光明の此の世のものでないことは、経文が力を極めて強説するところである。而してこの光明はただの光明でなくて、「斯の光に遇ふところのものは、三垢消滅し、身意柔軟で、歓喜踊躍《ゆやく》して善心を生ずる。三塗勤苦のところに在るもので、この光明を見ると皆休息《くそく》を得て、また苦悩がない。寿《いのち》終へてから皆解脱を蒙るであらう、云云」と云われるほど、「霊的」に不思議なものをもっている光明である。

在浄土の仏の光明がどうして此土に到達するか。此土は罪濁黒暗の衆生界であるのに、そんな浄くて端厳な光が、どうしてその間に透入して来ることができるだろうか。「諸有の人民、蜎飛《けんぴ》蠕動《ねんどう》の類も阿弥陀仏の光明を見ざること莫き也。見つる者の慈心歓喜せざる莫し」(浄五、四丁ウ)と云うことが、どうして可能であろうか。畢竟ずるに、仏の光明は何であるか。この光明がわからなくてはならぬ。

弥陀の光明が、如何に極尊で、快善で、最明無極等のものであっても、それが浄土だけのものであったら、決してそんな功能を持ち得ないのである。阿弥陀の光の光たる所以は、実に、娑婆の混濁、穢土の幽冥と接触する時に於てのみ然るのである。娑婆と浄土とは固より個個にそれぞれの領域をもっている、それは混同せらるべきでない、融化すべきでない。が、穢土を離れての浄土ではない。また浄土から手の届かぬ穢土ではない。浄土は実に穢土の裡になくてはならぬ、それ故、その光明は直ちに衆生と接触して行けるのである。「諸〻の泥梨《ないり》・禽狩《きんしゅ》・辟茘《へきれい》・考掠《こうりょう》・勤苦《ごんく》の処に在りて、阿弥陀仏の光明を見」(浄五、四丁ウ)ることのできるのは、光明が外から来るのでなくて、実に自分等の内にあるからでなくてはならぬ。外から来て自分等に見えるものは、どこまでも外のもので、自分等を動かすものであり得ない。外のものは自分等に対して立っている。それ故に、両者の間には、越え難き塹溝がある。これはどうしても渡れるものでない。それ故、こちらはあちらによりて動かされない。それでも動かされるということのあるのは、外のものが内のものであった時である。外が内になるは横超である。この横超の故に、吾等は光明を見ることができる。光明を見ると云うのは、それを外において、眼で外物を見る如くに見るのでなくて、内に感ずることである。つまり、光明が吾等のうちに動く、それを感ずるものである。自分の眼で外の物を見る場合の如く、感性的確実性がそこにあるので、それで見ると云う。見るは、感ずるのである、信ずるのである、証するのである。これはどうしても、浄土を十万億土の外、死んでから後に置いては、不可能事である。事実としては、事実の体験としては、浄土が此土になくてはならぬ。併しながらこれは、上来屢〻繰り返されたように、此土と彼土とを一つに渾融しての話でないことをくれぐれも記憶しておかなければならぬ。

それ故、光明は光明でない、また「霊的」光明とか云うものでもない。光明は「一」である。而して、行きわたらざるところなき、包まざるところなき一、である。千差の万法の間に、千差の万法を越えての存在である。こんな一、を数量的に表わすわけに行かぬ。一般には、一即多・多即一という方式を用いるが、こう云うと、一、は数量的なものになる過がある。それよりも光明と云った方が、体験の事実（心理学的事象）としても、意味深きものが感ぜられるのである。浄土の光明、弥陀の光明は、決して「巍巍《ぎぎ》堂堂」など云うべき感覚的なものではない。これらの光明は、虚無・無極・涅槃の光明である、「畢竟浄」の光明である。そんな光明は決して有に対するものではない、有無を解脱して而も有無に即したものでなくてはならぬ。この光明と娑婆の明闇とは即非即是の関係を有つものであるから、闇と明とをそのままにおいて而も明でも闇でもあるところのものである。それで、畢竟浄である。一即多・多即一の一、は、それ故、光明と云うことによりて、最もよくその「一」性を表現すと云わねばならぬ。

　光明と云うものがあって、それが太陽からでも出て来るように話しせられるのは、十地の階次が「閻浮《えんぶ》提《だい》に於ける一応の化道《けどう》」（浄四、八丁ウ）だと云われる如くである。俗世間の云い草にしばらく妥協したもので、それを文字通りに解したら体験の事実は大いに歪曲せられてしまう。吾等はいつも二元の世界に居て話しするから、何事もそんなふうになって来る。殊に真宗の立場――教相なるもの――は、この立場を絶えず顧みて行こうとするから、浄土の如実相を解せんとするものは深く心をここに致さなければならぬ。

経文に「是心作仏、是心是仏」とあるを、『浄土論註』の著者は解して曰う。譬えば水が清いと物の像が能くうつる、水とその像《かたち》と「不一不異」である、そのように、仏の法界身が衆生の法界心に顕現する、それが「是心即是三十二相八十随形好」だと。また「是心是仏」については曰わく、譬えば、火は木から出る、火は木を離るることを得ぬ、木を離るることを得ないから、火は能く木を焼く、而しては木は火のために焼かれて、木即ち火となる、そんなようなものだと。

火と木、水と色像との譬えは、また能く仏の光明と此土の黒闇性との関係を例解するとも見られる。仏の光明は此土の外から来るのでない。此土で始めてその光明が光明となるのである。此土の水にうつることによりて、光明が顕現する。併しこの意味は水と光明とが一つだと云うことではない。光明は千差の水の中にその影を現わす、こう現われないと、光明は見えぬが、光明は水でない。水も亦《また》光明がないと、その水たる所以、即ちその存在が証せられぬが、光明と水との間には、事別の界をおかなければならぬ。それから、火と木との場合でもそうである。「是心是仏」は決して、火と木、心と仏との自己同一性を云い詮《あら》わしたものでない。即是は即非で、即非は即是ということがあって、それからの「是心是仏」だから、これを直ちに始めからの自己同一性と見るのは、赤子の「神ながら」性である。人間の思想を持っているものからは、そんなことをのみ肯定してはならぬ。

如来の光明は、無礙光・無辺光であると云う、超日月光だとも云う、「日は恒に照らすこと周《あま》ねからず、娑婆一耀の光の故に」（浄五、二十九丁ウ）と解かれてある。浄土の光明が外来のものである限り、娑婆へ来れば、どこかに影を生ずる。明闇は娑婆の本質なので、無礙無辺でない。浄土の光明も娑婆へ来れば、その無礙無辺性を失わなくてはならぬ。然るにそうでなくて浄土の光明はその本質的土性を失わぬと云うからには、その浄土は娑婆即是でなくてはならぬ、而してまた即非でなくてはならぬ。「浄土は浄土にあらず、即ち名づけて浄土となす」が一方にあり、他方に「娑婆は娑婆にあらず、即ち名づけて娑婆となす」がある。この双連の般若的論理は一つものを云っている、即ち「浄土と娑婆とは不一不異なり」である。

七

八地以上の菩薩は何れも平等法身を得た菩薩達で、彼等の所得は寂滅平等法と云うものである。この平等法から出て来る三昧の神力で、能く一処・一念・一時に、十方の世界に遍く行くことができる。而して到る処で諸仏に供養し、また種種に示現し、教化して、一切の衆生を度脱して、常に仏事を作すのである。併し彼等には始めから往来と云うこと、供養と云うこと、度脱と云うことなどの想(意・識・意図)がないので、彼等の身は平等法身で、その法は寂滅平等法と云われる。――これが『浄土論註』の著者が「不虚作住持功徳成就」と云う論中の一文を註釈する文意である(浄土論註、巻下、二十丁)。而してこれがまた親鸞聖人の還相廻向《げんそうえこう》を解釈するところに引用せられある文意である(浄四、六丁オ)。

如上は八地以上の菩薩のはたらきであるが、まだその位地に到り得ない菩薩達でも、七地中で大寂滅を得ると、「上に諸仏の求むべきを見ず、下に衆生の度すべきを見ず、仏道を捨て、実際を証せんと欲する」(浄土論註、巻下、二十二丁・浄四、七丁ウ)と云うことがあるとの事である。彼等は二乗の仏弟子の如くにて、還相廻向のはたらきをなさぬ。併し、安楽国に生じて阿弥陀仏を見ると、「大寂滅」の難から免かれる。即ち彼等は娑婆に戻って来て、菩薩行を修し、無量の衆生を開化して、無上正真の道に立たしめられるのであろう。

八地とか七地とか云うのは、『華厳経』などに十地の階位を立てて、菩薩修行の進歩の目盛りをつけてあるのを云うのである。ところが、この階次は一地から一地へ経上《へのぼ》るように出来ていると云うのは、此土での考えで、彼土ではそんなものはない。超越の理は非常の言であって、常人の耳には入りにくいと説かれるから、一たび浄土往生ができたものには、そんな歴階はないことになる。如何なる凡夫でも、一たび信心決定して往生の素懐を遂げることになれば、立地に十地を横超して、上地の菩薩とその位を等しうして、寂滅平等の三昧を成就し、一処・一念・一時に、十方世界を遍歴し、無辺の衆生を利済することができるわけであろう。

「五種不思議の中仏法最も不可思議也」(浄土論註、巻下、二十三丁・浄四、八丁ウ)と云うことは、この娑婆でないと云われないと思う。浄土を娑婆から空間的にはなしておいては不可思議も何もないのである。不思議は思議の世界で始めて不思議である。「不思量を思量す」で、不思量なるが故に思量せられる。これが「非思量!」であるが、仏法の不可思議、浄土の不可思議、阿弥陀の本願力の不可思議、何れも、娑婆界、方便界、思議を容れ能う世界に於て始めて不可思議と云われるのである。所謂る不可思議の思議、無分別の分別で、浄土はどうしても娑婆の向うにあるものと考えてはならぬ。七地・八地・九地・十地の話は娑婆——閻浮提の話で、この話は浄土まで持って行くべきでない。こんなもののないのが浄土なのである。あればもはや浄土でない。それ故に、浄土を向うに見る限り、諸仏の求むべきを見ず、衆生の度すべきを見ぬことにならなくてはならぬ。然るに、衆生の度すべきがあり、大悲の成就すべきがあり、阿弥陀の本願のはたらきがあるとすれば、浄土はどうしても此土になくてはならぬ。弥陀を見ることは、浄土へ往ってからでなく、此土でなくてはならぬ。しかはあれど、浄土は此土であってはならず、阿弥陀は凡夫そのものと自己同一性をもっていてはならぬ。両者は事別なのが、称実の説である。事別は事別として而も浄土は娑婆である、娑婆は浄土である。併しこれを理同と云っては不可《いけ》ない。事だけで理を云わぬのである。理の上では同、事の上では別と云う時は、浄土と娑婆とはいつも二元の立場を超えられぬ。事の上に理を作ることになる。それで、事事無礙《じじむげ》を説くことが仏教哲学の最高頂を行くものであろう。浄土を畢竟浄とし、寂滅平等としてのみ見る時には、どうしても「上には諸仏の求むるべきを見ず、下には衆生の度するべきを見ず」（浄土論註、巻下、二十二丁・浄四、七丁ウ）と云うことになるは必定である。そこで、「安楽に往生して阿弥陀仏を見れば即ちこの難無からん」（浄土論註、巻下、二十二丁・浄四、八丁ウ）と云わねばならぬ。阿弥陀仏は実に安楽国の娑婆界にある。浄土――畢竟浄の処では弥陀を見ることができぬ。弥陀は娑婆でのみその大悲力・本願力のはたらきを顕現させることができる。それ故菩薩は、理平等のところでは弥陀は拝まれぬ、弥陀は決定して事別の世界、事事無礙の世界で見奉るべきである。それで還相廻向が完遂せられ、往還の円環性が充足せられる。「有漏の穢身はかわらねど、こころは浄土に遊ぶなり」。ここに両土が真実に直写せられてある。

「和讃」に曰う。

「信心よろこぶそのひとを
如来とひとしとときたまふ
大信心は仏性なり
仏性すなはち如来なり。」(浄土和讃)

娑婆の凡夫に大信心なるものが何かの具合で起って来ると、彼は如来と等しいということになる。これが浄土と娑婆とのつながりを示唆する。信心は仏性で、仏性は如来であるとすれば、その信心の持主はまた如来でなくてはならぬ。親鸞聖人も大乗仏教の信徒であるからには、衆生には悉く皆仏性あることを信じていなくてはならぬ。それ故、信心は仏性、仏性は如来となるのである。然るに、彼は凡夫が直ちに如来であると云わずに、「等し」と云う。ここに意味がある。それは己身の弥陀ではないからである。信心の煥発《かんぱつ》で他力の不可思議を体認する時、娑婆は浄土に等しくなり、凡夫は如来に等しくなる。即非即是の妙境は、ここでは「等し」の文字で現わされている。前の「和讃」では、身と心とを分けて、身は穢土《えど》で心は浄土ということにしたが、それと同じい心持は、ここでは「等し」となる。心と身とを分けるのは、浄土と穢土とを分けるのと同じく、閻浮提下の吾等二元的存在のために妥協した云い方なのである。

「和讃」にまた曰う。

「如来すなはち涅槃なり
涅槃を仏性となづけたり
凡地にしてはさとられず
安養にいたりて証すべし。」(浄土和讃)

凡地から安養に空間的に到るのではない。信心の獲得で、この一念のところに、吾等は安養国に到るのである。信はその意味で直ちに証である。二元的存在者のために「一応の化道《けどう》」として、ここでは信、かしこでは証、ここはここで、かしこはかしこと、此土での使用語で仮りに、即非の論理、「等し」の境地を述べたのである。非常の言を常人の耳に入り易くせんには、これより外に途はない。が、その途は踏みすべらぬようにしなければならぬ。

「真如は是れ諸法の正体である。体は如にして而も行があるから、〔この行は〕則ち是れ不行である。不行にして行ずることを、如実修行と云うのである。体は唯〻一如であるが而も義は分れて四となる。それで、四行《しぎょう》は一で正しく統べられている。」(浄土論註、巻下、二十四丁・浄四、十丁オ)

これは『浄土論註』の語で、親鸞の引用するところである。四行を略して説くと、身は一仏土にあるが、その身は動揺せずに、而も遍《あまね》く十方に趣いて種種に仏事を行ずる、一処を動かずに動くと云うのは、時間性及び空間性に拘束せられぬので、「一切時に、前ならず、後ならず、一心に、一念に」(浄土論註、巻下、二十五丁・浄四、十二丁オ)大光明を放って、遍く十方世界に至って衆生を教化することである。これが、行じて行ぜず、体が一如で義がいくつかに分れるということの意味であるとすると、浄土と娑婆とは明らかに即非の論理で構成せられると見なくてはなるまい。動くのが動かぬので、動かぬのが動くのだとすれば、浄土は浄土で動かぬが、その動かぬのが、即ち動いて止まない娑婆であり、娑婆は娑婆で動いて止まないが、その止まないところが、少しも動かぬところの浄土だということにならねばならぬ。またこれを淤泥《おでい》の華に譬えると、高原陸地には蓮華が出来ないで、卑湿淤泥に乃ち蓮華を生ずることである。浄土は娑婆の外に超然たる存在を固守しているものでなくて、娑婆そのものの中から生れなければならぬ。併し、淤泥そのものが蓮華でない、蓮華と淤泥とは、事別である、個別である、そのままに渾融一化すべきでない。が、事別の世界の個個は、そのままで、別に渾融せられないで、事事無礙・個個円成である。その無礙の一道に徹する時、浄土往生の事実が成就する。無礙の一道は娑婆を通して連なる、而して八角の磨盤が空裡に走ってその跡を止めないように、一道にはまた跡のつけようがない。この一道が、浄土である、一真実の世界である。

八

真宗教学の正統派の学者は、聖道門と浄土門とを峻別して、前者の立場を「因果を宗と為し、実相を体と為す」となし、後者のを「本願を宗と為し、名号を体と為す」としている。名号論は後面に論ずることとして、ここでは本願と因果との関係、率いて、娑婆と浄土、方便界と真実界等につきて一言する。

正統派の学者が浄土を空間的に時間的に彼方において、それに対して普通一般の論理の適用を拒絶して、「汝等暴論するなかれ」と大喝一声するのは、一寸見ると、甚だ暴論のようである。が、実際の話をすると、それにもまた論理の根拠がある。但し正統派の老学者は自分の立場の体験的・歴史的なることを意識してはいるが、これを思想的に云為するだけの知的用意が整っていないので、気短くなるのである。「本来無東西」と云いつつ、東西を建立し、法身は無相なりと云いつつ、相好荘厳が即ち法身なりと説き、極楽浄土は無為涅槃界だとか、寂静無為の楽土だとか云いつつ、諸種の荘厳功徳成就を述べなければならぬところに、超論理の論理を構成すべきである。それにも拘わらず、論理の方式は一つしかないものと決めてかかるから、「暴論するな」と云うような暴論をするのである。彼等は余りに論理なるものに囚えられて、自分等の体験を超論理的に論理するだけの思考力を欠いている。この種の学者の窮処はここに在る。

宗教的体験は不可思議の思議であるから、これを言葉の上に出すと、即ち論議すると、屹度《きっと》矛盾する。併しこの矛盾が宗教的体験即ち信そのものであるから、矛盾の論理というものを作り上げねばならぬ。それは般若の即非の論理である、また即非即是と云ってもよい。宗教の生命は実にここに在る。これが大悲の本願である。仏教学者は一方に因果を立てて、これが教学の根本義だと固執する。而して彼等の実際の仏教的生活と云うべきものは超因果の境地を目指しているのである。意識の上では因果因果と叫びまわるが、そう叫びつつそれをのがれんとのみしている。生死を脱却するとか、極楽往生するとか、煩悩そのままのお救いだとか、弥陀の本願だとか云うのは、皆因果業繫の世界から出離しようと云うのである。因果を見て、因果を行じて、因果に因果して、而してそれから跳り出ようと云うのである。こんな非論理なことはない。併しその非論理が吾等の宗教生活なのだから、その生活を物語る時には非論理とならなければならぬ。

「本願為宗」ほど非論理なことはない。本願の出処は大悲である。大悲の本質は因果の定業《じょうごう》から吾等を救い出そうと云うのである。娑婆は因果の世界だということに極められているから、娑婆に居る間は如何なる大悲の本願も何ともしようがない。それ故、娑婆を辞去してから浄土へやって、そこで世話すると云うより外ない。大乗の教うるところは生死即ち涅槃ではあるが、いざそれが実際にどうなるのかと云うと、どうしてもそれが別別に考えられる。そう考えるところに、生活を論理で規制することになる。而して吾等はこの規制にいつも囚えられている。浄土は死後の世界でどこか東か西かになくてはならぬことになる。因果の世界から出ようとして、却って論理の因果に縛られて、浄土と娑婆とは不一不異なりと云う超論理を認識し得ぬのである。真実の大悲の論理は、因果の娑婆をそのままにして、そこに因果超越を見なくてはならぬのである。これは因果を撥無《はつむ》するのでもなければ、大悲を無力にするのでもない。そう思うのは、思う人の思想的混乱を意味するに外ならぬのである。自ら知らずにいて暴論することになる。

浄土は地球上の存在でない、弥陀は歴史上の人物でない、それ故、論理や科学で浄土や弥陀の有無を論ずべきでないと、正統派の真宗学者は云う。併しこれだけでは知識人を納得させるわけに行くまい。歴史と云うもの、科学と云うもの、空間・時間と云うものを認めて、而してそれから出るとか出ないとか、それに依るとか依らぬとか云ってはいけない。今一歩進んで、その歴史・科学・時間・空間等と云うものは何だということを究めてかからねばならぬ。何故かと云うに、宗教生活・宗教意識、又は仏教体験・真宗信仰なるものは、対象界を対象界と認識して、その上に出来たものではないのである。始めから超因果・超論理のところに居るのである。空間や時間の世界のまだ出来ぬさきのところに動くものが宗教なのである。それ故、宗教をさきにして、それから因果界に出なくてはならぬ。それを本にして論理を作らなければならぬのである。それを見ないで、まず科学とか歴史とかを認めて、それから話を進めようとするところに、その人の非論理性があると考える。論理は当にそんな論理を云い得ないところから始められなければならぬ。

自分等から見ると、真宗の学者は余りに宗学なるものに囚えられている。宗学成立以前に溯ることができないと、宗学そのものもわからぬかとさえ思うのである。体系が出来上ると、その事実は吾等に対して異常な圧迫力をもつ。吾等のすべての思索は、その方法と内容とに於て、それからの指図を仰ぐことになる。即ち吾等は体系の奴隷になる。先覚者のこしらえた特殊の思想的体系に対してのみならず、この自然的環境及び歴史的環境なるものに対しても亦吾等は甘んじてその奴隷となる。環境なるものに対して独自の思索をやらずに、隣の人や向いの人の云うことをそのままに受け容れて、山が高いとか、風が吹くとか、戦があるとか、千年二千年の歴史がどうのこうのと云うことになっている。それも便利には相違ないが、それがため、吾等はどんなに錯誤——種種の意味に於て――を犯して、それから不安の夢に襲われているかわからぬ。一般的なことはとにかくとして、浄土教だけの中の話にしても、先進の学者が編み出した体系に、吾等はどれだけ恵まれているかわからぬと同時にどれだけまた禍《わざわい》せられているかもわからぬ。

正統派の学者達は出来上った御膳立を味わうことに気をとられて、そのものがどうしてそう組み上げられねばならなかったかということを問わないようである。つまり自己の宗教体験そのものを深く省みることをしないという傾向がありはしないだろうか。お経の上で、弥陀があり、本願があり、浄土があるので、それをその通りに信受して、自らは何故それを信受しなければならぬか、弥陀は何故に歴史性を超越しているのか、本願はどうして成立しなければならぬか、その成就と云うのはどんな意味になるのか、浄土は何故にこの地上のものでなくて、而もこの地上と離るべからざるくみあわせになっているのかというような宗教体験の事実そのものにつきては、宗学者達は余り思いを煩わさぬのではないか。浄土があり、娑婆があると云うことになっている。――これをその通りに受け入れる方に心をとられて、何故自らの心がこれを受け入れねばならぬかにつきて反省しないのが、彼等の議論の往往にして議論倒れになって、どうも人の心に深く入りこまぬ所以なのではなかろうか。始めから宗学の中に育ったものは、それでも然るべきであろうが、どうも外部に対しては徹底性を欠きはしないだろうか。

ここでは浄土と娑婆との関係につきて論議することにすると、始めからこの二つをそのままであるものとしないで、何故に、娑婆は娑婆で、それに浄土が加わらねばならぬかと尋ねてみる。宗教意識のまだ目覚めぬうちは、現実の世界をそのままに肯定して、何等の反省も批判もせぬ、そんなものと受け取っておく。が、一たび現実界が現実界でなくなると、娑婆即ち因果・生死・煩悩なるもののあることになる。これが煩らいの源である。すべての宗教上の悩みはこれから出て来る。今まで気のつかなかった——即ち今までは何もなかった——世界が新たに出来上る。この新たなものを、始めからあったものと見てもよい。即ち無量劫の昔しが現在に飛び出したわけである。或はこの意識の一念が直ちに曠劫《こうごう》の弥陀在世の頃に直通すると云ってもよい。自分は弥陀でない。が、弥陀は無宇宙の真只中から、この意識の上に現われて来た。悩みそのものが本願となって来た。悩みの中から本願が憶念せられる。本願は始めから成就せらるべきものなのである。それで、その憶念はその成就を意味する、これが浄土でなくてはならぬ、教えの方から云うと、浄土は向うにあったが、往生の主体から云うと、それは自然の弥陀国である。生死を出ない涅槃界、煩悩をそのままの安養の楽土である。娑婆即ち方便界そのままが、浄土即ち真実界ではない。娑婆が娑婆と意識せられ、煩悩が煩悩で、生死が生死、因果業報が因果業報である時、これらが超越せられる。今までの世界が今までのものでなくなる。このなくなるというところが、浄土往生の事実体験である。この浄土は固より地球上のものとか何とか云うべき範疇には入らない。さればと云って、これを娑婆と没交渉なものとは云えぬ。生死・煩悩を捨てないで涅槃を成就するところが、ここに在ると云わなくてはならぬ。浄土荘厳の出来上る過程を、宗教意識の覚醒及び発展の現象的方面から見ると、こんなふうに叙述せられ得ると信ずる。これを観念論だと云うのは、そう云う人の観念論で、宗教意識自体から云うと、これほど現実的・具体的・生命的なものはないのである。こんな浄土は、生白き死人の集団でなくて、如何にも生生・醒醒で、光明に充ちたものである。

九

我観浄土を結ぶ前に、一言「化身土」に及ばなければならぬと思う。浄土観が確立すれば、化身土の如きは、ただ伝統上の一挿話として、別に気にかけなくてもよいわけだが、『教行信証』には最後の一巻をその叙述に充ててある。それで著者に敬意を表することにした、著者には別の意図があるとは思うが。

他力本願の義に徹底せず、自力の念仏、善本・徳本の行にいそしむものは、浄土そのものに生れないで、その一辺地に生れると云うことである。辺土は、また懈慢《けまんがい》界、また疑城胎宮《ぎじょうたいぐう》と云われる。こんな名目は、どんな歴史・因縁でつけられたか自分は知らぬ。何れにしても此土に往生するものは転輪聖王の七宝の牢獄で金鎖に繫がれているようで、結構は結構だが、甚《はなは》だ自由ならず、何かに限られていなければならぬのである。五百歳たたぬと、この華胎中から逸出するわけに行かぬ。

他力本願の真義を解せぬと云うはどんなことかと云うに、それは畢竟ずるに、「仏智を疑う」、「この諸智において疑惑して信ぜず」と云うことであるらしい。即ち、辺地往生の候補者は、仏智の不可思議を体得せず、徒らに自力旧式の論理をのみ恃《たの》むということになるのである。彼等は浄土と娑婆との交渉に於て未だ一隻眼《いっせきがん》を具えないのである。娑婆だけで通用する可思議底の世界を最後と心得て、浄土往生を願うにしても、この心得が根柢となるので、どうしても横超の体験が得られぬ、随って不可思議界に飛び込むことができぬ。それで、自ら居るところの宮殿は如何に見事であっても、それは閉じられた世界である。浄土はこれに反して辺際を知らぬ、即ち四面豁開《かっかい》している。他力の信心を確保するには、どうしても一たびこの無辺際の境地を踏んで来なくてはならぬ。四方の壁が悉く落ちて、上にも片瓦の頭を蓋うなく、下にも大地の足を支えるなしというところを通過しなければならぬ。三心がどうあろうと、生死の絆《きずな》、即ち娑婆の有限性を、一たび突き切らなければならぬのである。この突き切りがある時、仏智の不可思議が信ぜられ、弥陀招喚の声が聞かれるのである。

浄土そのものには辺地などあるべきでない。この辺地は自力の人々が自分の思慮に任せて作るところである。即ちこれはまだ娑婆域内の一地方である。浄土へは横超で飛び込むのだから、それまでのところに、中間地帯など云うものはあってならぬ。自力の人々は、懈慢界を自分等の手で作り上げて、その中へ、蚕《かいこ》の如く、自ら祭りこまれるのである。五百歳ぐらいはそんなところに居なくてはなるまい、或は一生出られぬも知れぬ。「随縁の雑善では恐らくは生れ難からん」(浄五、二十八丁ウ)で、限られたものから解放せられぬ限りは、吾等はいつも胎宮を、蝸牛《かたつむり》の如くに一生——如何に永くても、それを通して——かつぎまわらねばなるまい。疑城と云い、胎宮と云い、懈慢界と云うは、ひとつに囚えられた生活を云うものであろう。二元的に限られた論理を出ないと、どうしても繫《つな》がれの身とならねばならぬ。他力信心の人はこの点で自由自在の人である。彼等は「広大にして辺際なく、虚空の如き世界」に居るからである。

十

浄土論の総結として、当初に数え上げた九項に対して、下の如き観察を下すことができると思うのである。

一、浄土は極楽として穢土とは絶対に相容れぬ。が、その相容れないところに即非（横超）の論理が出来て、浄土は穢土にとりて最も親しきものとなる。穢土は浄土の外になく、浄土は穢土の外にない。

二、浄土を時間的に死後におき、空間的に西方十万億土におくは、娑婆の人の考え方に対して妥協性を示すものである。非常の言は常人の耳に入り難き故、且《しばら》く有相有漏の立場を認めたにすぎぬ。厳密に云えば、こんなことを教えるのは仮設《けせつ》である。

三、選ばれたものだけが浄土往生するのでない。弥陀の方から見れば、選ぶも選ばれるもない。こちらに決定の信心が出来さえすれば、その時、極速円満に往生成就する。何れも浄土往生にきまっていて、地獄往生はせぬのである。実は吾等はいつも浄土に居るのであるが、自力の論理の故に、そこを脱出しようとのみもがく。

四、弥陀の名号は浄土と穢土とを非連続的に連続させる。弥陀招喚の声を聞くことは、即ちその名号を称することである。これは次篇「名号論」にて明らめる。

五、善悪・是非など云う対立は此土での事で、浄土には一切そんなものはない。それ故、定善・散善を杖にしては浄土往生は不可能である。そんなものの頼りになるは此土での事である。浄土へ往く道は「無礙の道」である。この道は娑婆のものでない。娑婆では、どこへ行っても突き当ってばかりいなければならぬ。それ故、すべての対立的なるものを捨てて、絶対不二なるもの、即ち他力の本願に乗じなければならぬ。

六、浄土と阿弥陀とは一体である、娑婆と吾等と一体であるように。浄土と娑婆の対立は、弥陀と吾等との対立を意味する。それ故、弥陀の心に動く大悲は、吾等の心をいつも占めている煩悩に対して、絶対に相容れぬものとして働きかける。こちらに煩悩があると云うことは、向うに絶対無縁の大悲があると云うことである。それ故、煩悩をそのままにして大悲弘誓《ぐぜい》の船に飛びうつることが可能になる。

七、階段は娑婆だけにある。浄土は無階段である。横超の経験があれば一超直入如来地である。吾等は即時に浄土の住民となる。そうなれば何れも同じである。称名の一心に徹するとは、一念相応の義である。こちらの一念と弥陀の本願と函蓋相応《かんがいそうおう》することである。念仏三昧はこの相応の端的を云う。

八、浄土三部経所述の浄土は、熱帯住民の富贍《ふせん》なる想像力によりて最も感性的に描かれたものである。吾等温帯の民族はそれを文字通りに受け入るべきでなかろう。その裏に流れている心理を体得して、吾等は吾等の云い現わし方で浄土を叙するのが本当である。

九、娑婆は疑もなく苦界である。それは、限られた世界、閉じられた地域であるからだ。吾等には本来仏性がある。この仏性――即ち阿弥陀如来の働きかけ――が動き出で、吾等はこの苦を感ずる。それが一たび感ぜられると、何とかしてそれを脱離せんとつとめる、このつとめが浄土への願生である。願生の切なるものが至心である。至心のところに弥陀の名号が聞かれて、信心決定《しんじんけつじょう》・阿惟越致《あゆいおっち》の境地に入る。

二　名号論

一

真実界の浄土は方便界の娑婆と即非即是の交渉の上に建立《こんりゅう》されているものとしても、その交渉はどうしたら認識可能か、即ち浄土往生はどうしたらできるか。このままの往生でも、この事実の認識せられぬ限り、未往生も同じことである。この事実の認識と云うと知的な響きがあるが、浄土学の体系ではこれを「大信心」と云うのである。これが長生不死の浄土を体認する神方であり、忻浄厭穢《ごんじょうえんね》の妙術である。信心が、「神方」だとか、「妙術」だとか云われると、信心の獲得そのことが浄土信者の生活目的でなくなるとも考えられよう。併し真宗は、信は此土所属、証は彼土所属と定めている故、信を方法と見るも当然であろう。が、この「神方」及び「妙術」の語は、信心そのものよりも寧ろ行に充当すべきだと考えたい。行は往生廻向を実証する妙術で神方だからである。それで、『教行信証』の「行巻」の劈頭《へきとう》にこう書いてある。曰わく、

「謹んで往相廻向を按ずるに大行有り大信有り。」(浄二、一丁オ)

と。行と信とを同位に並べてある。行から信に至ると云わぬ。行が信で、信が行である。何れを主とし、何れを伴とし、何れを先とし、何れを後とするとは云わぬ。行と信とは同時に成就するものと云わなければならぬ。が、思索の上からは、行と信とを別別に分けて、こんなことが行、あんなことが信だと説くだけのことである。それで、ここでは行を主として論ずるが、この行が浄土と娑婆との結びの鍵であると、自分は云うのである。即ち「南無阿弥陀仏」を媒介として吾等は此土から彼土を窺うことができると云うのである。

行《ぎょう》については、『教行信証』の著者の宣言がある、如何にも、大胆に、明白に、曖昧を許さぬ堂堂たる宣言である。曰わく、

「大行とは則ち無礙光如来の名を称するなり。斯の行は即ち是れ諸〻の善法を摂し、諸〻の徳本を具せり。極速円満す。真如一実の功徳宝海なり。故に大行と名づく。」

(浄二、一丁オ)

これで、南無阿弥陀仏の名号が吾等娑婆方便界の住人をして浄土往生を遂げしめる神方であることがわかる。

これから問題は名号にうつる。

名号《みょうごう》は実に浄土教体系の一大礎石である。それ故、名号の何であるかを会得することは、浄土教を会得することでもあると云ってよい。実際は、本願の主人公で、浄土全系を支えている阿弥陀仏そのものも、その名号に尽きると認められ能うのである。阿弥陀仏はその名号と同一体である。此土の吾等、相関的・対峙的・現象的方便界の吾等は、阿弥陀の浄土と直接の交渉をひらくわけにいかぬので、必ずその名号を媒介とする。名号は、一面娑婆につながり、他面浄土につながる。名号の真実につかまれる時、それは直ちに浄土往生の事実体験となるのである、即ち阿弥陀仏と覿面《てきめん》に相対することになるのである。名号の意味がこのように深くして遠いから、浄土経中には、「十方世界の無量の諸仏悉く咨嗟《しさ》して我が名を称せずば、正覚を取らじ」(無量寿経)とあり、また「我れ仏道を成ずるに至りて、名声十方に超えて、究竟して、聞ゆること無くば、誓って正覚を取らじ」(無量寿経)などとある。またこれらの経文を根拠として、シナ及び日本の浄土教徒は、極力名号の不可思議性を高調する。『教行信証』に左の文句がある。

「爾《し》かれば、名を称するに能く衆生の一切の無明を破し、能く衆生の一切の志願を満てしむ。称名は則ち是れ最勝真妙の正業なり。正業は則ち是れ念仏なり。念仏は則ち是れ南無阿弥陀仏なり。南無阿弥陀仏は則ち是れ正念也と知るべし。」(浄二、五丁ウ)

弥陀の名号によりて、一切の無明が破れ、一切の志願が満たされるなどと云うような文類は、他力廻向を主眼とする立場から出るので、衆生たる吾等からすると一種の魔術的なもののように感ぜられるであろう。それで、名号の起りに原始的宗教意識のあるものを認めてもよいということになる。併し、本当に浄土に到達し、弥陀の面前に立つことの可能性は、外より見ないで、内から名号に進む径路をたどると、却ってはっきり酌み取られるのである。浄土系の学者は、いつも体系を先立ててまずそれを認めさせんとするから、対象界の此土から浄土へのつながりの意味が却って晦渋《かいじゅう》になる恐れがある。とにかく、名号を称うることが最勝真妙の正業なのである。「無明を破する」こと、即ち、娑婆の繋縛《けばく》、煩悩の纏綿《てんめん》、生死の流転ということを脱離するのは名号のわざだと云うのである。「一切の志願を満たす」とは、此土は欠乏の世界で、吾等はいつも何かをあこがれている。吾等には、永遠の希望、不尽の祈りがある、それが満たされるのが名号の功徳だと云うのである。それ故、この方便土から真実土に進入又は転入せんには、どうしても名号によらなければならぬ。名号は実に浄土の関門を突破して、これをして八字に打開せしめるところの一大明呪である。

名号が、正業であり、正念であって、これでないと、浄土への途は開かれず、弥陀との対面が不可能と云われても、浄土や弥陀というものの外に名号があるのでない。名号は直ちに弥陀であり浄土である。浄土は場処で、弥陀は人格で、後者が前者の主宰だという考えは、娑婆からの類推論理にすぎぬ。その実際は、名と法とが一つで、法と土とがまた一つなのである。それ故、名号の功力が吾等の一念の上に現われる時、それは直ちに浄土往生で見弥陀である。即ち名号と浄土と弥陀とは一串に串通せられて自己同一性の上に立つことになる。ここに名号の不可思議がある。鉄を変じて金となし、娑婆を転じて浄土となすところの不可思議がある。而してこれは名号を通して「浄土に遊ぶ」吾等の心の功徳でなくて、名号の下から涌き上って来る弥陀の本願の力である。それ故に、弥陀の徳力なるものは思議の世界では話題にならぬ、これは浄土系学者の定説で、尤《もっと》もな次第である。

名号の不可思議は名号自身としてあるのでないから、「名即法」の法である弥陀の力は、浄土経論に於ては、無上に托上せられねばならぬ。そうして、この後方の力又は徳と、先頭に翻える旗印の名号とは、函蓋相応・感応道交して、その間に何等の罅隙《かげき》を入れてはならぬ。それで、『教行信証』の著者は法相宗の祖師法位《ほうい》の文を引いて云う。

「諸仏は皆徳を名に施す。名を称するは即ち徳を称するなり。徳能く罪を滅し、福を生ず。名も亦是の如し。若し仏名を信ずれば、能く善を生じ、悪を滅すること決定して疑無し。称名往生、これ何の惑いか有らんや。」(浄二、三十六丁オ)

「徳を名に施す」とは、徳が名で、名が徳であるとの義であって、両者の間に一分の開きもないことを意味する。それで、名号を念ずるには、直ちにその背後に在るものの無量の功徳を念ずることに外ならぬのである。

親鸞聖人はまた元照《がんじょう》律師の持名の功徳を説く文句を引用している。曰わく、

「況んや我が弥陀は名を以て物を接す。是れを以て耳に聞き、口に誦するに、無辺の聖徳、識心に攬入《らんにゅう》す。永く仏種と為りて頓みに億劫の重罪を除き、無上菩提を獲証す。云云。」(浄二、三十三丁ウ)

こんな名号は、どうしても娑婆で使われているものと、その次元を異にし、範疇を殊にするものと云わなければならぬ。弥陀の居処だという浄土では、此土のように、名と法との間に隔たりをつけないのである。真実界では名号がそのままで弥陀でなくてはならぬ。それ故、この名号に出くわすことは、直ちに弥陀に逢着することでなくてはならぬ。弥陀に備わっているすべての力は、彼の名にも具わっていなくてはならぬ。而してこの力は吾等が娑婆で見出し得べきすべてのものを超越していて、吾等を「有限」の繋縛か

ら一時に解放するところのものなのである。吾等は実にこの力を志願して、而して今や名号にぶつかった。即ちこの事実ですべてが満たされたわけである。

名号の力は阿弥陀仏の力に裏付けられていると、吾等娑婆のものは云う。これは方便界の云い方で、浄土即ち真実界では、そんな裏付けとか表付けとかいう文字の使用は許されぬ。名号が即ち弥陀だからである。而して弥陀の力が左の如く特性づけられている。これは親鸞聖人が元照律師の『観経義疏』からの引文である。

「蓋し阿弥陀仏には大慈悲力・大誓願力・大智慧力・大三昧力・大威神力・大摧邪《だいさいじゃ》力《りき》・大降魔力・天眼遠見力・天耳遥聞力・他心徹鑑力・光明遍照摂取衆生力有るに由ってなり。

是の如き等の不可思議功徳の力有り、豈に念仏の人を護持して、臨終の時に至るまで、障礙無からしむること能わざらんや。

若し護持を為さざれば、則ち慈悲力何れにか在らん。

若し魔障を除くこと能わず、智慧力・三昧力・威神力・摧邪力・降魔力、復た何れにか在らんや。

若し鑑察すること能わずして、魔の障を為すことを被らば、天眼遠見力・天耳遥聞力・他心徹鑑力、復た何れにか在らんや。」(浄二、三十二丁ウ)

有限界の娑婆、方便界の化土に膠着して自由ならぬ吾等は、何とかしてこの繋縛を離脱せんと希う。否定と肯定とが交錯して、どうしてもその牽制を振り捨てることのできぬ吾等は、色々にもがき悩む。そうして所謂《いわゆ》る「自力」の方法であらゆる離縛の目的を達せんとする。深く意識の根柢を覆《くつがえ》して、そこから溢れ出る煩悩妄執を取り鎮めんとする。が、そう努力すればするほど魔障に襲われる。これは、論理的にも、心理的にも、宗教人の誰もが実際に経験するところである。それ故、弥陀に上述の力がなかったら、地獄の底から涌き上る魔種の発動力を粉砕するわけに行かぬ。弥陀の名号は、金剛杵の如く、一切の魔障――それがどんな倫理的・論理的・心理的・宗教的・国家的形態をとって現われて来てもかまわぬ、名号に逆うものは皆魔障である――を悉く摧破してしまう。名号の真実界では、娑婆の構成に役立つものは一切取り捨てられねばならぬ。名号は、栴檀の如く、伊蘭の煩悩妄執林をして一時にその臭を消失せしめる、また師子一滴の乳の如く、牛羊驢馬一切の諸乳を入れた分別論理の汚器をして一時に清水化せしめる。

また譬えて見ると、

「人有って翳身薬《えいしんやく》を持ちて処処に遊行するに、一切の余行、是の人を見ざるようなものである。若し能く菩提心の中に念仏三昧を行ずる者は、一切の悪神、一切の諸障、是の人を見ないのである。諸ゝの処へ出て行っても能く是の人を遮障し能わぬ。

何故かと云うに、能くこの念仏三昧を行ずることは、即ち是れ一切三昧中の王者だからである。」(浄二、十八丁ウ)

名号が「真実界」そのものでないと、こんな不可思議底は演出せられぬのである。

それ故、名号について吾等の云い能うすべての表現は、「方便」の外の何ものでもない。親鸞聖人は天台宗祖の一人であった山陰の慶文法師の言を借りて、下の如く説き示してはいるが、「建立」は畢竟じて建立・仮設・計較で、贅疣《ぜいゆう》たるを免かれぬのである。

慶文の言葉によれば、

「良《まこと》に仏名は、真応の身に従りて建立せるが故に、慈悲海に従りて建立せるが故に、誓願海に従りて建立せるが故に、智慧海に従りて建立せるが故に、法門海に従りて建立せるが故に、若し但〻専ら一仏の名号を称するは則ち是れ具さに諸仏の名号を称するなり。功徳無量なれば、能く罪障を滅す、能く浄土に生ず。何ぞ必ずしも疑を生ぜんや。」(浄二、三十一丁ウ)

この引文中で「一仏の名号」とあるが、名号が真実界そのものであれば、「一仏の名号」でなくてはならぬ。一仏・諸仏・一切仏と云うも固《もと》より方便の域を出ないが、方便界の吾等ではこれ以上は力及ばぬ。名号そのものも、或る意味では引接《いんじょう》の方便であるからである。真実界には方便がない、方便界には真実がない。併し名号だけは、真実界の面と方便界との面を持っていて、それぞれの面に対して、或は絶対不二の法そのものともなり、或は見性了心の指針、無上深妙の門ともなる。後者の場合では、名号は濁世に応生した釈迦牟尼仏であり、前者の場合では浄土を出現した阿弥陀仏である。穢浄両殊ではあるが、利益斉一で、ここに名号の即非即是性があると云える。それで名号は、一面往相廻向であり、また一面還相廻向である。両相の廻向は名号を契機として何れの面へも志向する。

二

名号の両面性は往還二相の廻向を領解するたよりとなるとも云えるし、また二相の廻向が可能である限り、名号の両面性を認めなければならぬとも云える。浄土と娑婆、真実界と方便界、弥陀と凡夫、——これら一連の対語は絶対に相容れないものであるが、而もその間に回互性又は円環性又は廻向的運動があることを忘れてはならぬ。この運動があるので名号もそれ自らを守ってはいない。必ず一面には浄土を指し、他の一面には娑婆を指す。これは循環論理のようで、いつも出た処へ戻って来るが、実際、人間の思想としては、行きつ戻りつするのが、その本質なのである。但〻宗教意識はこの往還運動の間にあって一条の白道を踏んでいる、——それが安心決定とか阿惟越致の境地とか云うものである。

浄土系の経論には聞名ということが処々に見える。称名が主題となって、聞名がそれほど説き立てられず、聞名はそれだけで意味がないように考えられている如くに見える。聞名から信心歓喜、それから称名という順序で、聞名よりも称名が主として考えられている。併し自分の所見によると、聞名と称名とは不可分離のもので、称名即聞名・聞名即称名と云いたい。聞名は弥陀の招喚、——時には「静かな微かな声」ではあるが、——それを聞くことで、これは還相廻向である。称名は「無意識」に聞いた名号を称え返すことで、往相廻向である。而して、往相は還相、還相は往相で、相互の間に円環的運動があるから、聞名と称名とは或る立場からする区別にすぎない。両者は自己同一性のもので、名号の両面性を成立させているのである。聞名と称名との間に信心歓喜を入れる教学は十成でない、聞名は直ちに称名でなくてはならぬ。然らざれば、「名声十方に超えて究竟して聞ゆる所なくば正覚を成ぜず」(浄二、一丁ウ)と云われない。弥陀の名号の尽十方に響きわたるのは、ただ響くのでなくて、必ずこれに応ずるものあらんことを期している。応ずるとは何かと云えば、称名である。これが啐啄《そったく》同時である。聞名がまずあって、それから間《あい》をおいての称名ではない。話の順序即ち論理的に秩序でもたてるとすれば、先行、後行(又は随後)と、時間的経過のようなものを考えるでもあろうが、体験の事実そのものから云えば、そこにはそんな時間性を見ないのである。称えるのは聞くからである。聞く時が称える時である。響きの声に応ずる如くである。聞いて、それから信喜して、欲往生して、それから更に称名というような順序は、思想上の分析に外ならぬ。それをそのままの事実と想像しては、却って信心決定の上に支障を生ぜぬとも限らぬ。それはとにかくとして、時間性を事実そのものの上に読み込んではならぬ。

「その仏の本願力、名を聞きて往生せんと欲えば皆悉く彼の国に到りて、自ら不退転に到る」(浄二、二丁オ)と云うが、これも、聞名と欲往生とを二つのものに見るべきでなかろう。両者は同時発生である。而して欲往生は直ちに不退転である。即ち聞名が不退転そのものであるのである。聞名は決して無力なものでない、徒為でない。「諸天・人民・蜎《けん》飛《び》・蠕《ねん》動《どう》の類、我が名字を聞いて慈心せざるは莫けむ」(浄二、二丁ウ)とか、「是の如く人仏の名を聞きて、快く安穏にして大利を得ん。」(浄二、四丁オ)とか云うのは、修辞ではない、名号が我心に聞かれる時、その心は直ちに快《すみや》かに安穏を得るのである。

『教行信証』は、『安楽集』の文を引いて左の如く云っている。

「大経の讃に云く、若し阿弥陀の徳号を聞きて、歓喜讃仰し、心帰依すれば、下も一念に至るまで、大利を得。則ち功徳の宝を具足すと為す。設《たと》い大千世界に満てらむ火をも亦た応に直ちに過ぎて仏の名を聞くべし。阿弥陀を聞かば復た退せず。是

の故に心至りて稽首し礼《まつ》れ。」(浄二、十九丁オ)

親鸞はまた少しへだてて『往生礼讃』中から同じような意味の偈文を引用している。曰わく、

「弥陀の智願海は深広にして涯底無し、名を聞きて往生せんと欲えば皆悉く彼の国に到る。設《たと》い大千に満てらむ火にも直ちに過ぎて仏名を聞け。」(浄二、二十二丁ウ)

「弥陀の智願海は深広で涯底がない」と云うが、その涯底のないところから招喚の声が聞かれる。これを聞くことは直ちに弥陀の智願海に飛び込むことである。娑婆で、有限性・対峙性のものにのみ取り囲まれているものが、深広無底の智海に没入して、それから智慧清浄の業を起すことは歓喜のきわみでなくてはならぬ。火は大千に満ちていようとも、そんなものは直ちに飛び越えられねばならぬであろう。名号は弥陀の智海そのものであるから、それを聞くことが即ち智海に入ることなのである。名号の「謂われ」と云うようなものを聞くのでない。名号そのものを聞くのである。「謂われ」は思惟であ る。思惟のために大千に満てる火に飛び入る勇気は出ない。そんな決意は思惟以上であ る。絶体絶命の決意は、思惟を尽しても攫《つか》み能わぬものがあるので、水火をも辞せぬということになる。弥陀招喚の声は、思惟を絶したもの、「謂われ」などの閑妄想を容れ能うものであってはならぬ。これはどうしても、全存在を投げ出して聞きとられねばな

らぬ。これは一念の世界である。念念相続の意識界を突破した時の消息である。名号を聞いて、それから一心称念では遅八刻である。そんなことをしていたら、弥陀招喚の声は、「智願海」の涯《かぎ》りなき向う岸に消え去ってしまう。一心称念も非思量の処、聞名号も非思量の処。非思量には思量・計較・情謂を容れる余地がない。聞名即称名・称名即聞名でなくてはならぬ。そうでないと往還二相の廻向がわからなくなる。

三

『教行信証』にまた『大無量寿経』から引文して曰わく、

「故に大本に言く、仏弥勒に語くそれ彼の仏の名号を聞くを得て歓喜踊躍して乃至一念せむこと有らむ。当に知るべしこの人大利を得ると為す。則ち是れ無上の功徳を具足するなり。」(浄二、三十九丁オ)

また引き続き善導の『散善義』を引いて曰わく、

「光明寺の和尚は下至一念と云えり。又た一声一念と云えり。又た専心専念と云えり。」(浄二、三十九丁オ)

「彼の仏の名号を聞くを得て歓喜踊躍して乃至一念せん」の文を普通に解して、「かの阿弥陀仏の名号の謂はれを聞信して、歓喜のあまり、身も踊り、心も躍りて、ただ一声南無阿弥陀仏と称える」と云うが、これは甚だ紆余曲折である。さきにも云ったように、吾等の聞かんことを要請せられるは、名号そのもので、その「謂われ」でない、またこれを「聞《き》き信《ひら》いて」でもない。名号そのものを聞くのでなくてはならぬ。名即法であるからには、法につきていくら聞いたとて何もならぬ(何も聞かぬよりましでもあろうが)。法は直《じ》きに覰破《しょは》すべきである。歓喜踊躍はこの体験に伴う心理学的事象である。それから「乃至」と云う梵語の訳字が甚だ厄介な文字であるが、今のような場合では、余り意味のないこととして、直ちに「一念」に接続する。そうすると、この一念は即ち聞名の受働性に裏付けられた能働そのものの「忽然念起」である。名号を主体として話しすると、これを聞くと云うは、吾等がそれを称えることである。称名によりて聞名の体験事実が決定するのである。弥陀招喚の声は一声である。それ故、これを聞くことも亦一念でなくてはならぬ。「一声一念」の意義はこれで分明する。一声は弥陀の一声で吾等の一声でない、吾等の方では一念である、而してこの一念が弥陀の方では一声である。他力の立場から云えば、それ故に、弥陀は自ら喚んで自ら応ずるものと考えねばならぬ。どこかでも云ったように、禅的に云い現わせば、「主人公」の呼懸《よびかけ》と応諾である。禅では人格の色彩が浄土系のと違うので、如何にも散文的・没情味的に見えるが、事実は同じことを云っているものである。次の引文もこの意味で解せられる。浄土系思想の体系は、南無阿弥陀仏の名号を繞《めぐ》って構成せられあるのである。

「今、弥勒付嘱の一念は即ち是れ一声なり。
一声は即ち是れ一念なり。
一念は即ち是れ一行なり。
一行は即ち是れ正行《しょうぎょう》なり。
正行は即ち是れ正業なり。
正業は即ち是れ正念なり。
正念は即ち是れ念仏なり。
則ち是れ南無阿弥陀仏也。」(浄二、四十丁オ)

仏が弥勒に付嘱せられた一念が一声で、一声が一念だと云うは、如何にも深遠な宗教経験の云い表わしである。これに註を下して、「行の一念」がどうの、「一声の称名」がどうのと云うのは、教家の閑葛藤《かんかっとう》で、頭上に頭を重ねたものである。何が故に、「南無阿弥陀仏！」、この一声が一念で、一念が一声で、これが即ち仏仏祖祖の以心伝心底の一著子であるとは云わぬのか。親鸞聖人も老婆禅に堕している、――一行とか、正行とか、正業・正念・念仏とか云って始めて南無阿弥陀仏と、いくつかの階段をこしらえて、ようように末後の一句に到る、如何にもまどろしい。

四

「光明名号」と云うことがある、これは、光明と名号とは、本来分つべからざるもののようであるが、教学家は分けている。善導の『往生礼讃』からの引文に曰わく、

「然るに弥陀世尊本《もと》深重の誓願を発して、光明名号を以て十方を摂化す。」(浄二、二十一丁オ)

と。この文中の光明名号を両分して、「衆生の迷ひの闇を払ひ、冷たい心を温めて下さる光明の縁」と、「諸仏に讃められて十方衆生に知らせんとの名号の因を以て、十方の衆を化度し給ふ」とするのは、果して妥当か否かを知らぬ。が、分けるのが教学者には一つの伝統思想となっているようである。『教行信証』の「真仏土文類」(巻五)中に引用せられてある支謙《しけん》訳の『大阿弥陀経』の文は、弥陀の光明の他の仏の光明に比して絶類のものであることを記した後、左の如くしるしてある。

「阿弥陀仏の光明名とは八方上下無窮無極無央数《むおうしゅ》の諸仏の国に聞ゆ、諸天人民聞知せざるは莫《な》し。聞知せん者は度脱せざること莫し。仏の言わく、独り我れ阿弥陀仏の光明を称誉するのみならず、八方上下無央数の仏、辟支仏、菩薩、阿羅漢の称誉する所、皆是の如し。仏言わく、それ人民善男子善女人有りて、阿弥陀仏の声を聞

いて、光明を称誉して、朝暮に常にその光好を称誉して、心を至して断絶せざれば、心の所願に在りて、阿弥陀仏の国に往生せん。」(浄五、五丁オ)

この文では光明名と一つに読むのがよいようである。光明を聞くと云い、光明を称誉すと云うには、光明即名号と見るべきではなかろうか。

浄土は無量光明土で、如来は不可思議如来だから、光明の二字で浄土と仏身とを一括して、その名号としてよいのである。光明はただ照らすだけで摂取せぬとするは僻見《へきけん》あ る。これは、智と悲とを思想的に分析して、これを因果説にあてはめて解釈せんとしたもので、却って光明思想を混濁にする恐れなしとせぬ。既に弥陀は光明であるとすれば、その名号はまた光明名号でなくてはならぬ。光明即名号・名号即光明と解するのが最も自然であろう。光明と名号とを分けて、それを因果思想で解して、西方往生の可能を説明するは、教家者の立場——何でも物事を煩瑣にせんとする傾向——からすれば、それも一応の道理かは知らぬが、横超の論理、廻向の運動、回互の不可思議を主張する他力教にあっては、何事も直截であるべきではなかろうか。光明に照らされる時が摂取の時である。照と摂とを分けるに及ばぬ、照摂《しょうせつ》は同時・同処である、そこに他力の不可思議がある。因がどう、縁がどう、果がどうと云うのは、他力の体験事実を煩瑣な思想化するだけでなく、却ってこれを歪曲する。

名号の方からすれば、名号を聞く時が光明に照摂せられる時である。光明に照摂せられる時が、聞名・称名、一時に行ぜられる時である。名号の外に光明なく、光明の外に名号はない。名号は耳で聞かれ、光明は目で見られると云うのは、娑婆での感性生活からの類推にすぎぬ。他力を頂く経験そのものから見れば、耳で見、目で聞くのである。目だの、耳だのと云って、官能的に彼と是とを区分して考えるのは、まだ他力の生活に入らぬ人と云うべきであろう。「微風幽松《ゆうしょう》を吹く、近づいて聴けば声《こえ》愈〻好し」と寒山は歌う。禅者は揶揄して、「どこで聞く」と尋ねる。これを耳で聞くのは凡人である、人で聞くのもまた然りである。そんならどこで聞く？　目で聞く、鼻で聞く、腹で聞く、耳でも聞く。それは、松風でもあり、名号でもあり、光明でもある。光明は闇《くら》きを尽すところから照りわたる。ただ闇きを尽せ。尽し尽して尽すところなき時、光明はその尽きたところから端なく照りわたる。名号はこれを耳辺に翻訳したまでのことである。見名号、聞光明、これがまた称名念仏の事実経験である。

　尽十方に照り渡る光明、尽十方に響き渡る名号、これは弥陀の身の上からすれば、一つものでなくてはならぬ。娑婆の吾等は、それを耳に受けて「聞名」と云い、目に受けて「見光明」と云うのである。元来の同一物を分析して、一つが因であり、一つは縁であると云うのは、どうしても衒学的である。「光明名号」即ち「南無阿弥陀仏」は、光明より外のものではあり得ないのである。「光明者名為㆓智慧㆒」（浄五、七丁ォ（『涅槃経』引文））と云うが、智慧とは本来無分別の分別である。それ故に、南無阿弥陀仏も亦《また》無分別の分別である。「無意識」の深淵からの一声である、一喝である。この一喝で阿頼耶《あらや》識《しき》の暗窟が忽爾にその跡を収めて、光明寂照尽山河である。ただ照らすのでない、照らされるものは必ず摂せられるのである。聞名・称名・欲生・往生、何れも一念の上に成就する。ここに他力の真実があり、不可思議がある。その中に聞と称とを分ち、名と光とを分けるのは情謂の沙汰と云ってよい。情謂の沙汰のあるところでは、南無阿弥陀仏で浄土往生は不可能であろう。情謂では娑婆へのひっかかりが取れない。「南無阿弥陀仏！」ですべてが雲散霧消せぬといけない。そんな称名でないといけない。即ちそれは聞名だからである。これで名号によりて浄土と娑婆とのつながりが成就し、「南無阿弥陀仏」の両面性が分明になる。

五

或る一面から云うと、光明と名号とを分けて見るにも亦一理がある。それは、光明と云うと弥陀の辺にのみ可能で、娑婆の凡夫にはあてはまらぬ。名号には両面性が読める。称名と聞名とを、とにかく、思想的には分けることができる。いくら絶対の他力と云っても、それは此土の人間の説くところである故、絶対の他力の中にも自他の対峙の影の宿らぬわけに行かぬ。どうしても何かそんなものの影が映るとすると、絶対不二の名号にも響きと咨嗟があり、聞と称がなくてはならぬ。これらの対語が出る限り、名号の凡夫面・自他対立面の仮設を許さなければならぬ。ここに名号の歴史的背景がほのか見えて来るのである。これは名号即ち称名を浄土への横超的はね板《スプリング・ボールド》と見ないで、直超的丸木橋とでも見ることである。真宗的絶対他力の称名の後に歴史的発展が跡づけられると云いたいのはこの点である。次に少しくこれを説く。

六

真宗的称名観の成立するまでにいくつかの段階があった。第一は観仏である、これは『観無量寿経』でも跡づけられる如く、仏の相好を観ずることである。法――曇摩《ダルマ》――が中心でなくなって、仏――人格《カーヤ》――が中心になって来ると、観仏行が発達するのは自然である。併《しか》しながら、観仏行は容易な行事ではない、これには異常な意識力の集中が必要である。「至心に仏を憶ふ」と云えば何でもないようであるが、三昧の定力は常人の企及し能わぬところである。至誠心・信心・願心は、観仏又は見仏の内因として必須の要件であるのみならず、浄土系の信徒としては、何につけてもこれらの三心がなくてはならぬ。併し一般人には、見仏は難行である。善導の『観念法門』に『般舟三昧経』からの引文がある。

「仏、跋陀和菩薩に告ぐ。三昧あり、「十方諸仏悉在前立」と名づく。若し疾く是三昧を得んと欲すれば、常にまさに守・習・持して、疑想の毛髪の如き許《ばか》りも有ることを得ざるべし。

若し比丘・比丘尼・優婆塞《うばそく》・優婆夷《うばい》にして是三昧を行学せんと欲せば、七日七夜、睡眠を除去して、諸〻の乱想を捨て、独り一処に止まり、西方阿弥陀仏の身、真金色にして三十二相を具し、光明徹照して、端正無比なるを念ぜよ。

一心に観想して、心に念い、口に称えて、念念絶えざるものならば、仏言わく、七日已後にして、これを見んと。譬えば、人あり、夜、星宿を観んに、一星即ち是れ一仏なり。若し四衆ありて、是観を作すものならば、一切星を見ん。即ち一切仏を見ん。……

三昧と言うは、即ち是れ念仏の行人、心口に称念して、更に雑想なく、念念住心し、声声相続せば、心眼即ち開けて、彼の仏の了然として現わるるを見ることを得ん。云云。」(薄葉本、十九丁)

「七日七夜、睡眠を除去」することは、必ずしも不可能でないかも知れぬが、諸〻の乱想を捨てることは容易でない。これには何か手段が必要である。即ち「西方阿弥陀仏の身、真金色にして三十二相を具し、光明徹照して、端正無比なるを念ぜよ」と云うのであるが、こんな複雑な意識は中々にまとまるものでない。「一心に観相して」と云えば、何か画像か塑像のようなものでもを、前面にかけるか、すえておかねばならぬ。これは一種の自働的示唆法で、必ずしも、宗教的にも心理学的にも健全とは云われぬ。「心念口称して念念絶えず」と次に記されてあるが、この心念は口称を限定するものであろう。ただの口称では鸚鵡《おうむ》返しで何もならぬから、心念、即ち意識的に心力の集中が口称に伴わねばならぬ。併し此の如き情熱は、「一心に観想して」の心理と同一でない。一心に観想すると云う時は、何か一つの心象を描いておかなければならぬ。而してこの心象を朦朧ならしめぬよう、意識はいつも覚醒の情態におかれるべきであろう、ところが、「心念口称念念不絶」は、この情態の相続を助けるようであって、その実は注意を二分する恐れがある。観仏行には口称念仏が必須の条件ではあるが、実際の修行上、心力を二分することがあるとすると、「一心の観想」の方を止めて「口称念仏」をのみ取ることが効果的だと云うことになろう。即ち、見仏行は自ら念仏行に移り行かねばならぬ。これは歴史上そうなのである。所謂《いわゆる》「意業憶念観察門」が「口業讃歎門」に転化したのである。口称念仏は必ずしも讃歎ではないが、その口称たることに於て、意業の憶念をおきかえたことは事実である。

『往生礼讃』に『文殊般若』を引用して左の如き問答をしるす、これは『教行信証』にもある。

「又文殊般若に云うが如く、一行三昧を明らめんと欲す。唯ゝ勧めて独り空閑に処して、諸ゝの乱意を捨て、心を一仏に係けて、相貌を観ぜず。専ら名字を称うれば、即ち念中に於て、彼の阿弥陀仏及び一切仏等を見るを得といえり。

問うて曰わく、何が故ぞ、観を作さしめずして直ちに専ら名字を称えしむるものは何の意か有りや。

答えて曰わく、乃《いま》し衆生障《さわ》り重くして境は細なり、心は麤《そ》なり、識颺《あが》り、神飛んで、観、成就し難きに由りて也。是れを以て大聖悲憐して直ちに勧めて専ら名字を称えしむ。正しく称名は易きに由るが故に、相続して即ち生ず。」(浄二、二十丁オ)

「境は細なり、心は麤なり、識颺り、神飛ぶ」は、吾等一般人の常情であるから、観仏行は称名念仏行となるのが自然の推移であろう。

七

これから、称名行は第二期或は第二階に入るのである。

「称名は易し」と云うことは、『歎異抄』にも「誓願の不思議によって持し易く称え易き名号を案じ出し給い」と記してある。親鸞はこの案出を誓願の不思議に帰する、そこに、彼が念仏観の特異性がある。普通には人間心意の要請とでも云うべきところを、彼は他力念仏の主旨から宗教的にこの推移を弥陀の本願の不思議な力に求める。誠にその通りであると云ってよい。人間の宗教意識が深く深くその底に掘り下げられて行くと、そこには人間の力で及ばぬものの在ることに気づく。仏教者はこれを阿弥陀の誓願の不可思議と考えねばならぬのである。併し、この他力観に入る前に称名念仏の自力行がある。而してこの自力行の痕跡が他力の念仏の中にも窺われる。

厳密に云えば、称名と念仏とは違う。称名は口業で、念仏は意業である。併し、意に仏を念ずれば必ず口に名号を称える、而して口のみの称名——或る意味ではわるい事でもないが——は、実際はそうあってはならぬのだから、称名と念仏とは離れられないであろう。浄土系の経論では、両者は無分別に使われている。「念仏三昧」と書いてあるところを「称名三昧」と直しても同じことである。「南無阿弥陀仏」は、念仏であり、また称名である。

聞名が称名で、称名が聞名であるということは、他力念仏の極致で、南無阿弥陀仏はここでその本具の不可思議性を闡明《せんめい》するのであるが、それまでには一超直入《いっちょうじきにゅう》と云うわけに行かぬ、今一つの段階を通過しなければならぬ。それは念仏三昧行とでも云うべきものである。即ち「一切の凡夫、罪福の多少、時節の久近を問わず、但〻能く上は百年を尽し、下は一日・七日に至るまで一心に弥陀の名号を専念すれば、定めて往生を得ること必ず疑い無からん」(浄六、本、二十四丁オ)と云うように、弥陀の名号を一心に専念することである。必ずしも浄土往生と云わないでもよい、見仏・観仏がその目的であってもよい。何れにしても称名を繰返し繰返し念念相続せしめて、心理的に或る状態に入らんとするのである。浄土系の教えでは、称名と浄土往生とは不可分離の行業であるが、もっと広く宗教経験一般と云うようなものから見れば、浄土往生を必ずしも浄土教学的に解しなくてもよいと考えたい。浄土往生は宗教的生活に於ける一大転回を意味するものと見てもよいであろう。シナ宗教思想史が元明時代に入ってから、禅と浄土教との接近が益〻著しくなって、称名が公案化した。これは、禅の浄土教化でなく、浄土教の禅化でもなく、もっと一般的な宗教意識の展開が跡づけられるのではないかと思うが、とにかく、称名行には公案化の心理学的基礎があるのである。

阿弥陀仏が印度でどうしてこれほどに「最尊第一」のものとなったかについては、歴史的に詮索すべきであるが、宗教意識の開展から見れば、それは自然だと云ってよい。何故かと云うに、宗教意識はいつも何か一者を求めて止まぬ、一者でないと吾等の心理は落ち着かぬ、どこかで「一」なるものに逢着しなければならぬように吾等は運命づけられているのである。その名は何でもよい。「一」なるものはどんな名でもよい。吾等の宗教的要求に遺憾なく満足を与えてくれるものであれば、阿弥陀でも、弥勒でも、薬師でも、観音でも、大日でも、不動でもよい。但し歴史的に「一者」を、浄土系思想は阿弥陀仏と名づけた。而してこの名号は不思議に力あるものとなった。光明の体で無量寿だと云うところに、吾等の宗教情操的要求が充足するのである。それから彼の本願なるものに吾等をその心の底から動かし能うものがあるのである。本願には歴史的に印度の神話と結びついているものが多く含まれていても、その中には吾等の心に宿っている永遠の祈りが述べられてある。この永遠の祈りは、実に吾等人間の本質を構成しているもので、悲願の不可思議そのものである。ここに阿弥陀の無限の力即ち光明を認める。この光明は永遠の希望であり、悲願(愛と云ってもよい)であり、休息である。

その故に、支謙訳の『大阿弥陀経』には彼の光明を最大階級の形容詞で叙述してある。

「仏の言わく、阿弥陀仏の光明は最尊第一にして比び無し。諸仏の光明皆及ばざる所也。八方上下無央数の諸仏の中に、仏の頂中の光明、七丈を照らす有り。

仏の頂中の、光明一里を照らす有り。乃至。

仏の頂中の光明、二百万仏国を照らす有り。

仏の言わく、諸〻の八方上下無央数の仏の頂中の光明の炎照する所、皆是の如し。阿弥陀仏の頂中の光明の炎照する所、千万仏国なり。諸仏の光明の照らす所に近遠有る故は、何となれば、本それ前世の宿命に、道を求めて、菩薩為りし時、所願の功徳各〻自ら大小有り。それ然して後仏と作《な》る時、各〻自ら之を得たり。是の故に光明転《うたた》同等ならざらしむ。諸仏の威神同等なるならくのみ。自在の意《こころ》の所欲、作為して予め計らず。阿弥陀仏の光明の照らす所、最大なり。諸仏の光明の皆及ぶ能わざる所也。仏、阿弥陀仏の光明の極善なることを称誉したまう。阿弥陀仏の光明は極善にして、善中の明好なり。甚だ快きこと比び無し。絶殊無極也。阿弥陀仏の光明は清潔にして瑕穢《かえ》無く、欠減無し。阿弥陀仏の光明は、殊好にして、日月の明よりも勝れたること百千億万倍なり。諸仏の光明の中の極明也。光明の中の極好也。光明の中の極雄傑也。光明の中の快善也。諸仏の中の王也。光明の中の極尊也。光明の中の最明無極也。諸〻の無数の天下の幽冥の処を炎照するに皆常に大明なり。

諸有の人民・蜎飛・蠕動の類、阿弥陀仏の光明を見ざること莫《な》き也。見つる者慈心の歓喜せざる者莫けむ。世間諸有の婬泆《いんいつ》・嗔怒《しんぬ》・愚痴の者、阿弥陀仏の光明を見たてまつりて、善を作さざるは莫き也。諸〻の泥梨《ないり》・獱狩《きんしゅ》・辟荔《へきれい》・考掠《こうりょう》・勤苦《ごんく》の処に在りて、阿弥陀仏の光明を見たてまつれば、至りて皆休止《くし》して復た治することを得ざれども、死して後憂苦を解脱することを得ざる者莫し。」(浄五、三丁ウ)

こんな光明をもった無量寿仏で始めて吾等人間の帰依に値するのである。「南無阿弥陀仏」が異常な魅力を以て仏教徒にのぞむのも偶然でない。宗教に対する批評家に、「神は万物を造ったと云うが、その実、神は人間の作ったものだ」と云うものがある。これは一面の真理である。神は人間を作り、人間は神を作るのである。人間の要求するところを神は与えてくれるという点で、人間は神を作ったと云えよう。が、神がないと、人間はその要求、——これが直ちに人間の存在であるが、——それが満足せられぬというところでは、人間は神に作られたとも云い得られる。そのように、阿弥陀仏も吾等によりて作られたと考えてもよい。が、吾等は、日日の行動に、思索に、感情に、希望に、阿弥陀仏を有たぬと、落ち着き処がないのである。吾等のすべては阿弥陀仏の上に建てられて、始めてその堅牢性——阿惟越致《あゆいおっち》、不退の信心——を得るのである。而して此の如き阿弥陀仏を吾等のためにまず認めてくれたのが、印度の宗教的天才である。所謂仏教徒なるものはこの天才の後について行く人々のことである。天才は吾等のためにまず途を開いてくれた。吾等はその途をたどって行けばそれでよい。

文化の進歩というものは、どこでも、何でもそうなのである。まず何かの天才がある。これは「天」から送られた人である。一般の意識では届かぬ処に居る人でもある。この人の眼で、今まで見られなかった領域が見られる。この人は始めてここへ鍬を入れる。それが縁になって、彼の周囲の一般人、彼に続く一般人が、次から次へと未開の地をひらいて行く。宗教意識の上から云うと、天才は、吾等をいつも動かしていながら、吾等の気のつかなかったもの、どうかして気をつけたいと思っていたものを、その深く蔵《かく》れていた処から掘り出して見せる。吾等は今更ながらそれに驚いて目を見はる、而してそれが吾等の固より求めていたところであることを知って、そこに落ち着く。先駆者・開発者・案内者の天才は一宗の開祖で、その信徒は彼の跡を逐うものである。それ故、信徒の吾等にとりては、宗教は一種のドグマとして与えられる。即ち今の場合では、阿弥陀は、浄土三部経の主役者として、既に与えられたものとして、吾等に臨む。天才は自らの心の底なき底に発見したものを客観的・歴史的・物語的立場から叙述する。これは天才が意識してやった事でない、何かを構想し、創作して、後人のためにせんとしたものでない。宗教の経典は文学的作品と違う。後から他人の目で見て、そう批評されることはあっても、天才自身の意図には、そんな所作性はない、自然法爾《じねんほうに》である。彼の信徒たる吾等はその後について行って同じいものをまた自分等の心の奥に読む。先行の天才がないと、それは不可能であったろう。自分だけの眼光では尽十方の無礙光でも十分に見徹し能わぬのである。天才は固より自分の自然的・歴史的環境によりて制限せられる。釈迦には印度民族的・熱帯風土的・大陸的なものがある。基督《キリスト》にはまたユダヤ的なものがある。併《しか》し何れも吾等人間の中に生れ出たからには、彼等を通じて、吾等は人間性の奥に潜むものを読む。天才には此の如き世界性・人間性があるので、到る処に信徒を確保することができる。

浄土系の諸経典は、印度及びシナ及び日本に於ける諸天才が、自分等の心の奥に分け入って発見した宝の庫を、それらの才能によりて、文字の上に展開し、表現させたものである。これらの表現は何れも阿弥陀仏を繞《めぐ》って出来上っている。その跡について念仏行を行ずる吾等は、これによりて、彼等の踏んでいったところを再び自分等の上に活現して、その奥までをも窮めんとする。天才達は自分達の体験を物語風に描き出し、弥陀がまずあったものとして、彼を吾等に紹介する。こう紹介せられたものは、既に与えられたものとして吾等に臨むと云うより、吾等は却って彼をどこかで探し当てねばならぬと云うのが、宗教経験の実際であろう。即ち弥陀は所与として吾等の面前に立ち塞がっていると云うよりも、吾等の方から何とかして彼に突き当るようにしなければならぬのである。この「何とかして」が、念仏行なのである、「南無阿弥陀仏、南無阿弥陀仏」

である。

八

この念仏行のうちには、天才の導きに従うという信心がある。この信心をよく分析してみると、天才に対する信心と、天才の指す目的に対する信心とが入り込んでいる。実際の上ではそんな分析を許さぬとも云える。目的に対する信心は、その目的を指示してくれる天才への信心であり、天才を信ずるのはやがてその目的への信心でもある。が、重点のおきどころ——無意識ではあろうが——が、信者によりていくらかずつ違うということがあり得る。信心の中心が指示せられた目的におかれる場合には、信心そのものが目的から与えられると解されるようになる。これに反して、天才に対するだけの信心が意識の中心を占める場合には、信者の信心は、自ら自分等の行の上に移り行くことになるであろう。即ち念仏行そのものを励むということになるのであろう。而してその励みによりて、行は行の趣くところに自《おのずか》ら進むということになるであろう。「往生の業は念仏を本と為す」は、今の所言をうらがきする。ここでは念仏が繰り返されねばならぬ。如来から加わる威神力は固よりであるが、それでも「心心相続して他想間雑なし」でなければならぬ。「念仏の功力」と云うことが説かれる。「念念相続して畢命を期と為る」

（浄二、二十一丁ウ）と云うこともある。「名号を執持すべし、若しくは一日、若しくは二日乃至七日、一心に仏を称して乱れざれ」（浄二、二十三丁オ）とも云う。（尚おここにも類似の文意到る処に在り。）これが念仏行の第二段階である。またこれを心理学的段階と云ってもよい。公案禅の一面に似通うところもある。

この段階を一転進すると云ってもよし、その反面だと云ってもよいが、仮りに第三段階として、念仏行が所謂《いわゆ》る「他力本願の信」に移る。これはさきに述べた如く、天才の導きで目的そのものを信ずるところに最大関心を置くことから、自ら発展する段階である。第二と第三とは或る意味で全然対峙するとも云えるが、他方から見ると、第三にも第二の痕跡が明明に読まれる。但ゞ形而上学的立場からこの痕跡が無視せられて、純粋な「他力」の念仏となる。称名即聞名・聞名即称名の経験はこの形而上学的立場からの説明で、心理学的には「念仏三昧の功力」を全然無いものと見るわけには行かぬのである。

他力廻向の大行である称名が、大悲の願から出て、「極速円満する」ものであるならば、この称名には多念があるべきでない。唯ゞ一念の正念——南無阿弥陀仏——があればそれでよいわけである。名号を執持して心におく要はない。「阿弥陀仏を称念せむこと若しくは一日……七日」などと云う要はない。「我が名字を称えて下十声に至るまで」

と云うことはいらぬ。「一念称得弥陀号」又は「一声称念」で十分でなくてはならぬ。それにも拘《かか》わらず、執持と云い、十声と云うような文字が他力の論議に出て来るのは、第二段階の痕跡に外ならぬと思う。他力の称名は、称名の行そのものに重きをおくべきでなく、称名の出て来る大信心が主でなくてはならぬ。大信心の獲得が、一面には称名となり、他面には聞名となる。聞も称も、名号を軸として転回している、名号が即ち大信心だからである。

浄土系の教学者は三願転入を語るが、上来の所述はその意味にとっても差支えない。但〻自分としては名号を中心にして、その発展の三段階を一瞥したまでである。第一は歴史的である。ここには名号を呪文的に見た傾向もないとは云えぬ。が、第二に入るに及んで、称名行には心理学的効果を目的としているようなものがある。第三に転じて来ると、名号と弥陀、名と法とが、即是的につながると同時に、他面、法又は弥陀が、機又は凡夫と即非的に回互するので、南無阿弥陀仏の不可思議性が、その最も効果的な意義で受けとられるようになる。

始め企図したところでは、

一、浄土観から名号観。

二、それから、本願——これはやがて吾等衆生の永遠の祈り。
三、人間の霊の底なき底から叫び出る悲願の声。
四、これに触れること、これを聞くことによりて、「浄土往生」の成就すること。
五、この成就が往相廻向で、また還相廻向なること。
六、往還両相の回互的運動がまた浄土(真実界)と娑婆(方便界)のつながりを説明してくれること。
七、この不可思議は知性の世界でないので、知性は宗教経験の排斥するところであるが、この排斥にはまた大なる危険が伴うので、知性はその限界内に於て十分に尊重せらるべきこと。
八、不可思議は、畢竟じて「如是」の世界、「一真実」の世界、只麽《しも》の世界、自然法爾、法常爾の世界なること。而してここに仏教各派は互に隻手《せきしゅ》を出して握り合うこと。
九、併し浄土系には人格観がその機構の中心になっているに対して、所謂る聖道門系ではそれほどまでに顕著ならぬこと。
等等。こんなことを書きたいと思ったが、他日またこの稿をつづけ得る機会あらんも知れず。

(昭和十七年六月)

解説

木村宣彰

鈴木大拙（一八七〇—一九六六）は、海外への禅の紹介者として広く知られている。また、禅と浄土教とを結び付けて論じた独創的な仏教思想家としても大きな足跡を残している。その比類なき活動は、明治二九年（一八九六）に釈宗演《しゃくそうえん》の許で得た見性《けんしょう》という禅体験に基づく偉大な人格に拠る。大拙は、その居士号を釈宗演から授けられ、明治三〇年に渡米した。渡米した大拙は、明治三四年一月の西田幾多郎に宛てた書簡に、「予は近頃「衆生無辺誓願度」の旨を少しく味ひ得るやうに思ふ、大乗仏教が此一句を四誓願の劈頭にかゝげたるは、直に人類生存の究竟目的を示す、げに無辺の衆生の救ふべきなくば、此の一生何の半文銭にか値ひすとせん」と記している。その後の大拙の世界での活躍を思うと、この書簡が二〇世紀初頭一月の所信であることも意義深い。晩年に大拙は知人に「衆生無辺誓願度がわしの見性だな」と語っている。大拙の生涯は釈宗演に導かれて得た宗教体験を、世界の無辺の衆生に伝えるという誓願に基づくものであった。宇宙生死の大源に徹した大拙は、若き日の宗教体験を伝えるために工夫を重ねて、「悟り」「無心」「霊性」「宗教経験の事実」「般若的直観」「妙」「安心」「東洋的一」などの独自な言葉を考案した。それは偏《ひとえ》に「無辺の衆生の救ふべきなくば、此の一生何の半文銭にか値ひすとせん」という誓願によるものであった。大拙の一世紀に垂《なんな》んとする生涯は、明治維新以降の急激な西洋文化との接触に由《よ》って東洋文化、殊に仏教の意義が問い直される時代と重なっている。大拙は二十歳代後半から西洋で生活し、西洋人の考え方と東洋人のそれとの相違を鮮明に自覚し、その上で若き日の宗教体験の無分別の分別という東洋的な見方を伝え続けた。そこで禅の言語道断、不立文字《ふりゅうもんじ》と言われる境地を言い表すために案出されたのが大拙の「即非の論理」である。この「即非の論理」によって大拙は一禅者から世界の仏教思想家となったのである。

西田幾多郎に師事して大拙に親炙した西谷啓治は、「鈴木先生の存在の大きな意義は、外国を回ったとき初めて、本当にわかるのではなかろうか」と語っている。また大拙より半世紀後に生まれ、海外の諸大学でも教鞭を執った加藤周一は、「あらゆる時代の日本人のなかで、知的または精神的に、日本国の外の世界にもっとも広く、もっとも深い影響をあたえたのは、鈴木大拙である。その意味で彼を抜く者は、今日までのところおそらく一人もいない」と記している。大拙没後五十年を経た今日、いずれも正鵠《せいこく》を得た大拙評と言える。

本書の著者である大拙は、真宗の影響力の強い北陸地方の金沢で生まれ、真宗の篤信者であった母親から感化を受けた。それが後年に『浄土系思想論』を著わす遠因となるが、在米中に、ポール・ケーラスの *Amitabha* を日本語に訳して明治三九年に『阿弥陀仏』として出版している。明治四二年に三十九歳で帰国し、東京帝国大学並びに学習院の講師となり、翌年には学習院の教授に就任するが、その年に後に大谷大学第三代学長になる佐々木月樵《げっしょう》と共に真宗教義に関する英訳本（*Principal Teachings of the True Sect of the Pure Land*）を出し、更に明治四四年には覚如《かくにょ》の『御伝鈔《ごでんしょう》』を英訳して出版している。

大拙は、大正一〇年（一九二一）に真宗大谷大学教授の佐々木月樵による招きと親友の西田幾多郎の勧めとによって学習院を辞し、京都の真宗大谷大学（一九二二年より大谷大学）の教授に就任した。真宗の教えを建学の精神とする大学に移籍した大拙は、佐々木月樵、山辺習学、赤沼智善、ビアトリス夫人と共に「東方仏教徒協会」（ＥＢＳ）を設立し、英文雑誌「イースタン・ブディスト」（*The Eastern Buddhist*）を刊行した。大拙は、この「イースタン・ブディスト」への投稿と並行して、「真宗と禅宗」（大正一二年）、「自力と他力」（大正一三年）、「禅と念仏」（大正一四年）など、禅と浄土教とを比較した多くの論考を発表している。昭和三年(一九二八)には、大谷大学の学会誌に「『歎異鈔』を読む」という論文を発表し、宗教経験の重要性を強調した。宗教には、権威を示す教団の組織、経典、教師(僧侶)などの歴史的要素、宗教教理の論理的哲学的な知性的要素、そして各自が宗教経験を得るという体験的要素の三つの構成要素がある。大拙は「教権の歴史的威力も、論理の知的体系も、最後はこの信仰経験に根拠をもたなくてはならぬ」と言い、何よりも宗教的体験が重要であると論じている。この大拙の考えは『浄土系思想論』においても一貫して強調されている。

昭和一四年(一九三九)七月一六日、ビアトリス夫人が六十一歳で病死する。大拙は「妻と思うというよりも、自分の半分がなくなったという方がよかるべし」と知人に語っている。妻の死後、鎌倉の正伝庵に籠《こ》もって読書と思索、そして執筆に専念したが、八月五日には真宗の勤行で読誦《どくじゅ》する『正信偈《しょうしんげ》』の英訳を始め、二日後に完了した。この頃から浄土教研究が本格化し、やがて『浄土系思想論』『宗教経験の事実』などの成果を生むことになる。大拙の浄土教研究は、宗門の伝統教学の枠を超えて、自由な立場から浄土教の本質と創造性に迫り、さらに大乗仏教の根本精神を現代世界の場へと引き出すものとなっていった。

本書『浄土系思想論』は、大東亜戦争直前の昭和一六年から戦中の一七年にかけて著された。浄土教の主要な経典や論釈を読み込んで、浄土と信心や名号について、伝統的教学と一線を画する独創的な論考を披瀝《ひれき》した著作であり、次の五編の論文から成る。

(1)「極楽と娑婆」

(2)「浄土観・名号・禅」

(3)「浄土観続稿――『浄土論註』を読みて――」

(4)「他力の信心につきて――『教行信証』を読みて――」

(5)「我観浄土と名号」

最初の(1)「極楽と娑婆」と(2)「浄土観・名号・禅」は、浄土教の主要経典である『無量寿経』を読んで昭和一六年の春から夏に書かれている。(3)「浄土観続稿」は、同年の冬に『浄土論註』を読んで曇鸞《どんらん》の思想を伝統の教学とは異なる独自の観点から解釈した論文である。(4)「他力の信心につきて」及び(5)「我観浄土と名号」は、昭和一七年に親鸞の主著『教行信証』を読んで書かれた論文である。本書所収の論文は発表の順序に従っているが、それは同時に大拙の浄土教に関する関心と思索の展開を物語るものである。最初に『無量寿経』を読んで「浄土観」を摑み、それを曇鸞の『浄土論註』によって確かめ、更に親鸞の『教行信証』によって深めたのである。本書を一貫する課題は「浄土をどのように理解するか」という点にあり、浄土教一般の教理や教義を解説しようとするものではない。大拙は「どうも従来浄土なるものがわからぬので、真面目に考えたこともあり、好加減にしておいたこともあった」と素直に告白している。

大拙の浄土観の根幹は、浄土とは娑婆と隔絶して時間的には死後に、空間的には西方十万億土の彼方にあるのではなく、「此土《しど》即浄土」と相即しているという点にある。大拙は「信は宗教体験である」といい、その宗教体験によって浄土のはたらきが此土で受け容れられる。そこで、此土は此土でありながら浄土となる。この「宗教経験の事実」すなわち「信」が何よりも大切になる。

ところで、昭和一七年に本書が京都の老舗仏教書肆である法蔵館で上梓された際には「真宗管見」という一篇が収録されていた。これは「主として外国人のために、真宗の何たるかを説明」するために、昭和一四年に東方仏教徒協会の「イースタン・ブディスト」に載った英文論文 *The Shin Sect of Buddism* を和訳したものである。本書所収の五篇の論考とは異なり、「真宗管見」には阿弥陀仏の四十八願の一々が英訳され、真宗とキリスト教との対比が十項目に亘って列挙されている。大拙がこの「真宗管見」を書いたのは、恐らく東方仏教徒協会を資金面で支援する宗門の要請に応えたものであろう。大拙存命中の昭和二九年に春秋社から刊行された『続鈴木大拙選集』第一巻所収の「浄土系思想論」では、「真宗管見」が除かれている。これは大拙自身の判断によるものと思われるため、本書もその意向に従った。

　本書の論文は、前述の如く大拙の深い宗教体験に拠る論考である。大拙は、真宗の伝統教学に縛られず、自由に独自の所信を表明している。そこに、伝統教学とは異なる新しい時代の真宗を伝えたいという意気込みが感じられる。それゆえ真宗教学の伝統に立つ人には様々な異見が予想されるが、読者各位には本書をよく熟読玩味していただきたい。

　本書に解説を付すことは、葦《よし》の髄《ずい》から天井を覗くようなものであり、九牛の一毛にも当たらないが、本書の論文から得た教示の若干を述べて解説の責めを果たしたい。

　まず、(1)「極楽と娑婆」は、真宗の所依の経典である『無量寿経』を読んで書かれたものである。なぜ『無量寿経』を読んだのか。それは浄土が娑婆に対立して西方十万億土の彼方に存在するという従来の考えに対する疑問からであった。『無量寿経』を読んだ大拙は、「極楽は霊性の世界で、娑婆は感覚と知性の世界」であり、極楽と娑婆とは隔絶したものでなく「一にして二、二にして一」であるという。西方極楽というような指方立相の浄土は、娑婆の知性と感覚の立場から表現したものであり、浄土は因果や業繫《ごうけ》を超えた霊性の世界である。極楽と娑婆を、知性と感覚の面から二元的に対立するものと観るのではなく、霊性的直観によって「矛盾のまま同一」と観るべきである。この関係を表すのが大拙の「即非の論理」であった。

(2)「浄土観・名号・禅」は、上下二篇に分かれている。上篇では、「浄土と穢土《えど》とは相互矛盾で、それが即ち自己同一の存在である」という。浄土と此土との関係は非連続の連続であり、相即と矛盾対立が同時に成り立つ。これが「即非の論理」であり、親鸞のいう「横超《おうちょう》」である。このように「即非の論理」によって禅の悟りも浄土教の信心も説明が可能になる。下篇は、浄土教と禅との「底に潜んでいるものを探ると、同じ処から出ることがわかるから、畢竟《ひっきょう》じて一つのものであらねばならぬ」といい、真宗の名号も禅の公案も「行為的一者」である。禅と浄土教とは「皮相的に見れば、自力と他力、聖道門と浄土門、難行道と易行道、直指《じきし》人心《にんしん》と浄土往生、見性と聞信、公案と名号など、甚だ数多い相違あるに拘わらず、これらの底の底に徹して、浄土教と禅とを作り上げている論理的構造を見ると、そこに何やらお互に了解し得べき消息がある」と論じている。ここにも大拙の宗教的体験に基づく「即非の論理」が説かれる。この二論文を、更に曇鸞の『浄土論註』によって補説したのが「浄土観続稿」である。

(3)「浄土観続稿」では、浄土は「畢竟浄」の世界で、娑婆のように生死の世界ではないと論じている。生や死は娑婆でのことである。「畢竟浄」の浄土は、生と死の二分性のない無分別の世界である。従って浄土往生は「無生の生」でなくてはならないが、そのことは信がなくては解らない。大拙は「信は単なる知でなくて経験である、それ故、往生そのものでなくてはならぬ」といい、宗教は生きた体験であることを強調する。

(4)「他力の信心につきて」は、親鸞の『教行信証』を読んで書かれた論文である。大拙は『教行信証』を親鸞が自らの宗教体験を表詮したものと考えている。そして真宗の中核をなす廻向《えこう》を、従来の教学者は不可思議として片付けてきたが、これでは余りに思想がなさすぎると批判し、「即非の論理」によって解釈している。「真宗全体を領解せんには、自分等もまず真実界にはいってそこからすべてを観察しなければならぬ」と述べ、真宗だけでなく、宗教はすべて不可思議の宗教体験の上に立っていることを明らかにする。方便界は真実界なしには成り立たない。この成り立たない所以を知ること、即ち大悲のはたらきを体得するのが信心である。真宗は信をめぐって展開する。そこで信が得られると、証も往生も必然的に自ら随《したが》い来るという。

最後の(5)「我観浄土と名号」は、親鸞の『教行信証』によって浄土と名号を論じている。一般には浄土は死後の世界のように考えられて浄土と穢土とは相容れないが、大拙は「我観」と称し独自の浄土観を論じている。即ち、穢土は浄土の外になく、浄土もまた穢土の外にない。浄土を時間的な死後、空間的な西方十万億土の彼方と説くのは、「非常の言は常人の耳に入り難」いので娑婆の人に妥協して示した仮設《けせつ》である。浄土に次いで名号を論じ、南無阿弥陀仏の名号によって穢土即浄土という体認が可能になり、真実界と方便界とが別々なものでなくなるという。この宗教的体験について、大拙は次のように述べている。

宗教的体験は不可思議の思議であるから、これを言葉の上に出すと、即ち論議すると、屹度《きっと》矛盾する。併しこの矛盾が宗教的体験即ち信そのものであるから、矛盾の論理というものを作り上げねばならぬ。それは般若の即非の論理である、（本書三〇四頁）

この頃の大拙は、禅と浄土教に共通する宗教体験こそ重要な宗教的な事実となしている。この宗教的体験を説明するために「即非の論理」や「無分別の分別」という独自の語を用いた。また、われわれ読者に対しては、

出来上った御膳立を味わうことに気をとられて、そのものがどうしてそう組み上げられねばならなかったかということを問わないようである。つまり自己の宗教体験そのものを深く省みることをしないという傾向がありはしないだろうか。（本書三〇

七頁）と自己の宗教経験の事実の大切さを強調している。大拙は『浄土系思想論』（昭和一七年）に続いて『日本的霊性』（昭和一九年）を著わし、そこに妙好人・浅原才市の宗教体験の事実を比喩的に分かりやすく説いている。

味は体験である。なにが辛いかを、自ら嘗めてみずから知ることである。冷暖自知である。我らの如く文字の上でのみ生きているものは、何事につけても観念的になって、味わうことをせぬ。才市の如きは、文字に縁が遠いだけ、言葉の上の詮索をさけて、何事も体験の上で物語るのである。それ故その言うところはおのずから急所につきあたるのである。学者の考え及ばぬところをなんの苦もなくさっさと言いのける、気持がよい、胸がすっきりする。（岩波文庫『日本的霊性』二三五頁）

晩年の大拙は『教行信証』の英訳に努めた。当時、大拙に随伴していた岡村美穂子さんによると、高齢の大拙は、その日に翻訳する分量を決め「これが終わらないと、明日は来ない」と言いながら翻訳に精励した。そして折々に「わかるぞ、わかるぞ。親鸞さんはこれが言いたかったのだ」と独語し、特に『教行信証』の「証巻」に共感を覚えられたという。そこにあるのは、時代を隔てた宗教体験の共感である。

大拙に私淑した陶芸家のバーナード・リーチが大拙に、「初期には禅に、後には浄土教に専念されたわけを説明してほしい」と尋ねた。大拙はそれに応え、「そこに仕切りがあると思うなら、君はまだ分かりかけてもいないのだ。仏教は二元論ではない」とリーチを教導されたという。果たして、我々はわかりかけているのだろうか。

大拙は戦時下の鎌倉で『浄土系思想論』や『日本的霊性』を著した。そこに何ら厳しい時局を感じさせないが、その時期に「宗教経験の事実」や「霊性的自覚の重要性」を説いたのは、戦中にありながら今後の世界が進むべき方向を示そうとしていたのではないか。ただ一つの大事なことを世界に向かって自由自在に説いた大拙が没して五十年を経た。今、我々は改めて大拙が語り伝えようとしたことをよくよく熟読玩味したいものである。

浄土系思想論《じょうどけいしそうろん》

2016年7月15日　第1刷発行
2022年11月4日　第3刷発行

著　者　鈴木大拙《すずきだいせつ》

発行者　坂本政謙

発行所　株式会社　岩波書店
〒101-8002 東京都千代田区一ツ橋2-5-5

案内 03-5210-4000　営業部 03-5210-4111
文庫編集部 03-5210-4051
https://www.iwanami.co.jp/

印刷 製本・法令印刷　カバー・精興社

ISBN 978-4-00-333235-1　Printed in Japan

読書子に寄す

——岩波文庫発刊に際して——

岩波茂雄

真理は万人によって求められることを自ら欲し、芸術は万人によって愛されることを自ら望む。かつては民を愚昧ならしめるために学芸が最も狭き堂宇に閉鎖されたことがあった。今や知識と美とを特権階級の独占より奪い返すことはつねに進取的なる民衆の切実なる要求である。岩波文庫はこの要求に応じそれに励まされて生まれた。それは生命ある不朽の書を少数者の書斎と研究室とより解放して街頭にくまなく立たしめ民衆に伍せしめるであろう。近時大量生産予約出版の流行を見る。その広告宣伝の狂態はしばらくおくも、後代にのこすと誇称する全集がその編集に万全の用意をなしたるか。千古の典籍の翻訳企図に敬虔の態度を欠かざりしか。さらに分売を許さず読者を繫縛して数十冊を強うるがごとき、はたしてその揚言する学芸解放のゆえんなりや。吾人は天下の名士の声に和してこれを推挙するに躊躇するものである。このときにあたって、岩波書店は自己の責務のいよいよ重大なるを思い、従来の方針の徹底を期するため、すでに十数年以前より志して来た計画を慎重審議この際断然実行することにした。吾人は範をかのレクラム文庫にとり、古今東西にわたって文芸・哲学・社会科学・自然科学等種類のいかんを問わず、いやしくも万人の必読すべき真に古典的価値ある書をきわめて簡易なる形式において逐次刊行し、あらゆる人間に須要なる生活向上の資料、生活批判の原理を提供せんと欲する。この文庫は予約出版の方法を排したるがゆえに、読者は自己の欲する時に自己の欲する書物を各個に自由に選択することができる。携帯に便にして価格の低きを最主とするがゆえに、外観を顧みざるも内容に至っては厳選最も力を尽くし、従来の岩波出版物の特色をますます発揮せしめようとする。この計画たるや世間の一時の投機的なるものと異なり、永遠の事業として吾人は微力を傾倒し、あらゆる犠牲を忍んで今後永久に継続発展せしめ、もって文庫の使命を遺憾なく果たさしめることを期する。芸術を愛し知識を求むる士の自ら進んでこの挙に参加し、希望と忠言とを寄せられることは吾人の熱望するところである。その性質上経済的には最も困難多きこの事業にあえて当たらんとする吾人の志を諒として、その達成のため世の読書子とのうるわしき共同を期待する。

昭和二年七月

《東洋思想》〔青〕

- 易経 全二冊 高田真治・後藤基巳訳
- 論語 金谷治訳注
- 孔子家語 藤原正校訳
- 孟子 全二冊 小林勝人訳注
- 老子 蜂屋邦夫訳注
- 荘子 全四冊 金谷治訳注
- 新訂 孫子 金谷治訳注
- 荀子 全二冊 金谷治訳注
- 韓非子 全四冊 金谷治訳注
- 史記列伝 全五冊 司馬遷 小川環樹・今鷹真・福島吉彦訳
- 春秋左氏伝 全三冊 小倉芳彦訳
- 塩鉄論 曾我部静雄訳註
- 千字文 小川環樹・木田章義注解
- 大学・中庸 金谷治訳注
- 仁学 —清末の社会変革論 譚嗣同 西順蔵・坂元ひろ子訳注
- 章炳麟集 —清末の民族革命思想 西順蔵・近藤邦康編訳
- 梁啓超文集 岡本隆司・石川禎浩・高嶋航編訳
- マヌの法典 田辺繁子訳
- ガンディー獄中からの手紙 森本達雄訳
- ウパデーシャ・サーハスリー —真実の自己の探求 シャンカラ 前田専学訳

《仏教》〔青〕

- ブッダのことば —スッタニパータ 中村元訳
- ブッダの真理のことば 感興のことば 中村元訳
- 般若心経・金剛般若経 中村元・紀野一義訳註
- 法華経 全三冊 坂本幸男・岩本裕訳注
- 日蓮文集 兜木正亨校注
- 浄土三部経 全二冊 中村元・早島鏡正・紀野一義訳註
- 大乗起信論 宇井伯寿・高崎直道訳注
- 臨済録 入矢義高訳注
- 碧巌録 全三冊 入矢義高・溝口雄三・末木文美士・伊藤文生訳注
- 無門関 西村恵信訳注
- 法華義疏 全二冊 聖徳太子 花山信勝校訳
- 往生要集 全二冊 源信 石田瑞麿訳注
- 教行信証 親鸞 金子大栄校訂
- 歎異抄 金子大栄校注
- 正法眼蔵 全四冊 道元 水野弥穂子校注
- 正法眼蔵随聞記 懐奘編 和辻哲郎校訂
- 道元禅師清規 大久保道舟訳注
- 一遍上人語録 —付 播州法語集 大橋俊雄校注
- 一遍聖絵 聖戒編 大橋俊雄校注
- 南無阿弥陀仏 —付 心偈 柳宗悦
- 蓮如文集 笠原一男校注
- 蓮如上人御一代聞書 稲葉昌丸校訂
- 日本的霊性 鈴木大拙 篠田英雄校訂
- 新編 東洋的な見方 鈴木大拙 上田閑照編
- 禅堂生活 鈴木大拙 横川顕正訳
- 大乗仏教概論 鈴木大拙 佐々木閑訳
- 浄土系思想論 鈴木大拙
- 神秘主義 キリスト教と仏教 鈴木大拙 坂東性純・清水守拙訳
- 禅の思想 鈴木大拙

ブッダ最後の旅 —大パリニッバーナ経— 中村元訳
仏弟子の告白 —テーラガーター— 中村元訳
尼僧の告白 —テーリーガーター— 中村元訳
ブッダ神々との対話 —サンユッタ・ニカーヤI— 中村元訳
ブッダ悪魔との対話 —サンユッタ・ニカーヤII— 中村元訳
禅林句集 足立大進校注
ブッダが説いたこと ワールポラ・ラーフラ 今枝由郎訳
ブータンの瘋狂聖ドゥクパ・クンレー伝 ゲンドゥン・リンチェン編 今枝由郎訳
梵文和訳 華厳経入法界品 梶山雄一・丹治昭義・津田真一・田村智淳・桂紹隆 訳注

《音楽・美術》〔青〕

ベートーヴェンの生涯 ロマン・ロラン 片山敏彦訳
音楽と音楽家 シューマン 吉田秀和訳
モーツァルトの手紙 —その生涯のロマン— 全二冊 柴田治三郎編訳
レオナルド・ダ・ヴィンチの手記 全二冊 杉浦明平訳
ゴッホの手紙 全三冊 硲伊之助訳
ロダンの言葉抄 高村光太郎訳 高田博厚・菊池一雄編
ビゴー日本素描集 清水勲編
ワーグマン日本素描集 清水勲編
河鍋暁斎戯画集 山口静一・及川茂編
葛飾北斎伝 飯島虚心 鈴木重三校注
ヨーロッパのキリスト教美術 —十二世紀から十八世紀まで— 全二冊 エミール・マール 柳宗玄・荒木成子訳
近代日本漫画百選 清水勲編
ドーミエ諷刺画の世界 喜安朗編
デューラー 自伝と書簡 前川誠郎訳
蛇儀礼 ヴァールブルク 三島憲一訳
セザンヌ ガスケ 與謝野文子訳
迷宮としての世界 —マニエリスム美術— 全二冊 グスタフ・ルネ・ホッケ 種村季弘・矢川澄子訳
日本洋画の曙光 平福百穂
映画とは何か 全二冊 アンドレ・バザン 野崎歓・大原宣久・谷本道昭訳
漫画 坊っちゃん 近藤浩一路
漫画 吾輩は猫である 近藤浩一路
ロバート・キャパ写真集 ICPロバート・キャパ・アーカイブ編
北斎 富嶽三十六景 日野原健司編
日本漫画史 —鳥獣戯画から岡本一平まで— 細木原青起
世紀末ウィーン文化評論集 ヘルマン・バール 西村雅樹編訳
ゴヤの手紙 全二冊 大髙保二郎・松原典子編訳
丹下健三建築論集 豊川斎赫編
丹下健三都市論集 豊川斎赫編

《歴史・地理》〔青〕

- 新訂 魏志倭人伝・後漢書倭伝・宋書倭国伝・隋書倭国伝 ―中国正史日本伝1　石原道博編訳
- ヘロドトス 歴史 全三冊　松平千秋訳
- トゥーキュディデース 戦史 全三冊　久保正彰訳
- ガリア戦記　カエサル　近山金次訳
- タキトゥス ゲルマーニア　泉井久之助訳註
- タキトゥス 年代記 ―ティベリウス帝からネロ帝へ 全二冊　国原吉之助訳
- ランケ 世界史概観 ―近世史の諸時代　鈴木成高・相原信作訳
- ランケ自伝　林健太郎訳
- 歴史とは何ぞや　ベルンハイム　坂口昂・小野鉄二訳
- 歴史における個人の役割　プレハーノフ　木原正雄訳
- 古代への情熱 ―シュリーマン自伝　シュリーマン　村田数之亮訳
- 大君の都 ―幕末日本滞在記 全三冊　オールコック　山口光朔訳
- アーネスト・サトウ 一外交官の見た明治維新 全二冊　坂田精一訳
- ベルツの日記 全二冊　トク・ベルツ編　菅沼竜太郎訳
- 武家の女性　山川菊栄
- インディアスの破壊についての簡潔な報告　ラス・カサス　染田秀藤訳

- ラス・カサス インディアス史 全七冊　長南実訳　石原保徳編
- コロンブス 全航海の報告　林屋永吉訳
- 戊辰物語　東京日日新聞社会部編
- 大森貝塚 ―付 関連史料　E・S・モース　近藤義郎・佐原真編訳
- ナポレオン言行録　オクターヴ・オブリ編　大塚幸男訳
- 中世的世界の形成　石母田正
- 日本の古代国家　石母田正
- クリオの顔 ―歴史随想集　E・H・ノーマン　大窪愿二編訳
- 日本における近代国家の成立　E・H・ノーマン　大窪愿二訳
- 旧事諮問録 ―江戸幕府役人の証言 全二冊　旧事諮問会編　進士慶幹校注
- 朝鮮・琉球航海記 ―一八一六年アマースト使節団とともに　ベイジル・ホール　春名徹訳
- ローマ皇帝伝 全二冊　スエトニウス　国原吉之助訳
- アリランの歌 ―ある朝鮮人革命家の生涯　ニム・ウェールズ　キム・サン　松平いを子訳
- ヒュースケン 日本日記 ―1855～61　青木枝朗訳
- さまよえる湖 全二冊　ヘディン　福田宏年訳
- 老松堂日本行録 ―朝鮮使節の見た中世日本　宋希璟　村井章介校注
- 十八世紀パリ生活誌 ―タブロー・ド・パリ 全二冊　メルシエ　原宏編訳

- 北槎聞略 ―大黒屋光太夫ロシア漂流記　桂川甫周　亀井高孝校訂
- ヨーロッパ文化と日本文化　ルイス・フロイス　岡田章雄訳注
- ギリシア案内記 全二冊　パウサニアス　馬場恵二訳
- 西遊草　清河八郎　小山松勝一郎校注
- オデュッセウスの世界　フィンリー　下田立行訳
- 東京に暮す ―一九二八～一九三六　キャサリン・サンソム　大久保美春訳
- ミカド ―日本の内なる力　W・E・グリフィス　亀井俊介訳
- 増補 幕末百話　篠田鉱造
- 明治百話 全二冊　篠田鉱造
- 幕末明治 女百話 全二冊　篠田鉱造
- トゥバ紀行　メンヒェン＝ヘルフェン　田中克彦訳
- 徳川時代の宗教　R・N・ベラー　池田昭訳
- ある出稼石工の回想　マルタン・ナド　喜安朗訳
- 植物巡礼 ―プラント・ハンターの回想　F・キングドン－ウォード　塚谷裕一訳
- モンゴルの歴史と文化　ハイシッヒ　田中克彦訳
- ローマ建国史 全三冊（既刊上巻）　リーウィウス　鈴木一州訳
- 元治夢物語 ―幕末同時代史　馬場文英　徳田武校注

フランス・プロテスタントの反乱 ―カミザール戦争の記録　カヴァリエ　二宮フサ訳

ニコライの日記 ―ロシア人宣教師が生きた明治日本 全三冊　中村健之介編訳

マゼラン最初の世界一周航海　長南実訳

徳川制度 全三冊・補遺　加藤貴校注

第二のデモクラテス 戦争の正当原因についての対話　セプールベダ　染田秀藤訳

ユグルタ戦争 カティリーナの陰謀　サルスティウス　栗田伸子訳

岩波文庫の最新刊

藤井悦子編訳

シェフチェンコ詩集

理不尽な民族的抑圧への怒りと嘆きをうたい、ウクライナの国民的詩人と呼ばれるタラス・シェフチェンコ（一八一四―六一）。流刑の原因となった詩集から十篇を精選。

〔赤N七七一―一〕　**定価八五八円**

チャールズ・ラム著／南條竹則編訳

エリア随筆抄

英国随筆の古典的名品と謳われるラム（一七七五―一八三四）の『エリア随筆』。その正・続篇から十八篇を厳選し、詳しい訳註を付した。（解題・訳註・解説＝藤巻明）

〔赤二二三―四〕　**定価一〇一二円**

ヴィンケルマン著／田邊玲子訳

ギリシア芸術模倣論

芸術の真髄を「高貴なる単純と静謐なる偉大」に見出し、精神的なものの表現に重きを置いた。近代思想に多大な影響を与えた名著。

〔青五八六―一〕　**定価一三二〇円**

岸本尚毅編

室生犀星俳句集

室生犀星（一八八九―一九六二）の俳句は、自然への細やかな情愛、人情の機微に満ちている。気鋭の編者が八百数十句を精選した。犀星の俳論、室生朝子の随想も収載。

〔緑六六―五〕　**定価七〇四円**

……今月の重版再開……

原卓也訳

プラトーノフ作品集

定価一〇一二円　〔赤六四六―一〕

A・ハミルトン、J・ジェイ、J・マディソン著／斎藤眞、中野勝郎訳

ザ・フェデラリスト

定価一一七七円　〔白二四―一〕

岩波文庫の最新刊

石母田正著／髙橋昌明編
平家物語 他六篇
「見《み》べき程の事は見つ、今は自害せん」。魅力的な知盛像や「年代記」を原点に成長してゆく平家物語と時代の心性を自在に論じ、歴史家の透徹した眼差しを伝える。〔青四三六‐三〕 定価九九〇円

廣重徹著／西尾成子編
相対性理論の起原 他四篇
日本で本格的な科学史研究の道を切り拓いた廣重徹。本書ではとくに名高い、相対性理論の発見に関わる一連の論文を収録する。〔青九五三‐一〕 定価八五八円

ヤン・ポトツキ作／畑浩一郎訳
サラゴサ手稿(中)
ポーランドの鬼才の幻の長篇、初の全訳。族長の半生、公爵夫人の秘密、神に見棄てられた男の悲劇など、物語は次の物語を生み、六十一日間語り続けられる。（全三冊）〔赤N五一九‐二〕 定価一一七七円

……今月の重版再開……

パストゥール著／山口清三郎訳
自然発生説の検討
定価七九二円〔青九一五‐一〕

メンデル
岩槻邦男・須原準平訳
雑種植物の研究
定価五七二円〔青九三二‐一〕

定価は消費税 10％ 込です　2022. 11